大潮

改革开放的亲历者
激情澎湃的大时代

口述：书记、市长与城市

韩淑芳 主编

Koushu
Shuji Shizhang Yu
Chengshi

中国文史出版社

图书在版编目（CIP）数据

口述.书记、市长与城市/韩淑芳主编.—北京：中国文史出版社，2018.6
（大潮）
ISBN 978-7-5205-0325-9

Ⅰ.①口… Ⅱ.①韩… ①改革开放—成就—中国 Ⅳ.① D619

中国版本图书馆 CIP 数据核字（2018）第 121862 号

责任编辑：牛梦岳

出版发行：**中国文史出版社**
社　　址：北京市海淀区西八里庄路 69 号院　邮编：100142
电　　话：010-81136606　81136602　81136603（发行部）
传　　真：010-81136655
印　　装：北京温林源印刷有限公司
经　　销：全国新华书店
开　　本：787mm × 1092mm　1/16
印　　张：21.25
字　　数：309 千字
版　　次：2018 年 7 月北京第 1 版
印　　次：2023 年 1 月第 2 次印刷
定　　价：62.80 元

《大潮》丛书

主　　编：韩淑芳

副 主 编：王文运　张春霞

策划编辑：（以姓氏笔画为序）

卜伟欣　牛梦岳　李晓薇　赵姣娇

高　贝　徐玉霞　梁玉梅　梁　洁

前言
PREFACE

改革开放，是中国人民在中国共产党领导下进行的一场天翻地覆的伟大革命，堪称中国乃至世界当代史上具有划时代意义的伟大事业。正如习近平主席所言："改革开放这场中国的第二次革命，不仅深刻改变了中国，也深刻影响了世界。"

13亿多中国人民，在中国共产党的带领下，从农村到城市，从经济领域到政治、文化、社会、生态等方方面面，万众一心，锐意进取，艰苦创业，砥砺奋进，铸就了国家和民族发展史上史诗般的辉煌。古老的中国，从世界上最贫穷落后的国家之一，发展成为世界第二大经济体、第一大工业国、综合实力大国，中国人民的生活实现了从贫穷到温饱、再到总体小康的根本性转变。

这场历史上前所未有的大改革大开放，极大地激发了中国经济社会的生机与活力，调动了亿万人民群众的积极性。冲破人民公社旧体制、创造"大包干"的农民，抓住时代机遇、不惧风险、突破固有思维的个体经营者，艰苦创业、矢志不渝、勇于实践的企业家，为民族复兴与腾飞砥砺前行的科学工作者，奋斗在生产一线的大国工匠，心系祖国、积极投身改革开放事业的港澳台同胞和海外侨胞，为城市发展与崛起身先士卒、殚精竭虑的书记与市长，以及勇敢面对变革、迎接命运挑战的普通百姓……千军万马汇聚成波澜壮阔、激情澎湃的改革开放大潮。

我们有幸生活在这个大时代，我们有幸见证了中华民族走上复兴之路，我们有幸成为改革开放亲历者，我们有幸融为改革开放大潮中激情涌动的一滴水甚至一朵浪花。当一个个亲历者的经历、体悟与情感化作一篇篇生动、鲜活的文字，当我们阅读这些饱含激情与时代精神的文字，改革开放的大潮不禁砰然澎湃而来，激动着我们，感染着我们。

几十年来，人民政协各级机构征集编辑了大量反映改革开放的“三亲”（亲历、亲见、亲闻）文史资料，我们择其精华编辑了《大潮》丛书，通过亲历者讲述的一个个生动鲜活的故事，记录历史，见证岁月，讴歌时代。

韩淑芳

2018 年 6 月

目 录
CONTENTS

第四章　拾珠：难忘的城市记忆

第一章

拓荒：从无到有的特区

吴南生　1979：经济特区的诞生*

中国，从人民站起来那天起，走过了近半个世纪的风雨春秋。当又一次变革席卷华夏大地，原广东省委书记吴南生，被派往深圳特区兼第一任市委书记和市长。历史的选择，让他站到了中国改革开放的最前沿。在实践邓小平理论的特区舞台上，他色彩纷呈地演绎了自己投身革命、从政生涯中最惊心动魄的一幕。

中国经济特区的酝酿、提出与筹办

谈这个问题之前，我要先说办成这个特区，靠的是天时、地利、人和。天时，就是党的十一届三中全会。三中全会做出了开放改革的决定。没有这个决定，一切无从谈起。地利嘛，应该说，广东总是得风气之先。你看，从太平天国、戊戌变法，到孙中山和大革命时期的北伐战争，都是从广东开始的，这得益于一种地缘优势。特别是广东毗邻港澳。从办特区来说，深圳、珠海这样的地理环境太好了。人和嘛，我想是各方面：港澳同胞多、华侨多，特别要强调的是，经过“文

* 本文根据杨剑访谈文章《回眸：1979，中国特区——原广东省委书记兼深圳特区第一任市委书记、市长吴南生访谈录》整理，略有删节。

化大革命”，我们共产党的内部、我们国内广大的干部群众，都迫切地希望改革。因为我们搞了多少年的那套穷社会主义，大家实在是受不了了！受不了还不好讲，因为你不知道社会主义是怎么搞的，以为社会主义就是搞阶级斗争，搞计划经济。

十年浩劫，让大家都觉悟起来，觉得我们这个国家不改革不开放就不行！每一个人脑子都要想一想了，一个国家为什么搞到这么穷，搞到这么绝对化！我想，三中全会上，小平同志他掌握住了这个脉搏，尽管还有很多不同的思想，总的说是要改要变。海外的许多爱国同胞，包括港澳同胞，也期待着我们能拨乱反正。所以我说，没有这个条件，特区是办不成的。

具体地说来，就是1979年初，省委分工我到汕头去传达十一届三中全会精神，在那里前后待了两个多月的时间。汕头是我的家乡，是一个开放比较早的城市，五口通商的时候已经开始了。不知怎么搞的，连恩格斯的著作里都写着：“其他的口岸差不多都没有进行贸易，而汕头这个唯一有一点商业意义的口岸，又不属于那5个开放口岸。”汕头在新中国成立初期，还是个商业很繁荣的地方，和香港的差距并不大。30年过去了，特别是经过“文革”，眼前的这座城市真是满目凄凉，比我们小孩子的时候都还穷呵！我当时很气愤，我说谁要拍电影，要反映国民党的反动统治，那你就到汕头来，拿汕头做一个背景。

那段日子睡不好觉，闭上眼睛就想：我们当年豁着性命扛起枪杆闹革命，可不是为了换取眼前这样一幅江山啊！

我当初的想法，和大家一样，觉得非变不可。不同的是我和海外的联系比较多，知道外边的情况多一点。那时，叶帅在广东住，他对广东的情况也比较了解，他跟我讲，南生呵，我们的家乡很穷呵，我们有办法没有？要多想办法！这些对我们都是很大的启发。我问过许多人有什么办法没有？有一位朋友对我说，你敢不敢办像台湾那样的出口加工区？敢不敢办像自由港这一类东西？如果敢办，那最好快。他说，你看新加坡、中国香港……它们的经济是怎样发展的！他一说，我恍然大悟。所以我最初提的意见，就是划出一定的地方，减税收，简化手续，彻底开放，就是要突破计划经济的框框，把市场经济引进来。

1979 年 2 月 21 日夜里，我当时正感冒发烧，可是心情很激动，迫不及待地用电话发电报给习仲勋、杨尚昆同志并省委。2 月 28 日下午，我从汕头回广州。当天晚上，习仲勋同志就到我家中和我交换了意见。3 月 3 日，省委开常委会议，我在汇报工作时说，现在老百姓的生活很困难，国家的经济已经到了崩溃的边缘了，我们应该怎么办？三中全会决定改革开放，我提议广东先走一步。我说，我是喜欢下象棋的人，懂得先走一步，叫作“先手”，就是先掌握主动权。要贯彻三中全会的决定，我主张广东先走一步。先走一步的那个“子”怎么下呢？我想先划出一块地方，用各种比较优惠的政策来吸引外资，把他们先进的东西引到我们这个地方来。这个地方，当时我提议可以考虑设在汕头。第一，汕头在全省来说，除了广州外，它是外贸最多的地方。第二，汕头的华侨是全国最多的，在外面有很多有影响的人，我们可以动员他们回来投资。第三，如果万一办不成，那也影响不大，它偏于一隅嘛。我说如果省委同意，我去办。我的意思，要杀头就杀我啦。一说，大家都赞成。我们省委在开放这一点上，总的意见是比较一致的。习仲勋同志就说，要搞，全省都搞。4 月份中央开工作会议，赶紧准备一下，向中央打报告。

但是，这个地方起个什么名字好呢？

叫“出口加工区”，和台湾一样，那就糟糕了；叫“自由贸易区”，就好像资本主义摆在脸上了；叫作“工业贸易区”吧，又不像……好几个名字摆弄来摆弄去的。当时，叶帅在广东，我和仲勋同志去向他汇报，叶帅很高兴，说：“好呵，你们赶紧给小平同志汇报。”小平同志听说要划那么块地方老定不下个名来，就说：“就叫特区嘛，陕甘宁就是特区。”这句话很重要！有了这个名就好办了。

那叫什么特区好呢？弄来弄去，先定了个名字叫“出口特区”。北京有另一类声音说：“他不懂！陕甘宁是政治特区，不是经济特区。”这话有道理。因为陕甘宁确实是政治特区。我们从这里得到启发，那就叫经济特区吧。用经济特区这个名字，应该说是摸到了一块大石头！这个名字很好，名字一出来，反对的声音好像也少了些。

当年9月，谷牧同志来广东。当时，他代表党中央、国务院分管特区工作。他说："办特区，就看你们广东了，你们要有孙悟空大闹天宫的精神。"习仲勋当场就说，南生，你去当中国的"孙悟空"吧。

本来，在省委分工中我就是分管特区工作的，由于中央强调"广东应首先集中力量把深圳特区建设好"，省委决定由我担任广东特区管理委员会主任兼深圳市委第一书记、市长。

筹划办特区，得有一个由国家最高立法机构审议批准的有权威的法规，否则，就无法可依，无规可循。我们不能在试办特区问题上开国际玩笑。

1980年8月26日，五届人大第十五次会议批准公布《广东省经济特区条例》，向全世界宣布：社会主义中国创办了经济特区。最令人意外和欣喜的是，《条例》公布后，当时深圳最严重的问题——大量外逃现象突然消失了……

《特区条例》的拟定

当时海外的朋友说，你是没有法的。无法可依，无规可循，要人家来投资，谁敢来？特区要同国际市场打交道，就不能开国际玩笑！

这样，从1979年开始，我们一直都在学习、研究、探讨外面先进的东西。因为过去我们对外面的情况一点不了解，你先把人家的东西拿来抄是不行的，有很多东西你看都看不懂。他说房地产，我们根本不知道房地产是怎么一回事！外面的很多名词，我们都搞不清楚，比如说地租。我们是打倒地主的，一听到地租，都反对，可它在外面很普通。外面的东西要拿来研究、讨论，哪些我们立刻能用，哪些改进后才能用。地租不行，就换个称呼，叫土地使用费，这也算是发明，现在大家都认可了。还有像工厂管理条例，我现在连个工厂都没有，你管它什么呢？可以说《特区条例》是借助了外边的材料，不停地研究、商量，用一年多时间，写了一次又一次，一次一次地改。这个可以说是摸着石头过河最早、最突出的例子了。

我跟谷牧同志讲，我们做的第一件事就是搞特区法、《特区条例》。这个法一定要拿到全国人大去通过。也找了叶帅，叶帅是全国人大常委会委员长。我说叶帅呵，这样一件大事，不能没有一个国家最高立法机构审议批准的有权威的法规。

真的，这的确“是国际共产主义运动史上的伟大创举”。

尽管有一些同志不同意把《特区条例》拿到人大讨论，说从来没有一个地方上的《条例》拿到全国人大来讨论的。我说，特区是中国的特区，不是广东的特区呵！虽然叫作广东《特区条例》，但它是中国的特区嘛。社会主义搞特区也是史无前例的，如果这个《条例》没有在全国人大通过，我说我不敢办特区。

后来，叶帅亲自主持全国人大常委会议，江泽民同志代表国务院在会上作了有关建立特区和制定《特区条例》的说明。

“特区要以引进外资为主，以实行市场经济为主。”这种尝试建立社会主义市场经济体制，使中国经济进入世界经济大循环的构想，可谓是大破大立，展示了一种智慧、胆略和冒险精神。

有人问：特区这么搞行不行？除了天上飘着的是五星红旗以外，地上搞的都是资本主义那一套！

小平同志说：特区是个窗口，是技术的窗口、管理的窗口、知识的窗口，也是对外政策的窗口。

解放思想的实践

我刚到深圳时，要求男青年一律不准留长发。那时候深圳农民戴个太阳镜，穿着花衣服、牛仔裤在田里赶牛，许多从内地去的人都看不顺眼。我就说统统剪了。但是行不通。后来，我的儿子小南说，爸爸，这就是你不对了，人家马克思、恩格斯也是长头发呵。我一想，是呵，共产党的老祖宗也是长头发，留长发怎么能说是思想意识问题呢？你看，我也闹过这样一个笑话嘛！

我们办特区有一个明确的目标就是：特区要闯出一条经济体制改革的路子。

说白了，就是要改掉那种苏联模式的、自以为是社会主义的计划经济的路子。从1980年下半年起，这已成为特区实际工作中一个非解决不可的问题。我们在1980年底明确提出：特区要以引进外资为主，以实际市场经济为主。这是对党中央提出的“特区主要是要实行市场调节”的进一步发展。实际上，也非这样做不可。

1981年5月10日，我向中央汇报工作。其中说到，特区是在党和政府的直接领导和管理下，以引进外资为主的多种经济成分并存的特殊经济区域。我们要利用特区的特殊条件：一、观察了解现代资本主义的发展并从中吸取对我们有益的东西；二、试验各种改革，尤其是经济体制方面的改革；三、学习国外的先进技术和科学管理方法……目前，由于各种体制尚未进行改革，具体法规没有制定，特区实际上还处于打基础的阶段，碰到的困难和问题还不少。特区的一切政策措施，一定要在“特”字上做文章。

现在回过头看，特区最大的功劳就是突破，把市场经济引进来了。应该说，中国的市场经济是从特区开始的。最先从深圳开始，到珠江三角洲，到全国。我说市场经济是个没有腿的巨人，它走到哪里，谁都顶不住的。

特区改革，几乎每走一步，都遇到阻力，先是姓“社”姓“资”，继而由“反对和平演变”引发出坚持“一个中心”还是“两个中心”的争论。特区会不会成为新的“租界”和“殖民地”？

“格格不入”的特区

当时全国都在关注特区，都在议论特区。同时，全国人民都在要求允许多一点“市场调节”，希望经济体制能进一步改革。一时间“山雨欲来风满楼”，矛盾尖锐极了。

1982年1月，冷空气大量南下了——什么“上海租界的由来”，什么“经济特区成了走私的通道”，什么“特区不是社会主义”！没完没了，铺天盖地……这些都不去说它，只讲与计划经济有关的问题。

这年4月22日至5月5日，在北京有一次专门为广东深圳而召开的会议上，有人说："……我认为，深圳搞这么大的规划是不现实的。不是一般的大，而是大得无边。深圳特区面积327平方公里，比全世界的特区的总面积还要大，这么大的一块特区面积，全面搞起来不是简单的事情。"

有的问题说得尖锐，很离谱，像这段："特别要指出的是，有人想要和计划经济'脱钩'，想割一块出去自己搞。我认为搞计划经济是客观需要，不是你哪一位领导想怎么搞就怎么搞的。你想'脱钩'是不可能的。现在资本主义国家，包括日本、美国、法国都认为要搞计划经济（这就是常识问题了，他那个计划跟你这个'计划'能是一回事吗！）。我建议省委计委，你们也建议省委，应该把特区计划管起来。不能讲特区经济市场调节为主。有这么大的外资，宏观计划更应该加强嘛，银行管理也要加强指导嘛！因此，特区建设应该纳入计划，要加强特区计划管理……"

你看，"特区主要是实行市场调节"这一块政策，是党中央1980年在一个文件中定的，有人却说："不能说特区经济是以市场调节为主。"照此论调，我们怎么能不犯下"有人想和计划经济'脱钩'，想割一块出去自己搞"的大罪呢？

1983年底，小平同志说，特区究竟办得怎样？我要亲自去看看。于是，1984年春天，小平同志到了深圳，到了珠海。看到经济特区确实是办起来了，确实是闯出一条路子来了，老人家很高兴，为深圳、珠海题了字。回到北京后，他向中央提议，召开全国沿海14个开放城市会议。

4月，中央在北京中南海召开全国沿海开放城市会议。会议最后一天，谷牧同志说：南生，你该发言了。我说，我就不说了吧。谷牧同志和特区来的几位同志都说，你一定要发言。于是，我发了言。在讲到1979年4月小平同志说的"就叫特区嘛，陕甘宁就是特区。中央没有钱，你们自己搞。要杀出一条血路来"，我一时心潮澎湃，抑制不住大声说：这，就是中国特区的由来！

关于经济特区，尤其是深圳特区，很多人写了很多文章，我没有也不能一一拜读。我读过的绝大多数文章都是写得好的。但有一点，许多文章都说不清楚特区所以能办成是由于什么，它对中国的改革开放的贡献是什么。我想，特区之所以能够办成，是由于引进了市场经济。它对全国的贡献，也在于引进了市场经济的试验、实践，证明了小平同志“社会主义也有市场”的精辟理论，是小平同志一再提出的“社会主义制度的自我完善”的改革试验。

1981 年后，我不再兼任深圳市委书记、市长，许多人认为我从这时起不再管特区工作了。不是的。这时，我回到省委，仍然分管特区工作，直到 1985 年 9 月，我从省委书记的岗位上退下来，转到政协工作，才不再分管特区工作。

（口述者时任广东省委书记兼深圳特区第一任市委书记、市长）

方　苞　深圳经济特区试水初记

恢复过境耕作和边境小额贸易

1979年1月，省委召开常委扩大会议，传达学习党的十一届三中全会、中央工作会议和邓小平同志讲话精神，联系广东的实际，拨乱反正，划清是非界限，破除僵化半僵化思想。

我利用参加会议的机会，多次发言反映“文革”期间破坏边境经济政策，以及干部、群众对恢复边境经济政策和实行开放改革的强烈要求，分别向习仲勋、刘田夫等省委、省政府领导同志反映情况，提出恢复和扩大过境耕作、边境小额贸易等建议。

仲勋、田夫同志委托常务副省长黄静波同志和我们具体研究落实。当时我找分管此项工作的李广镇副县长到广州研究并立即就地起草了报告，上报省政府。2月省政府正式批复，同意边境社队自产的农副产品和海、淡水产品，在完成国家任务后作为小额贸易出口，所得外汇，40%留给社队，用于进口自用的生产资料和生活必需品；深圳市农村非边境地区社队的同类产品，也可按上述办法交由外贸公司代办出口，所得外汇，40%留给社队。省政府批复这个小额贸易政策，从内容上和地区上都比“文革”前有较大的突破和扩展。这个突破实质上是改革高度集中的外贸、外汇管理体制的一种尝试。

春节过后，深圳市召开三级干部会议，传达学习了党的十一届三中全会和省委常委扩大会议精神，联系实际破除僵化半僵化思想。整风和落实干部政策推动了思想解放，思想解放又推动了改革开放的落实。

深圳建市与涌向香港的流民潮

1979 年撤县建市初期，边境部分干部群众对政策有误解，不少地方传说 1979 年 5 月初要取消边防部队巡逻，允许群众自由进出香港。

到 5 月 6 日傍晚，有 2 万多人听信谣言，沿着几条公路成群结队地涌向边境线，伺机越境。

市委采取果断措施，动员和组织各级干部分工、分区、分段对涌往边境线的盲目外流人员进行拦截、清理、辟谣、劝说和疏导。边防部队严密封锁边境线。当晚绝大部分盲目外流人员被疏导回家，只有 800 多人非法越过边境线。

这对于想外流香港的人是个很大的吸引力。从此，非法越境外流日甚一日，人数激增，港英当局每天从文锦渡押回的非法越境外流人员达四五百名之多。

事实告诉我们，新成立的市委、市政府如果不下大力气解决好非法外流问题，就谈不上营造一个良好的投资环境，“三个建成”和试办出口特区的计划就会落空。因此市委、市政府下大决心，花大力气，着力推进农村的改革开放，大力发展农村生产力，改善农民生活，缩小与香港的差距，刹住外逃风，为特区建设和发展创造一个良好的秩序。

减少种粮食

由于农村劳动力长期外流，宝安县农村劳力少、耕地多的矛盾十分突出。全县9万劳动力每年要完成70多万亩的水稻种植面积和1亿多斤征购粮任务。

深圳市成立不久，市委、市政府就及时调整农业生产方针，经请示省政府批准，将65000亩水稻田改种蔬菜和养鱼。1979年秋，王全国同志到深圳传达省政府决定时还指出，为适应加快发展供应香港鲜活农产品的需要，今后在保证深圳市粮食自给的前提下，还可再适当调减粮食种植面积。

我们据此精神，自行调整粮食种植计划。仅用两年时间，就挖鱼塘7万亩，改种蔬菜田7万亩，为原有鱼塘、菜地面积的10倍。此举大大减轻了农民的负担，增加了农民的经济收入。

对农村管理体制颠覆性的变革

其次，改革“三级所有、队为基础”的农村管理体制。1978年，宝安县多数社队对旱地农作物推行“五定到组”。1979年坪山公社带头在水稻田实行包产到户，当时遇到了种种非议，被指责为“搞单干”“走回头路”，我曾多次接到这方面的告状和批评。

1980年2月，我到坪山公社调查研究，分别找主张搞包产到户和反对搞包产到户的基层干部和社员座谈，并到田间实地察看。凡是搞了包产到户的队，秧苗、花生长得既齐苗又粗壮，未搞包产到户的队，还在放春节假，农田长满青草。

市委顶住压力，肯定和支持坪山公社的做法，并引导各地因地制宜实行多种形式的联产承包责任制。到1980年底，全市范围的种植业和饲养业基本实行了“包产到户”和“包干到人”。由于这种经营管理形式适合当时农村生产力的水平，较好地体现了按劳分配、多劳多得的原则，很快调动起农民的劳动积极性，不仅复耕了相当数量的丢荒田地，而且还新开垦了不少矮山坡地用来种果养鸡。

在这种体制下，劳动力多的农户很快发展为种养大户，而靠外流香港的劳力寄钱养家的农户就“相形见绌”了。过去叫儿子外逃的父母，现在却叫儿子回乡定居搞种养。

横岗镇农民钟 ×× 有两个儿子外流香港，开放改革后，她靠磨豆腐、养猪致富，年收入超万元，接着她又发展养鸡业，劳力不够，就把外流香港的两个儿子叫回来定居，活鸡饲养量很快就达数万只，年收入数万元，成为宝安县勤劳致富的典型。

1982 年，宝安县委、县政府召开勤劳致富农民代表会议，表彰奖励和大力宣传了钟 ×× 等 10 个典型。之后，越来越多外逃香港的农村青年回乡定居搞种养，非法越境外流的青年越来越少了。

1983 年春，取消“三级所有，队为基础”的公社管理体制，成立了镇政府和行政村，选举产生村委会；镇、村成立农工商联合公司，下设若干分公司。1983 年沙头角、蔡屋围等村委利用征地款，带头成立股份公司，除按劳分配外，还增加了按股份分红。

这种经济组织形式和分配制度，很快就从特区内发展到特区外，引导农民资金用于发展生产力。

打破外贸垄断，请港商到养鸡场收购活鸡

过去，交通运输由国营公司包揽，货不能畅其流，严重制约生产发展。活鸡出口就是其中突出的一例。

宝安县每年出口活鸡只有 4 万只左右。1978 年建设外贸商品生产基地，学习香港养鸡技术，办起规模为年产活鸡 5 万只、10 万只和 20 万只的鸡场。市成立养鸡公司，办种鸡场和饲料厂，由公司负责把市政府下拨的资金，免息或补息三年贷给新建鸡场，向新办鸡场供应优质鸡苗和饲料，收购活鸡出口。这是全省最早采用以公司为纽带联系生产基地带动个体鸡场的形式，它大大加速了养鸡业的发展。到 1982 年，出口活鸡数量从每年 4 万只上升至 60 万只。

出口活鸡数量激增，很快暴露了流通环节的弊病。国营外贸车队按机关时间作息，与活鸡运输很不协调。外贸车队上午 8 时才开车去鸡场装鸡，到文锦渡吃

午饭，下午 2 时把活鸡卸下再转上香港开来的货车运出港，快的也要第二天才能批发出售，从鸡场到用户手上要花两天时间，运输费用和活鸡死伤损耗竟达销售总额的 17%，全部转嫁鸡场负担，使不少鸡场亏损。

事实告诉我们，不改革流通管理体制，蓬勃发展的养鸡业就会夭折，活鸡出口计划就会落空。

1982 年，我们改革了由外贸部门垄断经营运输出口的体制，允许港商参加流通领域的竞争，同意港商直接到鸡场收购活鸡。港商清早驾车到鸡场，运输用的鸡笼由大变小，每只笼装鸡从十余只改为两只，还洒上水防晒防热，当天直接运到香港的茶楼酒店销售，无须在文锦渡卸换车，也省去批发环节，减少了活鸡死伤损耗。我们按香港当天活鸡批发价收钱，并拨支 9% 给港商，作为活鸡死伤损耗和运输费用的支付。

流通体制改革使鸡场盈利大增，挽救了濒临倒闭的鸡场，促进了生产力的发展。到 20 世纪 80 年代中期，深圳市活鸡上市量已达 2000 余万只，其中出口 1000 多万只，占香港活鸡市场需求量的 1/3，其余部分供应本市和省内一些大中城市。

养鸡公司（即康达尔公司）也因此发展为股份制上市公司。交通运输业由国有企业独家经营发展为多种经济成分竞争的机制，促进了生产力的发展和市场的发育与繁荣。

从荔枝、蔬菜开始的物价变革

当时，深圳市十分重视农业生态平衡，从 1979 年起，每办一个年产 5 万只鸡场或千头猪场，同时就地规划办一个万株荔枝树的果园或千亩鱼塘。猪、鸡粪便作为果树的肥料或养鱼的饲料，既可避免污染，又能节约成本。但是，传统的价格管理体制的弊病，使这个促进生态平衡的计划实施不下去。

当时荔枝出口的收购价格是省外贸部门与物价部门商定的，优质荔枝每斤收购价只有2—3角，而香港每磅的销售价却为港币20元左右。价格不反映供求关系，背离价值规律，严重挫伤了生产者的积极性。农民对老果园无心去管理，更无积极性去垦荒发展新果园，荔枝成熟时，宁可赠送亲友，也不愿卖给外贸部门。

1981年，市政府让市外贸部门提高荔枝的收购价格，优质荔枝每斤收购价格从原来2—3角，改为1元多；上级有关部门多次批评，要求按省统一价格收购。市委从实际出发，坚持价格体制改革，不仅继续提高收购价格，而且按双方议定价格，组织香港游客到果园吃荔枝。后来又进一步放开价格，按价值规律办事，按香港批发价和牌价汇率定价，每斤优质荔枝收购价10—15元，大大促进了生产。

经过两三年时间，几乎所有丢荒的老果园都复垦了，社队还开发荒山坡地办起了千亩万株果园18个，面积2万亩左右。集体办场带动了私人办场，十余年后的今天，深圳市种植荔枝已达10多万亩，260多万株。宝安区公明镇楼村3000多人，1978年以后开荒新种荔枝1万多亩，20多万株，有些农户仅荔枝一项收入就达几十万元。

蔬菜的发展也遇到类似问题。深圳蔬菜的生产和出口具有特别优势，建市后人口激增对蔬菜需求量也急剧增加，但旧体制的弊病却严重妨碍了蔬菜生产。内外贸收购价、市内与香港零售价相差悬殊。蔬菜生产淡季时，供不应求，外贸部门捷足先登，内销公司则无法满足市场需求；蔬菜生产旺季时，供过于求，外贸和内销部门相互推诿，致使大量蔬菜烂掉，菜农遭受损失。菜农收入与其他农活收入相差大。市政府于1979年和1982年先后两次从外地共引进5000名劳动力来种菜，拨出不少资金投放给外贸部门和果菜公司建设蔬菜基地，仍然无法扭转蔬菜生产停滞、供过于求和供不应求交替出现的被动局面。

1983年，我们从改革体制入手，蔬菜出口和内销都由果菜公司统一经营，果菜公司根据市场和出口需要与菜农签订淡、旺季的不同品种的产销合同，每五天按香港市场批发价和官方汇率，调整公布一次各种主要蔬菜的收购价格。市内市场平均菜价每斤1角，亏损部分由出口盈利去填补。同时，给几千名菜贩发证在农贸市场摆摊零售，价格放开，以调剂余缺。通过体制改革，兼顾了外贸和内销、生产者和消费者的利益，基本稳定了蔬菜生产面积，满足了出口配额和本市市场的需求。

接着，1983 年又取消布票、粮票，放开布匹、百货、家电和粮食的价格。这时，百分之七八十商品的价格由市场调节，深圳市建立市场经济体制迈进了一大步，取得突破性的进展。

农民成立投资公司，发行股票的创举

特区建设开始时遇到的最大困难是资金问题。中央不给钱，给政策；地方财政没有钱，靠政策。我们必须用足用好中央给我们的改革开放政策。

我们改革了投资体制，1979 年开始，市财政对外贸生产基地的投资实行“拨改贷”，从传统的无偿投资方式改为“有偿”投资，由各专业公司统筹对生产企业实行无息、低息或贴息贷款，按合同明确双方权责。同时变单一由政府投资为多种形式筹集生产资金。

1982 年，刚恢复建制的宝安县兴办了宝安投资公司，内部发行股票，吸纳社队集体和私人资金，投入工农业生产，既促进了工农业生产的发展，投资公司也获得了丰厚利润。公司每年按股份分红，几年后就发展成为上市公司，即现在的宝安集团公司。据悉，这是中华人民共和国成立以后首次发行股票的公司。

1982 年，我们和国家畜牧总局联合成立华宝公司，办饲料厂、鸡场、猪场、蛋鸡场、果园，后来该公司也发展成为上市股份制公司；同年，还和农垦部联合投资办养牛场；和农业部、省农科院联合投资办农业科研中心，引进、自育、试种、推广良种及良法。

特区范围内统一征地以后，特区农村群众讨论决定，把大部分征地款集中到行政村办股份公司，发展工农业生产和服务性行业，每年按股份分红利。1983 年，沙头角、蔡屋围行政村最早办起了群众股份公司，1984 年横岗镇和沙井镇万丰村相继办起股份公司，就这样从边境农村逐渐向宝安的镇、行政村、自然村推广，有的镇、村若干农户集资办起联合体企业。建市初期的工农业生产和特区初创时期的建设和发展所需资金，相当大的比重是靠投资体制改革解决的。

（作者时任深圳市委副书记、书记、常委）

吴建民　珠海经济特区初创往事 *

1978 年 12 月，党的十一届三中全会的召开，成为中国共产党历史上具有深远意义的又一次伟大转折。会议明确地提出“全党工作的着重点应该从 1979 年转移到社会主义现代化建设上来”，揭开了我国经济体制改革的序幕。

珠海的建市和珠海经济特区的试办，就是在这样的历史背景之下提出来的。

那么，1978 年，珠海究竟是一个怎么样的状况呢？

澳门垃圾威胁着的一个“渔村”

珠海原是拥有陆地面积 654 平方公里、海域近 6000 平方公里（未包括斗门）的“百岛之县”。1978 年，农业人口 8 万，渔民 0.8 万，城镇人口 3.7 万；还有流动渔民[①] 2 万人。这一年的人口自然增长率（不包括流动渔民）为 11.24‰。

这一年的工农业总产值 8023 万元，其中工业产值 3868 万元，农业产值 2556 万元，渔业产值 1599 万元。珠海全县的财政收入 639 万元。农村人均收入

* 节选自《创办珠海经济特区五年的回忆》，标题为编者加。

① 在港澳和内地都有户口及渔船牌照的渔民称为流动渔民。对流动渔民，广东省另制定有一套管理的政策。

149 元。引进项目一宗，引进计划资金 160.4 万美元。因为有通往澳门的拱北口岸和拥有一定数量的侨胞，这一年的外汇收入达 1766.5 万美元（包括供淡水到澳门的外汇收入）。大家都说珠海县城所在地香洲，酷似一个荒僻的渔村，这并不是恶意的贬语，而是针对这一带经济滞后的真实写照。有一位同志对我说，20 世纪 70 年代初，有一次他坐公共汽车上香洲，误点了，直至下午 5 时才到达，饭店已关门，找不到饭吃。

广州到珠海的交通条件很差，公路窄而且路面不平，还要四次过渡。珠海同香港的海上联系，没有直通船，只能到澳门搭人家的船。中国农村的贫困，当然会牵涉到新中国成立后农村政策的失误。珠海也不例外。而珠海一个比较引人注目的贫困标志却是长期受澳门垃圾威胁的地方。

从香洲沿海边往南走 7 公里，即是拱北。这是一个通往澳门的口岸。再往西南方向走，即到达军事禁区茂盛围。这里，隔着海湾延伸的一条小河和一片洼地，同澳门相望。在这洼地一侧，就是澳门堆放垃圾的地方。

几十年来，垃圾堆积如山，天天向珠海这边扩大。到 20 世纪 80 年代初，已经越入茂盛围河 50 多米了，形成长 400 米、宽 100 米、高约 20 多米的一座山。占地足足有 5 公顷以上。有人估计这堆垃圾超过 80 万吨。

垃圾堆的污染非常严重，堆沤发热，经常自行燃烧，黑烟滚滚，带着浓烈的臭味，飘进珠海，污染一大片。守卫在茂盛围的部队同志告诉我："何止是空气污染！水质的污染更严重。茂盛围小河的水全变黑了，鱼虾绝迹。我们在河边种的这片水稻，受水质污染的影响，长势不良，徒长叶子，结实不饱满。"

新中国成立以来，珠海这一带，却是利用垃圾变肥料，捡废品换钱，作为生财之道。后来，珠海县因此成立一个"环境卫生处"，专营垃圾买卖。每天派船到澳门运回垃圾，然后分别处理，数量约是 200—300 吨。但是，到珠海特区成立时大家反映，垃圾可作肥料的不多了，多属塑料、金属边角料、碎玻璃、车辆残骸等，不时还发现有婴儿的尸体……

将垃圾引入内地，必然造成第二次污染。从拱北到前山、翠微、湾仔以至香洲、唐家，路边到处都堆有垃圾。一片风景优美的地方，却搞成乌七八糟、臭气熏天，实在不像个样子。说是环卫处每年能赚到100万元，其实这是未考虑长远利益的一笔旧账。难道打开门路，发展经济，不以污染环境为代价，就不能在别的方面赚到比这还丰厚的财富？

数百年来，澳门殖民统治当局连污水处理系统也没有搞，更没有建立垃圾处理工厂的计划。边境堆放垃圾和靠珠海一船一船地运走部分垃圾，这种转嫁污染毒害的情况，对于一个即将建立的边境城市和准备试办的中国经济特区，无疑是一个卑劣的特大污点，不可容忍。

经过市委常委会认真研究，统一了认识，正式决定停止接受搬运处理澳门垃圾。然而这样的决定却招来了干部队伍中少数人的流言蜚语：有人说："从此，农村就断了肥源。"有人说："大饭碗还没有捧上，好歹还有百万元收入的小饭碗就打烂了，这不弃之可惜？"有人说："承包处理垃圾，周围几个县都急着要，现在倒是我们自己放弃，真是傻瓜！"

我们顶住压力通过正当途径，同澳门当局进行会谈。到1982年春才订了协议：确定澳门垃圾转移，对原来茂盛围对面的垃圾山进行无害化处理，然后覆盖泥土，种花种树，辟成一个小公园。至此，垃圾污染的历史，才真正在珠海市结束。

也因为农村的贫困，1978—1979年，在珠海边境沿海一带，经常发生有人偷渡到澳门谋生，一批一批的。边境呈现不稳定的状况。

十年浩劫中的假社会主义让人们吃尽苦头，许多人对社会主义事业失去信心，认为社会主义不如资本主义。改革开放后，人们仍抱怀疑态度。一些青年就趁放宽政策之机，纷纷申请去港澳。1979年前后，珠海县公安局发出的出境申请表，达4万多份。但是，合乎条件而能获准出境的毕竟是极少数。未获批准的人，就来个"你不批准，我自己批"。1979年、1980年这两年，珠海就出现3次偷渡外逃的高潮，参加外逃达3271人。在这种风潮面前，我们城乡基层干部骨干，缺乏正确的认识，也缺乏得力的稳定社会的措施，甚至有少数支部书记也跟着说：

“到了港澳，有钱捞！”……

仅 1979 年 3—6 月，珠海市三灶偷渡者即在海上淹死 22 人。有的为偷渡而晚间涌进边境的外地女青年，被边境附近的乡村流氓歹徒拦截、轮奸……珠海的收容站，常有人满之患，管理人员忙得团团转，每天要工作 10 多个小时。1979 年的 1—4 月，收容达 5000 多人。

为什么会发生一次又一次的外逃风潮呢？领导对这一点认识是一致的：主要是经济生活上的原因，而不是政治上的原因。说到这里，顺便介绍 1978 年香洲居民的生活水平是怎样的一种状况：每月每人平均粮食 26 斤大米（干部平均 31 斤）；食油 6 两，猪肉凭票每人 8 角至 1.2 元，鱼票 3 元；煤 15 斤；每度电收费 2 角，水费月收 1 角；干部的房租每人约为 8 角至 1 元。综合计算，当时城镇人口每人每月的伙食费用最低约为 15—18 元。农村的生活情况，当然低于城镇居民的这个水平。

确实当年的农村经济是比较贫困的。

当年广东省委第一书记习仲勋带领寇庆延、黄荣海等同志专程来珠海，召开珠江三角洲这一片的反偷渡会议，全面部署反偷渡工作。

对偷渡风潮，我们采取了各种措施，经过半年时间，珠海的偷渡人数明显下降。

实践证明，最根本的措施，当然是在开放的形势下，放手开展对外经济活动，大胆利用港澳条件，发展经济。如果生活水平确确实实赶上来了，这一带的人民，没有理由会离乡背井、冒风险外逃的。

一位老同志当时深有感触地说：“相信总有一天，珠海市有足够的吸引力，将外逃的乡亲都召唤回来，让他们享受家乡富足的生活，享受社会主义的天伦之乐。”这话反映了这个开拓者群体在珠海反偷渡工作的远大目标。大家都觉得应有这个责任，也具有这种信心。

在港澳社会的辛酸遭遇，最实际不过地教育了偷渡者。而珠海市实行对外开放，特别是办特区后，人民生活普遍得到改善，乡亲们将家乡经济大发展的信息传到港澳，外逃的人，在 1981 年就开始一批又一批地回来了。

建市方针 · 优势 · 花园城市

珠海对我来说，的确并不生疏。

1953 年我在中共中央华南分局农村部工作时，曾因为分管渔业合作化就多次来过珠海。这是南海靠珠江口一个美丽的地方。20 世纪初，这里仍称古老的名字——九洲环。清代光绪年间，当地官员正式禀报朝廷，建议将这里开设为“香洲无税商埠”。但是，朝廷没有批准。这说明先人也曾意识到发挥这一带地理优势来发展经济的特殊意义。

历史上这个小地方也有许多出名的事情：南宋丞相文天祥，带兵与元军浴血奋战被俘，坚贞不屈，押解途中写下大义凛然的《过零丁洋》诗篇，其中有“人生自古谁无死，留取丹心照汗青”脍炙人口的诗句，诗题所指的“零丁洋”，就是珠海的海域。再说容闳这位作为清代道光二十六年（1846 年）清政府的第一批留美学生之一，以后一直支持太平天国革命运动，继而支持孙中山革命活动的爱国主义先驱者，就是生在此地。辛亥革命后第一任内阁总理唐绍仪，也是这里的人。孙中山在筹办黄埔军校的同时，积极加强直属部队力量，1924 年就由“建国粤军第二师”参谋长叶剑英选定香洲为组建新部队、培训下层军士的练兵基地。抗日战争时期，著名的五桂山革命根据地东面沿海的外围地带，正是珠海北部一大片丘陵山区，它在珠江口一带抗日游击战争中占有重要地位。

在这样的地方建设特区城市，我们考虑的决不是一个简单的“渔村”的打扮和扩大，而是将建成显赫于南海之滨的一座中国经济特区窗口和著名的中华文化国际化城市。

早在 1979 年 1 月 8 日，广东省委关于设立深圳、珠海两市的通知尚未下达，王全国主持研究深圳、珠海两市的建设问题座谈会就通知我参加。利用参加这个会议之便，我与省建筑工程设计院联系，建议他们尽快组成专家小组，帮助珠海制订建市总体规划。我要求珠海有关部门迅速同省设计院签订《请求帮助制订珠海总体规划》合同。

建市规划，首先当然要解决建设的方针问题：是以农业为主，以工业为主，还是……这些始终是珠海市干部最关心的大事，也是亟须统一认识的问题。

这个问题，市委多次同多方面商讨，多数同志不同意省里1978年《关于深圳、珠海建市的报告》中提出的一些看法。这个报告提出："必须重点发展农业生产，迅速改变农业生产面貌……在此基础上，积极发展来料加工、装配业务和建材工业，建设旅游区和城市。"有的同志说："如果仍以农业为主，那么，何必改建为市？……"

上述提法，分明是先搞好农业，然后再搞加工业、旅游业和城市建设，等到农业搞好了，回头才来搞工业。如果按这个方针建设珠海，会贻误许多发展经济的时机。农业生产周期长，珠海发展农业的条件，并不因为建市就顿然变好，何况"工农业结合的出口商品基地"对发展工业、农业，是能够互相促进的。

建市开始，省委提醒我们注意抓紧渔业（珠海原是渔业县）、农业，发挥本身优势，这是对的。但是，作为一个城市的建设方针，就是应该工农业并举，逐步转到以工业为主的轨道上来。

当年，市委在向省委第一书记习仲勋的一次综合工作汇报中，解释了珠海市工业、渔业、农业三者的关系，要协调处理好，应允许有一个过渡期。还要采取许多步骤，才能够确定以工业为主的建设方针。而协调上述三者关系的最有力手段，就是抓开放后的对外经济交流，抓引进技术和资金。

统一对建市方针的认识，首先还是要加深对本地区优势的研究，这也是搞好总体规划的思想基础。

珠海的优势是什么？我想，第一个优势就是地连澳门，水接香港，有一个比较广阔的靠海吃海的优越条件。112个海岛（当年的数字）围绕港澳，海岸线与岛岸线共691公里，海湾众多。海域近6051.28平方公里，陆地面积包括斗门达1430平方公里，待开发的面积大。这是一个地理优势，也将是一个经济优势。在发展渔业的同时，尤宜大力发展水产品加工和综合利用的工业，并在此基础上发展以加工工业为主体的乡镇企业。

第二个优势，有一定的物质资源，如沙石、玻璃沙、瓷土、云母、石油以及丰富的海洋生物资源。

第三，风景资源丰富，生态环境保护得好，空气洁净，景点众多，山光水色，引人入胜。具有发展旅游业的优势。

第四，本市有 14 万农村劳动力（未计斗门），3000 技术渔民；还有兄弟县、邻近广大后方后备劳动力。

第五，这里的整个政治局面稳定，人民对政府的向心力还是强的。

第六，且不论大小，这里还是广东省对外贸易进出口岸之一。今后发展前景也不可低估。

是的，从这些优势出发，我们在总体规划中，描绘珠海将建成一个什么样的城市呢？就是：海滨花园城市。

我们一直认为，绿化，也是一种社会文明。

为此，我们分几次到新加坡、泰国、美国等地去对城市园林绿化进行系统的考察。

我们开始意识到，花园城市的要求，应该使园林建设这个概念，跳出仅仅附属于建筑物的“点缀庭院装饰物”这个框框，要求将整个城市当作一个大公园来规划，结合城市的各种功能设计，分区建设。自然区的划分，还要考虑自然风景公园、史迹公园（烈士陵园）、休闲公园、文化公园、动植物园的搭配和布局。道路绿化带、道旁草地、各种庭院花圃和外围郊区各种绿化走廊的形成，要同市区中的各种大小公园构成一个协调幽雅的庞大绿化网。

特区课题的提出

中央正式提出在珠海试办“出口特区”是 1979 年 7 月 15 日 50 号文。然而，1979 年 4 月，中央工作会议期间，当时习仲勋、杨尚昆向党中央汇报工作，议论有关发挥广东的优势问题，邓小平即提出了办特区的新课题。他说：在你们广东划出一块地方来……办一个特区。过去陕甘宁就是特区嘛，中央没有钱，你们自己去搞，杀出一条“血路”来。

会议一结束，杨尚昆先回广东开会传达，我们算是很早就知道珠海将试办特区的消息。吴南生还要我准备做一些有关的调查研究。1979 年 4 月下旬，省外经委的同志也电话通知我在加强开放引进和创办特区的问题上考虑一个规划的意见。6 月，珠海市委召开干部大会，传达省委常委扩大会议精神，同时宣布了在珠海市试办“出口特区”。

要充分调动各方面的力量参加珠海经济特区的建设，要做的工作很多，首先是组织广大干部学习 1979 年 6 月 6 日省委的报告。

省委当时的这个报告对特区的设想是：“既要维护我国的主权，执行我国法律、法令，遵守我国外汇管理和海关制度，又要在经济上实行开放政策。外商投资办厂，受我国法律的保障；特区需要的进口物资和出口商品，实行优惠税制；外商所得的合法利益，在缴纳各项税款之后，可按有关规定汇出；简化人员出入的手续；特区设中国银行的机构，可同中国银行港澳分行直接来往，开立账户，办理结账手续；特区的工资，可高于全国和广东省的平均水平；我方在外资企业和合资企业的人员，其所得的外币工资上缴，按特区工资标准，付给人民币。具体管理办法，要根据上述原则，尽早制定细则。并建立海关、商检、检疫、边检、银行、邮电等机构，办理有关业务。”

对于建立特区的步骤，省委提出：“要搞好总体规划，搞好基础设施，如供水、供电、道路、码头、通信、仓储等。所需物资，采取财政拨款、银行贷款和吸收外商资金等办法解决。在发展步骤上，要先搞好加工装配、轻型加工工业和旅游事业等，逐步积累资金，再兴办加工程度高的项目。”

当年，在接到试办“出口特区”任务之前，就已经开始研究制订珠海市建市总体规划，从 1979 年 5 月动手，经过一年的酝酿、测量、调查，然后反复研究、修改，聘请了全国数十位专家评议、座谈，终于制订成计划。经市委常委讨论再修改，通过之后报政府。以后，就在这个基础上，我们又制订了珠海经济特区的社会经济发展规划。确定了特区发展规划的几条原则：

一、特区发展方向是建成以工业为重点，兼营旅游、商业、住宅、外贸和农渔牧业的综合性经济特区。

二、在国家统一管理下，特事特办，以社会主义经济为主导，国营、集体、中外合资、外资独资以及个体经营等多种经济并存，在经济运转上以市场调节为主。

三、实行外引内联并举的方针。

四、在全国先走一步，争取经济效益和发展速度都居先进水平。

五、强调引进先进技术，实现管理现代化，提高土地使用效益。

特区建设发展规划拟分为三个阶段：

第一阶段是准备阶段，规划到 1985 年主要是完成基础设施，创造投资环境，确定特区发展规模，并为下一阶段积累资金和为对外活动积累经验。

第二阶段是初步发展阶段，规划到 1990 年要求各功能分区基本形成，并初步实现项目的经济效益，而引进的项目，也要达到一定规模。

第三阶段是全面发展阶段，也是经济特区成熟、巩固阶段。规划到 2000 年那个时候，经济特区已具规模，各行各业已形成较完整体系，产品已经进入国际市场，并开始有部分先进技术和资金向全国辐射。珠海经济特区将在我国南方经济发展中居重要地位。

至于工业、旅游、商业及外贸、房地产、交通运输、仓储业、农业、渔业、牧业、财政与金融、市政公用工业、文化工业、环境保护、人口、土地以及建设投资估算等，都分别作出具体规划，这里就不赘述了。

总体规划通过了，就等于建市和筹办特区的动员令下达了。当然，有些建设措施也不可能等着总体规划出来才动手，如造林种树，某些早已酝酿成熟的道路改造，还有农业出口生产基地建设以及小额贸易恢复后的各大队基地建设等，则早些时候就起步了。

总体规划通过了，各部门各就各位，起步的声音热闹起来了。突出的就是珠海港口一场硬仗打响了。港口的吞吐量货运年100万吨，客运年70万人次；因此，码头设计暂不考虑5000吨泊位，先上3个千吨泊位，第三期工程再上5000吨泊位。

具体要求是：

——沿滩涂向海面填土造地6.25公顷；

——从港口东边自北至南，再折西南，筑起长580米、标高5.95米的防波堤；

——建成长575米的码头和护岸，其中包括5个飞翼船客运码头，3个千吨泊位；

——疏浚4公里长的飞翼船航道；

——按 -4 米标准水深开挖港池；

——兴建6000平方米的联检大楼；

还有附属设施，港区往外延伸的马路……

自筹2000多万元，珠海人靠双手建成了珠海九洲港。1982年9月2日正式与香港通航。

珠海特区的开荒牛们开怀地笑了。

特区范围问题

整个建市的规划和特区建设规划的实施，当然是从特区范围划定入手的。当年领导层对划定特区范围的指导思想是：

（1）出口加工特区，小片开始，不可贪大；

（2）重点依托在港口、口岸以及交通方便的地方；

（3）避免特区范围容纳太多原来的乡镇人口；

（4）可以不安排在特区内的设施和建筑物，尽量到特区范围外去建，减少特区占地；

（5）我们没经验，多参考外国早年办加工区的做法。

我们根据这些指导原则进行多次研究，并实地踏勘，初步提出东、西、中、南几片为特区。

1979年12月，吴南生到珠海检查工作，我们就上述设想向他作了汇报。对于特区范围，吴南生介绍说，高雄的加工区据说有90公顷、60公顷和20公顷的。对于外面各种对特区经营的办法，我们都可以借鉴。

他还介绍深圳福田作为特区时，初定是28平方公里，其中工业区是5平方公里，计划第一年投资5000万港元，第二年1.5亿港元，第三年3亿港元。预计15年要投资36.3亿港元。就业人数至少有50万人。

对珠海特区范围，他并不主张搞南片湾仔那一带。他认为就是东、中、西片的面积也仍然可以小一点，从小到大。

随后，在全省的地市委书记会议上，吴南生传达了谷牧有关试办特区方面的意见。他说：从珠海准备划出东西中特区几片的范围中，谷牧"受到启发"，说特区就不要搞太大。毛主席一直提倡建小城市。还说像珠海市这样的花园式城市，可侧重旅游来搞。

珠海特区范围，后来经过省特区管委会和国务院特区管理办公室批准，定为6.81平方公里。

特区范围问题，到了1981年7月，中央的27号文提出把珠海"建成兼营工、商、农、牧、住宅、旅游等多种行业的综合性特区"之后，结合两年来实践探索中碰到的一些具体困难，大家更是比较深切地体会和揣测着：这个6.81平方公里的特区，同综合性的特区建设目标能否相适应？

省委研究室为了从理论上研究一些有关经济特区问题，组织了有好几位经济学家参加的调查组，于1981年7月底由省委副秘书长李言年率领来珠海考察。考察后的座谈中，大家就珠海特区范围问题，也进行了讨论。袁式邦说："看来，珠海特区的范围，应当扩大。"

孙瑜说："特区范围问题，还要统一认识。在特区工作的同志嫌特区范围大了，工作难办。市的多数同志却嫌特区的范围小了。这就要统一大家的看法。"

当年华南师院政治系副主任李华杰说："按6.81平方公里的范围，确实转不过身来，是小了。我看至少也得将整个香洲包括在内。"

李言年说："特区不仅作用于广东省，而且影响全国。搞得好，全国支持特区；特区也带给全国好处……特区也要有速度，特区需要能施展得开的场地、范围。"

当年华南工学院马列教研室副教授关其学说："特区范围大小问题，要看综合性特区的性质如何解释，可以设计几个方案，拿出来讨论。现在的范围，我看是小了。"

调查组还在其他方面提出了很宝贵的意见。

这段时间，珠海各个单位的干部，都纷纷讨论着特区的范围问题，很自然地也反映出各种干部对创办经济特区的各种不同态度。

当年国务院特区办公室的何春霖也曾表示，希望珠海经济特区东片和中片能连在一起，将整个拱北包括进去。

这个问题，各个特区情况不尽相同，当然不能同日而语，也不可搞一刀切。而随着拥有特区的市的发展，随着对"综合性特区"新课题的提出，又必会出现由于特区范围所引起的新矛盾。这也是一个不可回避的客观事实。有关领导机关，尤应有清醒的认识。不是说过去划小了就是错的，而是情况变了，根据新的要求，要及时调整特区范围。何况特区的范围如果当管理（隔离）线建成而定下来，那时候再调整就会造成很大浪费。

所以，确定特区范围，珠海的观点和要求是：

一、划分综合性特区范围，应定出可供掌握的统一标准；

二、希望体察珠海确实在范围问题上碰到的困难；

三、特区范围，希望能从考虑最长远的战略需要来划定，且念及建设管理（隔离）线费用昂贵，不可定"从小到大逐步扩大"的方针。

“珠海碰到的困难”指的是什么？这里仅举一例：珠海靠北面海边的下栅一带，有一片品位很高约有 3000 万吨蕴藏量的石英砂矿，可以露天开采。外商来看过，很感兴趣。他们羡慕特区优惠的政策，希望就在石英砂矿产地附近建一大型玻璃厂。但是，他们了解到下栅不属特区范围内的地方，失望地走了。

怎么办呢？我们递交请示报告，争取上面定一条政策：珠海市经济特区范围外引进的合资、合作和独资企业，经批准可以享受特区内企业同样的待遇。

特区的范围就是实施特区优惠政策的地域界限。它的确定，最终决定管理线建成并公布实施办法。在上述这两个基本条件出现之前，特区范围实际上都是在地图上划来划去的一种示意活动。虽然海关对此很敏感，也曾根据初定的“示意”范围对不在范围内的企业进出口物资按规定收取不享受特区优惠的关税。但是，这些从来都没有被认为是最后法定下来的特区范围。

我还想告诉读者一个特区创业的基本事实：尽管特区范围有好几次提出调整的方案，但是，在这个划来划去、议来议去的过程中，深圳、珠海从来都是以全市的经济、文化及社会发展的情况来概括地说明特区的创业发展进程的，而不是仅仅单独介绍特区范围内的经济、文化情况。

这就是说，即使是深圳，那条管理线花了一笔巨款建成之后，由于还没有定下新的管理政策，没有一个实施的办法，特区范围内并没有执行新的特殊优惠规定，因此，这个划分范围，也没有起到原来预想的作用。

毛纺厂的启迪

大家都知道，珠海原来工业基础非常薄弱。新中国成立初期，这里只有 3 间粮食加工厂，一间酿酒作坊和其他零星的个体手工业。1953 年独立建珠海县的时候，工业企业也只有 28 家，都是小家细摊子。建市前的 1978 年，前面提到，工业产值 3868 万元，也只是 135 家小加工工业加起来的数字。针对这一工业基础的现状，后来竟有人指责建市之初，没有提出“以工业为主导的方针”是一种失误。这当然不是实事求是的观点。在当时那种工业基础如此微薄、渔农业产值超过工业产值12%的情况下，何来的“工业主导”？而从实际出发，采取积极措施抓引进加工工业，也并不是只有奢谈“工业为主导”才能体现当年工作的实效性。

研究珠海的工业经济，我却认为解剖最早利用外资建立的毛纺厂，是最有指导意义的。

香洲毛纺厂是利用外资、引进外国设备，承接来料加工，实属补偿贸易性质的一家企业，是开放政策在珠海市引进工业方面最早的一次尝试。

同珠海合作的是澳门纺织品有限公司董事长曹光彪。1978年5月曹光彪到北京，同中国纺织品进出口总公司探讨在广东省靠近澳门的地方投资设一毛纺厂的可能性，后来，中国纺织品进出口总公司将这项目交给广东外贸局落实，最后定点在珠海。协议的签订是以广东纺织品进出口分公司代表为主，外贸部驻澳门的直属企业南光贸易公司负责人自始至终都参与谈判和签订协议，同时珠海县工交办公室主任在最后签协议时也作为代表之一参加。

协议于1978年8月签订，11月在珠海破土动工。1979年8月建成厂房面积6000平方米，并将全部生产设备安装完毕。9月试产，11月正式投产。

香洲毛纺厂拥有波兰、日本、英国和德国等国家较先进的粗纺设备23台，2720纺锭，设计能力年产16支毛线120万磅，职工238人。

毛纺厂开幕剪彩时，我们希望利用这家最早引进的企业，加强与港澳实业界的联系。所以，热情支持曹光彪先生扩大邀请规模的要求。这一天，共来了500多家境外厂商和中外新闻记者，还有10多个国家实业界来宾。事后，几十个国家和地区的报纸发了消息，把香洲毛纺厂的建成，誉为“中国开放政策的率先项目”“中国试办特区的花朵”。好多外宾赞叹珠海的地方真美，只可惜还属一片待开发的荒芜之地。而对于投资这个地方的毛纺厂，能否按期回收资金，多数人持怀疑态度。

毛纺厂投产初期，首先碰到产品质量达不到要求，质量合格率仅87%，产量也低，投产第一年的月平均产量仅完成生产指标的58.8%。其原因，与工人技术素质有关，与管理水平仍不适应也有关系，但是，这不是全部原因，应该说，出现的矛盾，不只是单方面的责任。

因为香洲毛纺厂的原料供应和产品销售，按协议均由澳门曹先生的企业负责；原来购买的各国设备，全由曹氏方面负责，有一部分是用过的旧机器，机械发生的某些故障，并非由于工人操作技术所引起；澳门供应的羊毛原料，质量有时也没有做到均匀合格；要求加工毛绒的花色、品种变换，有时也过于频繁。比如，有时候，澳门供应的黄色毛料仅够三天半的生产，继后又来了一批白羊毛。这样，三天半纺完黄色毛线后，立即就要进行机器的清洗，不然，就纺不出纯白的毛线来。不同颜色的毛线产品变换过急，必然影响连续生产的时间和效率。这些问题，当然责任在澳门曹氏方面。

有一段时间，澳门方面对香洲毛纺厂责备过多，有的批评也不准确，是非不清，造成毛纺厂职工情绪波动，管理人员感到压力很大。

实践过程还揭露出一些不可回避的矛盾：毛纺厂的毛线加工费，是由澳门曹氏方面单方面确定为每磅 3.2 港元，比澳门同行业低 20%。而按原协议由澳门曹氏保证供应的辅料和包装袋这一项，并未得到严格执行。还有，曹先生借贷的投资款（港币），按协议要珠海方面在五年内用毛纺厂的加工费收入还清本息。但是，曹氏在港澳的贷款则是规定浮动（随市面行情）计算利息。这就同固定的加工费形成一方不承担任何风险、一方加重了还债负担的鲜明对比。对此，毛纺厂的干部、职工有强烈的反应。

对香洲毛纺厂的问题，珠海市委认为还是先从内部整顿入手，然后再处理涉及合作双方的问题。对各国新旧混合的机器，长期采取零星修理的办法，解决不了问题。决定停机统一大修，并趁此机会，培训工人，总结经验，发动大家出谋献策，讨论如何保证产品质量和数量等，建立新的管理和分配制度。希望通过整顿，较彻底地改变面貌。于是，香洲毛纺厂接受市委的指示，停机全面修理并进行内部整顿 18 天。

可惜得很，当时有一名大报记者，不去了解珠海市委整顿、改进毛纺厂管理的意图，也不去分析全厂职工对改革的那股高涨热情，更没有了解珠海引进的第一家企业，合作双方存在有待解决的一些具体矛盾，就贸然发表文章大谈从香洲毛纺厂“停产事件中应吸取的教训”，把问题说得很严重。此文舍本求末，扭曲了我国开放政策后珠海引进的第一家企业的形象，造成很坏影响。

不久，香洲毛纺厂以整顿成功的事实，回答了一切怀疑者的胡乱猜测。

一、初步走出管理上民主办厂的路子，实行厂长负责制。厂长由全厂职工代表大会民主选出，厂长有权选拔、聘任副厂长。党支部主要抓思想政治工作，不干预生产业务。对厂的行政管理机构和人员作了合理调整，管理人员仅占职工总数的 7.2%。同时，改革劳动用工制度，调出不称职的职工。

二、加强生产人员的培训，受训人员达 200 人次。规定技术考核月。职工经过生产知识考试、操作技术考试，合格者才能上机台，厂方先后邀请同行业 20 多名技术人员来厂传授技术。

三、改用“集体定额计件，超额比例提成”的分配形式。实行“固定岗位职务工资加浮动工资、加固定补贴工资制”，将职工工资收入同企业生产水平挂钩，同工人的技术高低和贡献大小相联系，大幅度地提高了劳动生产率。

四、全面修机整顿，机器运转正常多了。月产量比整顿前增长 18.8%，成纱率 8 支纱从整顿前的 85% 提高到 95%；16 支纱从 88.9% 提高到 93%；劳动出勤率达到 99.8%；设备利用率（平均每天）从整顿前的 78% 提高到 90%。

五、整顿后外商对香洲毛纺厂产品质量的评价是：已经达到港澳地区的先进水平，超过韩国和台湾地区的产品水平，在港澳市场已经具有较强的竞争能力。

事实证明，珠海特区的开拓者高举改革开放的旗帜，是有能力办好一个最早引进的羊毛纺织企业的。尽管外贸部驻澳门的某些单位对此有不同看法，但是，只要大家都能够站在改革开放的共同立场上，就会承认香洲毛纺厂在 20 世纪 80 年代初期，确确实实成为珠海引进企业中勇于探索、勤于改革的一面旗帜。

市委认真解剖了香洲毛纺厂两年来的经营情况之后，觉得正确总结引进毛纺厂的经验教训（当然不是指“停产整顿事件”的那种武断的“教训”）是必要的。

教训之一，当年签订的协议是欠完善的。

协议规定毛纺厂生产能力为年产 120 万磅毛线，这是按专纺单股或双股的 16 支毛纱定的。其前提是要有提供原料的质量保证，并对旧机器利用率做出技术鉴定来保证。当澳门方面改变产品规格，或所提供的原料质量标准下降，或由于旧机器性能残损所引起的设备利用率下降等问题发生时，协议也未明确双方责任和补偿一方损失的条款。

还有，经过澳门曹氏派驻香洲毛纺厂质量验收人员鉴定，认为合格的产品，送到澳门，却被认为不合格，对此也未在协议中规定仲裁办法。更严重的是，澳门方面曾因香洲毛纺厂送出的产品被认为不合格，而单方面决定停止供应原料，这样造成珠海方面的损失，何处索赔？协议均未作规定。

教训之二，给香洲毛纺厂规定的设计产量——年产 120 万磅毛线，这是一个不切合实际的理论设计要求。就国内和港澳毛纺厂当年情况看，就算生产搞得最好的，也会因为产品规格的变换和原料质量的原因而达不到这个理论指标。而协议却正是根据这个根本不留余地的“设计产量”来预算全年加工费，并在此基础上做出五年内用加工费还清澳门投资贷款本息这样一个非常苛刻的规定。这就限制了我方对所得加工费的支配，将自己的手脚紧紧地绑住了，使我方一开始就处于资金周转困难的境地。

教训之三，客商在香洲毛纺厂的投资（740 万港元），是向澳门某银行按浮动利率计算的一笔贷款。协议由我方偿还本息，属于由我方承担全部投资风险的模式。实际上，这是由客商出面代我方向境外银行借钱，在他们毫不承担风险的条件下，协助我方创办一个为客商加工产品并提供盈利机会的毛纺企业。

浮动利率，且不去讲究它是哪里的规矩，这笔贷款最初利率是以 8% 计算的，曾一度浮升至 14.4%；如果这一年都是这么高的利率，则单此一项，珠海一年即需多偿付利息 47 万港元。这当然是香洲毛纺厂投资经营中的一个大问题。

香洲毛纺厂从试产到正式生产一年中，生产毛线 86 万磅，成纱率 86%，共得加工费 275 万港元，除支付职工工资及管理费用外，只有 130 万港元用于偿还本息；而其中利息（已浮动）即占 101 万港元，还本仅有 29 万港元（占投资总额的 3.9%）。以此推算，即使利息再不往高处浮动，还清本息起码也要 25 年以上。这样，到还清贷款的时候，工厂设备已成一堆废铁。

针对这一教训，我们作了认真研究。后来在国内联系到利息比澳门轻得多的外汇贷款，以国内贷款提前两年还清了曹氏的这笔“投资贷款”，转为承担国内还贷责任，赢得主动。

教训之四，我们引进的企业，购买设备，应有我方技术专家参与选择、鉴定，并根据设备技术性能及早对工人进行操作培训。这样，才能真正取得技术管理上的主动权。

以上总结的几点经验教训，不是想否定引进这个毛纺厂的必要性，而是通过实践的检验，提醒我们对今后工作的改进，多考虑到办工业企业在市场经济的条件下的方方面面，让珠海市的工业发展得快些、健康些。

旅游、住宅事业的尝试

党中央关于试办特区的文件中，多次指出先搞加工装配和旅游事业，逐步积累资金。1980 年 41 号文更具体地指出“要充分利用现有的基础，先上那些投资少、周转快、收效大的项目。在发展加工出口工业的同时，有条件的，要逐步发展住宅、旅游等事业”。

珠海在研究确定了建市方针后，也就发展旅游和住宅事业方面，按中央的指示，做了一些尝试。

1979 年 12 月，新成立的珠海旅游公司同澳门珠海旅游发展有限公司签约，合作兴建广东省第一家中外合资的旅游企业——石景山旅游中心。

这一次的合作办企业，我方仅是划出一块风景优美的山坡，客商投资包括设计、施工以及投产后业务人员培训；我方以土地入股参加利润分成，占 3 成；客商 7 成（包括偿还投资本息）。合作经营期限 12 年。期满，如投资已偿还完毕，全部固定资产归我方所有。

石景山旅游中心于 1980 年 2 月破土动工，9 月建成并在 10 月试营业，建筑面积 7000 平方米，创造了珠海市基建质量和速度的新纪录。试行营业的 3 个月，收支平衡。正式开张的第一季度，即获纯利 70 多万港元。

石景山旅游中心创立了特区旅游宾馆这样一种崭新的风格，深受中外人士及各方面游客的好评。德国广播协会驻北京记者汉斯·巴格曼说："香港和其他地方我都去过，这里的服务比香港好。我指的是服务，而不是设备。我说的是真心话。我们西欧人，怎么也想象不到在这个地方还会有这么好的旅馆。你们这样做，可以为你们的国家提高声誉，又可以挣到外汇……"日本《读卖新闻》编委鉴井卓三赞扬说："其格局和服务适合西方人口味，东方人也喜欢。管理严格而且有效。"

石景山旅游中心确实办得不错，在特区周围都享有很高声誉。这主要是打破"大锅饭"的枷锁，建立服务行业严格的工作制度，而且一开始考试招工时就坚决杜绝"走后门"；结合港澳的一些先进经验，实行合理的工资制度，使职工收入与企业兴衰真正挂上钩；组建起一支高素质的旅游职工队伍，培养讲礼貌、讲文明、待客如宾的端庄风貌。

这里实行的是董事会领导下的总经理负责制。董事会民主协商，经理有职有权。坚持勤俭办企业原则，建立经营分析预测制度。企业中的党支部积极支持董事会发展旅游业务的决策。

旅游中心得以健康发展，大家当然不会忘记澳门的主要合作者吴福先生和已故的黄族强先生。他们认真创业，周密筹划，立下很大功劳。让人时刻怀念和敬佩。

以后的发展，石景山旅游中心还走上一业为主、多种经营、内外结合，形成体系的路子，成为珠海特区第三产业中的一面旗帜。1981 年春，当时的中共中央总书记胡耀邦来珠海视察后，曾将石景山旅游中心的经验介绍给国家旅游局韩克华局长："这是认真的先进的管理方法，要推广。"

这里，顺便介绍几个数字：1980 年进出拱北口岸的人数已从 1979 年的 175.5 万人次，增至 329 万人次。1982 年，前三个季度，全国旅游系统接待了

162个国家和地区的游客592万人次，珠海这期间则接待了98个国家和地区的游客20.2万人次，收入1247万美元，在全国城市中排居第四位。石景山旅游中心对促进珠海旅游业，起到了无可辩驳的带动作用。

旅游业不仅是一种“风景出口”的商业文化活动，同时又是引进技术、引进资金的对外经济活动的桥梁和媒介。所以，从石景山旅游中心经营初步得到的成功经验中，使我们加深了对党中央在这方面指示的理解。

住宅方面最早搞的是在拱北同港商合作的银海住宅区。

银海住宅区设在大海边，占地6.72公顷，建筑面积计划为11.2万平方米；投资初定6048万港元。建成后，供澳门居民、海外投资者和侨胞购买居住。同客商签订合同的内容主要是:（1）我方提供住宅建筑用地，住宅由外商统建、统售;（2）住宅建成的楼房按4成为我所有，6成归客商所有;（3）我方所得4成住宅委托客商在港澳代售，价款以协议售价形式在合同中确定，住宅出售后由客商分期付还我方;（4）客商无偿为住宅区兴建公共设施，包括住宅区管理处、环境卫生管理站、消防、公安、邮电、医疗、学校等共约8960平方米（按建筑总面积7.4%计）。这些公共设施建筑物为我所有，归我方使用。

这个住宅合作项目签约时，我方没有经验，又急于上马，项目的计算并不精细。按合同客商除获得6成住宅建筑资产外，还在代售我方4成住宅的协议售价与实际售价的差价中，获得额外收入。可以说，实际上住宅出售的商业利润，我方一点也没得到。虽然建筑过程由于建筑基础属深沙层，打桩建筑成本比原来预计会增大些。但是，实际上这个项目的许多应是双方共享的效益，都为客商所占。

经过总结，“吃一堑，长一智”，以后房地产业的发展，我们精打细算，效益就好得多了。

考虑以市场经济为取向

特区建设初期，我们国家并未正面提出建立市场经济体制的问题。人们对中国社会经济战略改变的认识，确实还需要一个体会、理解、提高的过程。正如人们对举办经济特区初期的认识一样，需要慢慢地掂量掂量。

但是，特区建设的客观实际，都要求以市场经济为取向，向传统计划经济体制提出挑战。

应该说，自从经济特区引进外资办第一个外向型企业起，我们接触的，就是国际市场经济。由于经济特区建立的主要是外向型经济，它的生产和流通，面向国际市场，因而势必趋向于摆脱我国现行的计划经济模式。经济特区发展起来了，又同国际市场挂上钩，这就必然要进行市场竞争，不管你愿意不愿意。所以，特区确实希望有一个比单纯计划经济模式更能够适应特区性质的经济体制。

有许多经济学家提出“特区经济是一种特殊的商品经济”“特区应以市场调节为主”这些论点。我以为都是对的。事实上，特区经济生活中所暴露出来的矛盾，已经迫使特区的开拓者在考虑经济特区在经济体制改革中以市场经济为取向。

已经表现出来的矛盾是什么？

国际市场变化和竞争的信息都是：那些商品劳务成本低、质量高的市场活动主体，稳操胜券，而且获得更多收益，并得到发展；反之，以资源配置低劣的产品会被市场淘汰。

这就暴露了我们完全以计划配置资源的缺陷的矛盾很突出。港澳的工业品价廉物美，千方百计往内地输入。国家计划调拨给珠海的工业品，却仍保持前二三年的指标，根本跟不上特区市场的需要。内地由计划配置资源而生产的某些工业品，经过特区到了港澳市场，常是败下阵来。

特区的对外经济交往中，反映国际市场经济是一种法制经济，它要求依法保护公平竞争。但是，特区在试办中，法制建设滞后，这个矛盾也很突出。

看来，只有法制经济，才能调整各种社会关系和安定社会秩序；才能够把社会腐败现象有效地消除或减少到最低限度；才能够在复杂的对外经济斗争中保障国家权益。

我们体会到，经济特区不断地总结经验，其最终目的，就是要使一切经济活动符合市场规范，就是要制订出一整套符合实际的方针、政策、办法，并以法律的形式固定下来，使内外各方都有所遵循。许多被吸引进特区的投资者，他们考虑在特区能否获得利益，是要以特区法律为依据的。

再一个矛盾是，由目前特区“人的素质偏低”而引起的矛盾。这是市场经济同特区的教育、科技落后、人才缺乏这些现状之间的矛盾。

听说深圳建特区初期，日本实业界对进入那里投资设厂，多持观望态度，并不积极。有人问他们这是为什么？他们表示深圳所拥有的劳动力，多来自农村，文化素质较差；还说那里管理人才、技术力量都薄弱，而且原来工业基础差，社会可协作的技术行业也少。所以，他们不敢贸然而为。对照珠海，同样有这个问题。

我们还得承认，珠海特区市场发育还很不成熟。以商品市场和劳务、人才、金融等要素市场以及服务市场所构成的市场体系远未形成。有关这方面的一些问题，认识上也还没有取得一致，而当时上面领导机关也未作出什么具体的指示，更难谈得上在经济体制方面靠近国际市场经济。一句话，一切尚在探索之中……

但是，这里一切的对外经济活动，却连接着国际市场竞争的信号！形势确实逼人！

国际市场的竞争告诉我们：市场经济的竞争机制与利益机制紧密地联系着，它决定了参加市场角逐的各经济实体兴衰存亡的命运。

竞争迫使每个进入市场的经济实体不得不根据市场价格的变动来改变自己的经济行为，调节自身的生产经营。也就是要求自身努力改进生产技术，提高劳动生产率，降低成本。这就是说，市场竞争促进各经济实体对资源的利用达到合理、节约，使供给结构和需求结构更趋协调，从而优化资源配置。这一点，强烈地要求特区的开拓者更新观念，勇敢接受这无情的考验。

几年的实践，也使我们体会到，在特区确认经济运转“以市场调节为主”之后，仍然很难排除经济特区以外的全国环境的影响，也包括整个国家经济体制改革的步伐“是否容许”这个问题。就广东现实状况说，不仅需要经济、行政、法律等手段的配合，还需要精神文明建设的支持和协调。

总结经验中，尤要记取的是，价值规律并不是社会主义经济的异己力量。你依它，它存在；你不依它，它也存在。你利用它，会取得成功；你对抗它，就要吃亏，受到惩罚。

我们看到，资本主义市场经济，是建立在私有制基础上的经济。各个私有制的经济实体都是真正独立的利益主体，他们所接受的利益激励和约束，驱使他们处心积虑、全力以赴地投入市场竞争，并在竞争中根据市场对自身资源配置优胜劣汰的评判，切实地调整生产单位的经营机制，力求取得或提高参与竞争的优势。

珠海特区如果从以市场调节为主的经济管理体制往前发展，对于这个以公有制经济为主体的基础，如何同市场经济的要求协调适应，可能是一个较突出的课题。其中尤以分配制度出现的矛盾为大。目前，公有制经济实体的收入分配，这种不适应市场经济要求的利益激励机制和约束机制（对企业所有者、经营者、劳动者参与竞争的积极性调动乏力）的现状，实在到了非改不可的地步。

看来，要求在特区经济多元化的基础上，允许采取多种分配形式，让企业的个人分配，体现“效率优先、公平合理”的原则；不怕收入有高有低，差距拉开，真正做到能够调动劳动者的积极性，使企业和社会的经济效益都得到提高——这才是可取的。

在特区观察引进外资的外向型经济模式，它们确实从适应市场经济竞争的总要求出发，将工资总水平与生产总效益挂钩，与生活消费水平挂钩，即工资可以随生产总效益高低和生活消费水平的升降而调整，并力求职工福利待遇的稳定。这就是说，企业根据经济效益进行分配，而不单纯按劳动量计算，也不完全是按投资量计算分配。这是市场经济实质性的要求。它告诉人们：必须承认市场竞争中所显示的效益高低决定分配多少的差别。这些做法值得我们参考。

香港的市场经济，确实发育比较成熟，应向它们学习。从市场的组织方法、运行方式以及调节控制等方面看来，它们还在前进，还在走向更加完善。

当然，这里也不是说香港就是市场经济发育的最佳标兵，已经十全十美了。经济学界也指出香港经济对国际市场有明显的依赖性。有人讲笑话说：“只要日本、美国打个喷嚏，香港立即伤风感冒。”对于这种“过敏反应”，经济特区也要注意“谨防感冒”。

总之，形势要求我们，当务之急是动员全体特区开拓者都认真去研究市场经济，去总结和认识市场调节对经济特区的基本要求，并考虑珠海特区现阶段要如何建立起适应市场经济的新体制。而不是因为“谨防感冒”而对市场经济疏远或畏惧。

除上述这些体会外，下面再介绍从总结经验中得到的几点启迪：

第一，珠海经济特区，同其他经济特区一样，可以成为运用市场经济的试验区，成为同国际市场经济相衔接的前沿地带。为了达到这个目的，就要花更大的力气排除开放观念的思想障碍，排除市场意识所受到的封建传统观念的干扰，排除多年来产品经济模式所遗留下来的思想枷锁。

邓小平同志在 1984 年 2 月就说过：“特区是个窗口，是技术的窗口，管理的窗口，知识的窗口，也是对外政策的窗口。”如何理解这个“管理的窗口”？我看，应该解释为：适应于国际市场竞争的市场经济管理的窗口。

第二，办经济特区，要学会利用价值规律调节生产，改善企业经营。特区引进而发展起来的生产力，它的产品进入国际市场，就要不断接受市场传播的价值规律讯息，以拨正竞争中的方向盘。在具体工作上要求建立通往国际市场的信息网，改革特区的外贸、商业结构，保证流通领域的每个环节都畅通，同时注意国营、集体、合营、独资、个体等各种类型的企业各得其所，有机合作，以促进经营管理质量不断提高。

第三，以发达国家的产业结构为借鉴，按照合理的先进的比例，建立劳动密集型、资本密集型和知识、技术密集型的三种产业并存体系。并在特区的经济活动中，不断调整和改善其中的比例关系。

我们已经意识到，要达到完全转化、撤销劳动密集型产业，需要非常长的时间。调整产业结构要从中国的国情出发，从特区的区情出发，要逐步稳妥地处理好这个产业结构问题。

第四，从战略上考虑，虽然我们强调经济特区主要发展外向型经济，这是正确的。但是，也不因此排斥所有“内向”经济。“内向”经济战略能够用经济特区生产的产品代替或满足内地某些方面的进口需要。所以，采取“外向”与“内向”兼行、以外向为主的方针是可取的。

我们还要看到，在国际市场竞争的浪潮中，形势要求特区提高应变能力，搞经济多元化。这同样会产生“外向”与“内向”并举的部署。所以，珠海确认必须同内地进行多层次、多渠道、多形式的横向经济联合。国家赋予特区以窗口和桥梁的功能，正是让特区横向联合的领域，可以扩大到生产开发、金融、流通、信息、科研以及交通运输等方面。对特区自身来说，生产规模的扩大，正需要通过横向联合来解决某些原材料、技术、资金、人才以至场地等问题。

第五，发展经济，也不是要以本地资源画地为牢，捆住自己的手脚。特区经济有了一定的基础，还得随时有条件地打出去，发展原材料在外的企业，以横向联合形式同内地合作办生产基地；以至到外国去投资办企业，并借此建立自己的信息网络。

第六，为接受国际市场竞争的挑战，对经济特区已建和将建企业的要求是：（1）企业自主经营，自负盈亏。（2）接受市场供求信息的反馈，接受价值规律的约束，进行调控。（3）严格要求以销定产，以市场情况来确定投资项目，接受国家宏观计划的指导，消除盲目性，建立内在的投资自我约束机制。（4）要求企业劳动者工资分配与经济效益挂钩，按贡献、按劳动参照付酬。（5）创造与生产社会化相适应的强大的第三产业，配合生产企业；生产企业不求“小而全”或“大而全”。

第七，希望经济特区的市场成为一个买方市场。这就要求这个市场应有丰富的商品和物资，使购买者能够在市场充分地选择商品。经济特区的买方市场，还要考虑到特区人口的增加以及境外购买力大量涌入的因素。而且，在对外经济交往中，必然会有国际市场信息网的触角伸入这个特区买方市场。特区市场必然要接受这种检验和挑战。

第八，结合对外的经济活动，对经济特区文化的要求是，文化艺术的商品化，应当使文化艺术的面貌更加贴近大众，贴近生活。就是说，社会主义艺术文化在商品经济条件下，更应该富有人情味，富有生活气息；能够以群众喜闻乐见的作品，通过市场，献给广大人民，引导人民意气风发地走向进步和富裕；而不是着眼于“高价”和“横财”，甚至塞进西方那种信奉“刺激第一”、猎奇、荒诞的自由化的东西。文化艺术的市场意识，就是观念意识，就是对社会进步具有责任感的意识。赢得了社会进步，就赢得了观众；赢得了观众，就赢得了市场。

第九，随着商品经济的发展，现代化市场中的商品，科技含量、文化附加值越来越高，这也就是说，文化技术在经济发展中的作用越来越重要。而经济特区商品经济的蓬勃发展，正要求人才的素质，不仅在技术水平方面有更大的提高，而且还要在职业道德、职业纪律、职业责任、钻研精神以及敬业精神等方面，都能得到长足的进步。

第十，建立经济特区的市场体系，一定要使立法工作跟上去。这里说的立法工作，当然是要求特区立的法，能够反映特区的特点，能够立足于特区的性质，保障特区的战略任务——窗口作用的完成。同时，特区立法很有必要参照港澳和国际市场经济的需求，在国家主权不受损害的前提下，巩固特区对投资者的优惠待遇而产生的吸引力，并实现法治经济的目标。

以上这些来自市场经济主题的经验总结，当然还是初期的粗浅体会。但是，我们确实已经意识到，特区经济的研究，必须考虑先走一步的这个超前性。比如，从全国来说，要在 20 世纪末，国内生产总值达到先进国家 20 世纪 80 年代初的水平，对于经济特区来说，则希望有部分工农业产品的科技含量，能达到世界上最先进水平，在综合生产技术实力上真当上排头兵。

这是历史的托付。

……

珠海得到的实惠

中国试办特区的工作，从实际准备算起，匆匆地过了 3 个年头。国务院 1981

年 5 月 27 日在北京召开两省特区工作会议，会议进行了 19 天。后来就将会议讨论的成果写成中央 27 号文，并于 1981 年 7 月下达。

因为产生 27 号文的这次会议，讨论了创办特区以来许多实质性问题，参加会议的同志大家都感到满意，都说 27 号文将创办特区的实践推上了一个新台阶。

珠海更是明确了“综合性经济特区”的性质和方向，进行新的战略考虑。

我从北京回来，传达了 5 月这次会议的精神之后，结合对 27 号文的学习，自己也将办特区实践的感受，粗略地作了总结。我们感到两年来的基本经验是：

第一，明确制定建市的方针和赋予这块特区的特殊权力，要立足于当地优势的研究和确认。既然要办经济特区，建设边境新型城市，开辟“执行开放政策、吸收外资的特殊方式”的经济区域，就不能搬用“以农村为重点”“按常规政策吃饭”的那套老办法；真正做到特事特办。说实在的，要发挥本地的优势，加快发展，特区就是主要靠引进、靠港澳市场以至国际市场过日子的。

第二，珠海经济的发展必须是第一产业、第二产业、第三产业并举。这里，原来的工业基础薄弱，希望加快发展，这是对的。而农业是一切经济的基础，不能放松。在经济建设的过程中，需要积累资金，需要第一、二产业发展同时的经济配套，这时候，对第三产业的建立和促进，千万不能轻视。在特区经济起步期间，尤其如此。所以，第一、二、三产业并举（当然某一期间会有所侧重），这是一个统筹兼顾、健康发展的指导原则。

第三，特区经济的发展，重要的在于特殊政策对于开放引进的效果。而特殊政策较圆满的施行，是通过权力下放来实现的。如果上下都能够做到解放思想，认识一致，共同努力，实现特殊政策的威力就有保证。珠海走过的曲折道路，充分说明了这一点。

第四，搞好边境城市（包括特区）的总体规划是建设好特区的前提。总体规划强调统一集中，强调对原有基础设施的利用、改造；强调从本地优势出发，朝着特区城市的战略方向安排整体布局。总体规划通过了，大家都要共同维护总体规划，做到人人关心并尊重、遵守总体规划，克服小农经济意识的影响，自由化倾向和分散主义倾向。

第五，执行特殊政策的同时，必须相应地认真改革经济管理体制。有了完善的经济管理体制，才能调动各方面的积极性，把经济搞活。珠海的工业方面，学习“清远经验”，推行盈亏小包干的经济责任制；进而还要试搞逐层建立包干责任制。财贸方面，财政“分灶吃饭”；银行“信贷收支差额包干”；粮食部门，“购销调拨包干，一定三年”；商业也试行各种形式的经济责任制。渔业方面，以推广“三定一奖”责任制为主，个别单位试用比例分成或大包干办法。农村则实行联产承包到户责任制。改革体制中，鼓励向引进的外资企业学习先进管理经验。

第六，整个对外经济活动的过程，也是我们加强思想教育，抓好反腐蚀斗争的过程。可见思想政治工作，丝毫不能放松。特区的建设，说到底，确实是靠一支坚强而廉洁奉公的干部队伍来做好的。通过干部的正派作风、高尚的品德去影响社会，形成良好风气；反过来，又动员社会群众来监督所有的“人民公仆”。

在建设综合性的经济特区这个问题上，谷牧总结了六条。就是：（一）主要靠利用外资。有没有办法把外资吸引进来，这是成败的关键。对于利用外资的各种形式的利弊都要分析，哪种形式对我更合适，都要很好地总结。（二）特区的建设，要由小到大，由一般到先进，由旅游业、劳动密集型的来料加工，逐步提高到引进大的项目、先进的技术，学习先进的管理经验。（三）特区建设和引进，当然要考虑赚点钱，但是，不仅仅是为了让这里的居民先富起来，更重要的是要从利用外资、引进先进技术、学习外国的先进管理经验、研究外国的经济管理体制等方面，对全国作出贡献。特区应该建成一个有很大吸引力的地方。（四）辩证地、合理地统筹安排好特区产品内外销问题。内地需要大量进口，特区又能生产的，就可以内销。当然，特区产品以外销为主，主要是为了使我们的产品打入国际市场，进行竞争。（五）搞特区建设，电讯、交通建设应先行。基础工程不先搞好也不行。（六）特区在人口规划上，要坚持小城市的方针。一个城市不要搞得太拥挤。绿化要多一些，搞得漂亮一点。

以后，1983年春，胡耀邦在广东视察后，也对经济特区工作做了指示。他表示，特区是新事物，同志们搞得不错，敢于创新，又很有成绩，干部是努力的。他说，你们已经闯开了一个新局面，比较出色地实现了中央的意图。特区，应该按新办法来搞。新事新办，特区特办，方法全新，立场不变。

这一年的6月下旬，我到北京参加全国人民代表大会，有一天，谷牧找我们广东代表座谈，听到他传达他向邓小平汇报有关特区工作时邓的一些指示。谷牧说，邓着重讲了两点：（一）特区要坚决办下去。现在，对特区讲好话的多了。我这里听到的都是好话，说坏话的人是个别的，反正特区要坚决办下去，不能动摇。……现在办得不错，中外承认，不存在抹掉不干的问题。（二）看来，特区的发展，有个同香港统一规划的问题，不要本来香港已经生产很多的东西，特区又办，重复了，会成为包袱……特区的大问题就是要规划好，不要同香港重复，它缺什么，我们发展什么。将来就能互为依托。

是的，办特区的几年实践是有成效的。珠海确实也办了一些实事：

——九洲港经过一年多一点时间的奋战，于1982年9月对香港客运通航（后加上对深圳），正式使用。

——同澳门总督高斯达正式会谈，就澳门合作填海、处理垃圾以及澳门珠海间有关交通问题，达成初步协议，以后，在实际上取得圆满的成果。《关于在澳门新口岸地区合作实现填海造地的议定书》，于1983年2月18日由澳门珠海发展有限公司与澳门政府计划设备暨建设政务司签字生效。填海发展计划为期25年，所得面积约为110万平方米，相当于澳门半岛面积的1/6。

——同澳门知名人士何贤、郑裕彤签约扩大对澳门供水，并完成这个扩大供水工程。1983年给澳门供水达1927万吨。

——《澳门日报》正副总编辑李成俊、李鹏翥同珠海方面商谈，达成协议，表示愿意支持珠海特区宣传工作，在《珠海特区报》出版之前《澳门日报》辟《珠海专页》，加强对珠海经济特区的宣传报送。

——珠海宾馆、拱北宾馆以及碧海酒店、石景山旅游中心扩建工程先后于1982年12月至1984年3月期间建成开业；影剧院、5条骨干马路以及关前口岸改造工程相继竣工。

——珠海直升机场建成，于1983年12月28日通航启用，为南海油田开发提供服务。

——经过多次酝酿勘查研究的磨刀门围垦综合开发工程，由光大实业有限公司、珠江水利水电开发公司、珠海经济特区农业发展总公司合作开发，最终目标造地20万亩，并于1984年3月11日签署工程意向书；合作期限50年，计划投资3亿元。

——省府决定斗门县归珠海市管辖。使珠海市的海陆总面积扩大为7555平方公里，其中陆地面积1266平方公里；人口40万。

——经济特区的基础设施完成吉大区、拱北区约10平方公里的道路、供水、供电、电讯、排水及平整等29个工程项目的大部分工程。

——建成11万伏变电站，完成往澳门输电计划。

——珠海电讯系统技术取得新装备，安装上国产第一台HJ916型长话、市话合一编码纵横制自动电话交换机（先后4000门），实现1983年革新电讯技术第一期计划。

——1981—1983年三年来完成固定资产投资3亿元。大体上，基建投资中，外资占50.4%，特区和市的积累投入占42.7%；其余则是省内投资、内地有关部门投资和银行贷款。

——这期间到特区考察和洽谈经济合作业务的有美、英、法、日、德、澳大利亚等10多个国家和中国港、澳、台地区的金融界、工商界人士，3年引进（未包括特区部分）565宗，实际投资9939万美元；如连同特区引进项目48宗，协议投资额12.3亿美元计算在一起，则协议投资额超过24亿美元。

——横向、内联工作与对外引进同步开展，重点逐渐转向国内技术力量强、资金充足、生产后劲大的地区和单位。已有一批内联项目投产，另外较有代表的如绢麻纺织厂、摩托车厂、精密量具厂等，也在加紧筹办。

——深入开展打击经济领域严重犯罪活动和刑事犯罪活动，再接再厉，取得较好成效。

1983 年珠海的工农业总产值已接近 2 亿元（未包括斗门县）。比 1980 年增长 46.1%，以每年平均递增 13.5% 的速度向前发展。这一年珠海财政收入比 1980 年增长 3 倍多，比上年增长 26%。从人民生活的状况看，确实进一步得到改善。职工平均工资收入 1375 元（全国 526 元），比 1980 年增长 48%，比上年增加 5%。农村人均收入 599 元（全国 309.8 元），比 1980 年增长 11.56 倍，比上年增加 80%。渔区人均收入 808 元，比 1980 年略有增加，比上年增加 34.7%。

珠海比起先进的地区，比起深圳老大哥，大家对这个速度还是不够满意的。应该分析差距，迎头赶上。但是，对开荒牛们闯血路的实践，确实需要实事求是的评价。我说，他们并没有虚度这数年艰辛的时光。

（作者时任珠海市委书记）

江　平　厦门经济特区艰难历程

党的十一届三中全会召开不久，1979 年 7 月，中央作出在广东和福建建立四个经济特区的重大决策。1980 年，福建省人民政府正式决定成立厦门经济特区管理委员会，作为厦门经济特区的管理机构。经过一段时间的准备，1981 年 10 月，厦门经济特区正式在湖里动工建设。特区建立之后，面临四个问题。

首先解决认识问题

有人怀疑特区是否符合马克思、列宁主义和毛泽东思想，说这样搞下去，到底是搞社会主义还是搞资本主义。姓“社”姓“资”问题反复争论了好几年，每当经济特区前进一步，就有那么一股思潮怀疑办经济特区是不是搞社会主义。

到 1984 年就有人认为应该收了，经济特区的发展遇到了种种阻力。经济特区应该继续放还是应该收？1984 年小平同志到南方视察，第一站到了深圳，第二站到了珠海，小平同志先后题了“珠海经济特区好”，“深圳的发展和经验证明，我们建立经济特区的政策是正确的”。第三站到了厦门，在现在湖里区委、区政府大楼二楼的会议室，厦门市委、市政府和经济特区管委会领导同志向小平同志汇报工作后，请小平同志题词，小平同志题了“把经济特区办得更快些更好些”。连着三个题词，小平同志充分肯定了经济特区这条路没有走错。

回北京不久，小平同志提出对外开放“不是收，而是放”。同时决定厦门经济特区的范围扩大到全岛，逐步实行自由港的某些政策，并且决定沿海 14 个城市对外开放。1985 年，中央又决定开放几个三角洲，包括闽南三角地区，之后又批准厦门杏林、海沧、集美为台商投资区。

基础设施远远跟不上对外开放的要求

因为人所共知的历史原因，厦门没有什么大的建设。海堤可以说是最大的一项基础建设项目。给厦门的建设和发展带来了积极的影响和作用，其他就没有什么大的建设项目了。

作为经济特区，搞对外开放，要在国际竞争中吸引外资，首先要把厦门的基础设施搞好，使投资的软硬环境适应国外投资者的要求。

当时在湖里 2.5 平方公里的经济特区里，最早来投资的是印华地砖厂。应该说陈应登先生是一位很勇敢的投资者，他来投资时，湖里道路、水、电等“五通一平”都刚开始动手，他却敢签订第一个投资项目。项目签订后，开始进行厂房建设，他请来了德国专家指导工作。

后来他跟我们讲，“你们知道我在厦门是怎么过的吗？中午在工地没地方吃饭，带几瓶啤酒喝了就算午饭。晚上没有地方去，就泡在浴缸里”。工地没有厕所，只有农民用的茅坑。当时管委会专门花了一万多元，建了一个流动厕所。在这种环境下，大规模地引进外资是不可能的。另外，还有交通问题，有一位外商跟我讲：“你知道我是怎么到厦门的吗？”我说：“你坐汽车来的嘛。”当时深圳到厦门没船、没飞机，只有汽车。他说：“我是‘骑马’到厦门的，因为从深圳到厦门这条路坑坑洼洼，非常颠簸，就像‘骑马’一样。”厦门的交通、运输、电信等一系列基础设施不解决，经济特区就没有办法建设和发展。

但是建飞机场、建港口、扩大自来水、建设程控电话等需要投入大量的资金。

怎样解决资金问题呢？

过去我们的习惯是建一个项目要向省里、向中央写报告，请省里、请中央拨钱。我们认为作为经济特区，资金来源主要应该依靠外来资金，当然同时也要积极争取省和中央对厦门经济特区的支持。这首先要转变观念，因为过去我们向外界宣布我国没有外债，是一件很光荣的事情。当时，机场的建设得到中央和国务院的支持，但是在建设资金和建设规模上都遇到很大的困难。我们通过对外经贸部，向科威特贷款建设机场。厦门机场从最初的一年 30 多万人次的设计规模，发展成为在全国名列前茅的国际性机场，是很不容易的。不仅是厦门国际机场，后来我们在其他一些重要项目上，包括湖里 2.5 平方公里的开发资金，都采取了既在国内筹资又吸引各种外资，包括国外投资和贷款的办法。在资金筹措上，走出了一条新路。

人力资源的问题

小平同志提出经济特区应该是管理的窗口、技术的窗口、知识的窗口和对外政策的窗口。它要有很多的外来投资，就需要有相应的技术人员、技术工人和各种专门人才。厦门对外开放之前的工业、农业和科学技术的基础很差，在这里聚集的人才远远不能适应特区经济发展的需要。

如果按照过去的老做法等国家每年分配来厦的很少的大学毕业生，根本不可能适应经济特区发展的需求。我们除了积极向中央要求分配更多的毕业生到厦门之外，还走出厦门到全国招聘人才，同时努力改革原有的教育制度。尽管当时财政很困难，市委、市政府仍采取重大措施，果断地创办了鹭江职业大学，现在鹭江职业大学已经从很小规模的学校发展成为在厦门有相当影响的学校，在经济特区的建设中发挥了很大的作用。鹭大的特点就是走读、自费、不包分配，对当时的大学教育体制是一个很大的改革。鹭大结合特区建设的需要设置专业，因此，它的毕业生受到了外来投资者的欢迎。

同时，厦门大学也为特区建设发展培养了人才，除了每年的毕业生之外，市政府与厦门大学共同举办了对外贸易、外语、涉外会计等专业的培训班，培训经济特区发展最急需的专业人才。

市委党校也适应特区发展的要求，举办了专门的培训班，主要培训在职干部。现在这些干部有相当一部分已经成为厦门经济特区建设的骨干力量。

我们还吸取国际先进做法，调整普通中学的结构，鼓励普通中学的高中年级办职业班。学校的教育经费很困难，市政府就决定每办一个班就拨一笔经费，支持职业教育的发展。厦门职业中学教育的发展比较早，培养的职业中学毕业生非常适合外来投资企业的需要，为外来企业提供了所需的技术人员。

一些具体做法上的争议

厦门经济特区在建设发展中一个很重要的任务就是引进外商投资，在对外开放初期，最习惯的做法就是办中外合资企业、中外合作企业和来料加工等。在与外商的投资谈判中，有的外商为了更好地打开国外市场，更好地适应自己的经营理念，希望办百分之百由外商投资的独资企业。当时，全国没有这样的范例和条例，有《中外合资企业法》《中外合作企业法》，没有独资企业法。但我们在特区创办初期就碰到了来自印度尼西亚的投资者陈应登先生希望办一个独资企业的问题，我们批还是不批，这在当时是一个很大的问题，也就是当时争论最大的，这到底是姓“社”还是姓“资”，是走资本主义道路还是搞社会主义的问题。

我们认为经济特区应该欢迎各种投资者，我们也很想在这方面创出一条新路子。所以厦门在引进外资中，独资企业所占的比例一直是比较高的。我们通过实践认为，外商独资企业在厦门经济特区遵守我国的法律，对经济特区的建设、发展和人民生活的改善起到积极的作用，符合小平同志提出的“三个有利于”的原则。

后来，国台办派了一个小组到厦门调查，而且在《经济日报》上发表了文章，肯定了我们的做法。现在中央已正式通过外商独资投资企业等法规，为发展对外经济合作创造了更为有利的法律环境。

厦门经济特区在发展上还有一些自己的特色，如：在全国首创地方办机场、地方办航空公司；全国第一家中外合资银行办在厦门；台资企业到国内投资的第一个落脚点也是厦门。

（作者时任厦门市副市长）

刘　峰　汕头经济特区探索之路

汕头经济特区管理委员会于 1981 年底成立，1982 年 3 月特区基础设施工程动工兴建。在党中央的正确路线、方针、政策的引导下，我们在经济建设中坚持从汕头特区的实际情况出发，实事求是，量力而行，努力探索一条投入较少、产出较多、效益较好的路子。

至 1987 年底，累计完成基建投资 5.08 亿元，其中，国内投资 3.75 亿元，利用外资 1.33 亿元。1983 年特区的工农业总产值仅有 372 万元，到了 1987 年，已发展到 3.38 亿元；1984 年出口总值仅 449 万美元，到了 1987 年，已发展到 1.78 亿美元。从 1984 年起资金开始回收，至 1987 年底累计回收 2.1 亿元，占国内投资总额的 56.5%。

汕头经济特区的起步建设主要采取以下做法：

坚持“四个一片”的方针，量力而行搞好基本建设

汕头特区设置于汕头市东至东南面的海滨地带，面积为 52.6 平方公里，分为龙湖和广澳两个片区。建设初期，汕头特区的交通、能源、电信等基础设施落后，资金筹措也较为困难。因此，我们从实际情况出发，在做好整体规划的基础上量

力而行，执行“开发一片，建设一片，投产一片，获益一片”的建设方针，分期分片进行开发建设。

汕头特区的建设首先从龙湖片区1.6平方公里开始，这里原来是一片荒沙丘，我们把这片土地划为5个小片区，规划到1992年开发建成。首期开发面积为0.2平方公里。在其基本建成、摆满、逐步发挥效益之后，再开发第二小片区0.24平方公里。接着再进入第三小片区0.47平方公里的开发建设。在开发建设龙湖工业区的同时，我们还逐步开发建设了与工业区相配套的港口码头区、农业水产区、金融商业区、旅游区、住宅区，并发动特区内的农村及企业自筹资金开辟了珠池、广澳、渔港等6个小加工区。至1987年，汕头特区已开发建设的面积达3.65平方公里。

在建设资金投向方面，我们一开始就坚持以生产性投资为主的原则，主要用于基础设施和加工业的建设。在已完成的5.08亿元的基建总投资中，用于生产性投资的有3.68亿元，占总投资的72.5%。其中用于设备投资的有1.6亿元，占总投资的31.5%。6年中，共建成道路总长40多公里，3000—5000吨级集装箱和散装两用码头1座，连接省、市电网的4万千伏安变电站和6400千伏安变电站各1座，日供水2万吨的供水工程，与汕头市区12000门程控电话系统联网的特区2000门程控电话系统。同时，电传、传真等现代电信设施也投入使用，大大改善了特区的交通、能源、通信等方面的条件。特区的厂房建设也一直放在主要的位置来抓。在目前已竣工的49.5万平方米房屋中，厂房和仓库的面积达27.9万平方米，占56.4%。

在确保重点的同时，我们还认真抓好服务于生产的配套设施建设，从小到大，逐步配套，相应发展。如特区内商业网点的设置，初期多数是比较简易的临时性设施，随着经济的发展，逐渐增加高层商业楼宇的建设。龙湖宾馆一开始也只有52间客房，随着来往客人的增加，1986年才扩建为有237间客房的较为高档的宾馆。至1987年，特区内已建起了一批写字楼、商场、餐厅、游乐场、宾馆、招待所、客商公寓、职工宿舍等生活服务设施，从而形成了较为配套的投资环境。

我们认为，这种“量力而行、分期分片开发、确保重点、抓好配套”的做法，比较符合汕头特区的实际，是一条以比较少的建设资金来达到较快形成投资环境的有效途径。

在改善“软件”方面下功夫，扬长避短抓好外资引进

在抓好基础设施、配套设施建设的同时，我们还注意在改善“软件”方面下功夫，以增强对外商投资的吸引力。

1. 精简机构设置，强化服务观念

在特区行政机构的设置上，我们根据有利于外资引进的原则和对外经济发展的需要，不断进行改革和探索，力求建立起“精简、高效”的行政管理体制。至1987年，汕头经济特区管理委员会之下只设立14个行政局。这些局不少是综合性行政部门，如经济发展局统管了内经和外经工作，规划建设局统管了规划、设计、城建、环卫、三防等工作。这样的机构设置，有利于简化办事环节和审批程序。在行政局领导人员的配置上，我们严格控制线数，规定只设一正一副。对机关工作人员也严格挑选，控制编制，力求精干。

在精简机构设置和人员配备的基础上，我们还反复加强对机关工作人员的思想教育，强化“少干预、多服务”的观念，并建立了“24小时答复询问”的制度。对客商申报投资项目，我们明文规定：从接受项目建议书和可行性报告之日起，应在1周内作出答复；经批准立项的项目，如资料、证件齐备，在特区权限之内的一切手续应在10天内办完。由于特区的机构较精简、手续较方便，前来投资设厂的外商普遍感到比较满意。

2. 实行优惠措施，降低收费标准

汕头与香港之间有300多公里的陆上距离，因此，在汕头特区投资设厂的外商往往比在深圳、珠海投资增加了直接或间接的成本。为了解决这个矛盾，我们发挥汕头劳动力资源丰富、素质较高、价格低廉的优势，把汕头特区的劳务费标

准控制在比深圳低 1/3 左右，同时适当降低厂房租金。

《国务院关于鼓励外商投资的规定》公布以后，我们又进一步调低了劳务管理费、征地管理费、土地开发费和使用费，对产品出口型和技术先进型企业则实行更为优惠的政策，并将原来的 28 项行政事业性收费减少为 19 项。对各种收费项目和标准，特区管委会还专门行文公布并授权物价部门进行管理，外商投资企业可拒交未经合法程序批准的收费及可向特区管委会申诉。经过各种努力，汕头特区的各项收费比较合理，基本上不存在乱收费、乱摊派的现象，外商对此比较满意。

3. 尊重外商的合法权益，保障“三资”企业的自主权

充分尊重“三资”企业的自主权，是改善投资环境的重要方面。为了使“三资”企业享有较为充分的自主权，我们坚决做到：外商在批准的合同范围内可以自行安排生产和供销；可以自行筹措和运用资金、采购生产资料；可以自行确定工资标准、工资形式和奖励、津贴制度；可以自行聘用或辞退职员、工人等。与此同时，我们充分尊重外商的意愿，投资方式不拘一格，如外商愿意独资经营的，也按条件和手续给予批准。因而至 1987 年，直接引进外资的 79 个项目中，外商独资经营的项目有 29 项，占 37%。在中外合资、合作企业中建立健全董事会领导下的总经理负责制，对合作经营中产生矛盾较多的则采取由一方承包经营的办法。

随着投资环境的逐步改善，汕头特区引进外资的工作得到发展。至 1987 年底，利用外资签约合同 422 项，协议投资总额 1.17 亿美元，外商已实际投入 5138 万美元。已开业的“三资”企业大多数获得较好的经济效益，对在汕头特区投资增强了信心，纷纷增加投资扩大再生产。据 1987 年 9 月份的统计，在开业一年以上的 24 家外资企业中，有 13 家不同程度扩大了生产规模。这 13 家企业的职工从 1489 人增加到 3425 人，增长 130%；厂房从 20962 平方米增加到 93800 平方米，增长 347%；另有 2 家企业租地 21 亩，准备自建厂房。1988 年 1、2 月份，新签直接引进外资合同 9 项，协议投资总额 445 万美元，还有 13 个项目投资总额共 1049 万美元，在 3 月份的香港投资洽谈会上签约。

以出口为导向，因地制宜发展特区经济

我们根据党中央、国务院关于办好特区的一系列指示精神，把工作的基点放在以出口为导向，与办实业、发展生产上，朝着以工业为主，农业、交通运输、金融、商业、旅游、房地产业综合发展的外向型经济的目标不断努力。至 1987 年底，汕头特区已签约的外引内联和自办企业 556 个，协议投资和自办企业投资总额 9 亿元。其中工业、农业、交通运输企业 362 个，占总企业数的 65%；协议投资 5.16 亿元，占协议总投资额的 57.2%。1987 年特区工农业总产值 3.38 亿元，比 1986 年增长 131.9%。其中工业总产值 3.1 亿元，产品外销比例达 81.2%；农业总产值 0.28 亿元，产品外销比例在 60%以上。在特区经济中，“三资”企业占有较大比重。1987 年“三资”企业工农业总产值 2.03 亿元，占特区工农业总产值的 60%；出口总值 0.76 亿美元，占特区出口总值的 42.4%。

汕头特区在发展外向型经济的过程中，主要抓住以下几条：

1. 发挥劳动力资源优势，发展劳动密集型加工业

特区起步建设后，我们也曾希望尽可能引进一些技术较为先进、规模较大的项目，但实践的结果觉得很困难。如现已在蛇口投产的浮法玻璃厂，开始来汕头洽谈，因电力不足未能谈成。广澳石油化工项目，拟引进外资 20 亿美元，几乎从办特区起就开始与外商洽谈，至今仍未谈成。因此，我们觉得，汕头特区的工业引进必须从自己的实际情况出发，先从劳动密集型搞起，从无到有，从小到大，从低到高，一步一个脚印地逐步发展。至 1987 年 9 月，我们已经兴办并投入生产的 163 家工业企业，主要行业门类有服装、纺织、陶瓷、食品、塑料、工艺、玩具、电子、钟表等，大多数是劳动密集型的具有出口创汇能力的中小型企业。这些企业国外有市场、国内有资源，具有投资少、产出快、耗能低、用人多、应变能力强等特点，符合汕头劳动力资源丰富、轻工业有基础，而资金筹措困难、

能源不足等实际，有利于以较少的投入，达到较快形成生产力、获得较好的经济效益的目的，有利于逐步积累资金、技术、人才和管理经验，为过渡到重点引进技术密集型、知识密集型的高科技项目创造必要的条件。

在引进劳动密集型的中小型企业的同时，我们也在力所能及的范围内，采取在内联的基础上搞外引的办法，引进一些规模较大一点、技术档次较高一些、产品能够出口的项目。如从联邦德国引进具有20世纪80年代国际先进水平技术设备的聚酯切片厂，年产12000吨聚苯乙烯的合成树脂厂，与日本合资经营的电子元件厂等。

2. 发挥“龙头”“龙尾”作用，发展增值加工和发外加工

为了扩大产品出口，带动地方经济发展，提高创汇能力，我们大力发展增值加工和发外加工。如瓷乡潮州枫溪镇，仅1987年一年就为特区华达宝陶瓷制作厂提供了870万港元的初级产品，由该厂精加工为仿古瓷工艺品销往欧美市场，既提高了特区的出口生产能力，又推动了内地陶瓷业的发展。又如特区的锦荣制衣厂，根据中东市场的需求设计了各式中低档服装，布料在特区内裁剪，然后发放到内地加工点进行初级加工，又拿回特区精加工、精包装后出口。该厂在特区内只有200多名工人，在特区外就有30个加工点、4000名工人在为其发外加工服务，1987年出口服装60万打，出口值达890万美元。这样做，对特区和内地经济的发展都十分有利。

3. 发挥农业资源优势，建立“贸工农”外向型经济体系

潮汕平原地处亚热带，日照充足，雨量充沛，农民善于精耕细作，同时，潮汕海岸线较长，水产资源丰富。根据这一特点，我们一方面加强同内地的横向经济联合，另一方面加强与国际市场的联系，把国外的信息、技术、市场和潮汕的农业资源结合起来，根据国际市场需求，引进优良品种和先进的加工、保鲜、包装技术设备，逐步建立种养、加工、出口一条龙的“贸工农”外向型经济体系。例如，我们根据日本市场上鳗鱼销售量很大而汕头有鳗苗资源的特点，从日本引进了先进的养鳗技术，在特区内和汕头市7个县的23个点开辟了567亩养鳗基地，又从日本引进了一条时产 200 公斤的烤鳗生产线，烤制鳗鱼出口，形成捕鳗苗、育鳗种、养成鳗、烤鳗、出口一条龙。又如汕头沿海梭子蟹资源丰富，但过去这种海产品价值低，只在本地市场销售。1985 年初，我们从泰国引进一套梭子蟹肉配料处理技术和罐头制作生产线，并组织沿海渔民捕捞梭子蟹，就地办起 11 个加工点进行初加工，然后运到特区加工制成高级食品罐头，产品增值 5 倍以上。1987 年，汕头特区的梭子蟹肉罐头已出口进入美国、加拿大、英国、法国、意大利、新加坡、日本等国家的食品市场。

至 1987 年 9 月，汕头特区已在区内外开辟了对虾基地 46000 亩、养鳗基地 567 亩、蔬菜基地 6000 亩、芦笋基地 3760 亩、生柑基地 4500 亩；从国外引进了加工、急冻、包装、保鲜等生产线和设备 8 条（套），在特区内建起了烤鳗厂、水产罐头厂、水产品急冻厂、蔬菜急冻厂、水果保鲜厂、保健食品厂等 9 家食品加工厂；还建成了 6 个种养示范场和 1 个试验中心；许多产品如烤鳗、急冻对虾、急冻小包装蔬菜、梭子蟹肉罐头、生柑等已基本形成种养、加工、出口一条龙，特区的“贸工农”外向型经济体系已粗具规模。

回顾汕头特区建设的历史，我们的工作虽然取得了一定的成绩，但也存在着不少问题，主要是在开发建设方面采取的措施还不够有力，迈出的步子不够大；对重点项目的可行性研究做得不够，目前还缺乏一批规模较大的骨干企业；对教育与科技的战略位置，我们的认识仍然不足，措施不力；在体制改革方面不够大胆，也不配套；行政管理和企业管理的水平也不够高；等等。在今后的工作中，我们将下决心来解决这些问题，为特区经济的更大发展创造条件。

（作者时任汕头经济特区管理委员会主任、汕头地委常委、汕头市委副书记）

缪恩禄　海南建省办特区的回顾

随着我国改革开放大潮的到来，国家领导人和有识之士更加关注海南的开发和建设，经过一段时间的酝酿和调查研究之后，于 1987 年 9 月，中央在海南成立了建省筹备小组，由许士杰同志任组长，筹备建省办特区的工作。在筹备工作期间，对海南的体制、政策、发展规划和干部配备等方面做了大量工作。

1987 年底，国务院负责同志率领有关部委的领导到海南来讨论特区的政策，我也被邀请参加这次会议，这使我对海南的开放和改革有了一次初步的了解。建省筹备小组经过 5 个月的紧张工作，基本筹备就绪，中央于 1988 年 2 月批准成立中共海南省工作委员会，我奉命调到海南去工作。

1988 年 4 月 13 日，第七届全国人民代表大会第一次会议通过了设立海南省的决定，通过了建立海南经济特区的决定。

我到海南工作之前，有些熟人善意地向我提出，建议我不要到那里去工作，在海南工作难度很大。我想，我在广州开发区已当了一次“开荒牛”，这次又到海南去再当一次“开荒牛”，肯定难度不小，既然组织上已决定了，这也是一件具有挑战性的工作，能为国家改革开放事业做些微薄贡献，也是应当的，于是奉命上任。

到海南之后，我前后用了不到两个月时间，对所有县市走马观花式跑了一次。

那时海口市给我的印象是和一个经济不很发达的县城差不多，没有红绿灯指挥交通，没有下水道，一下大雨后有些街道就浸水，晚上街道灯火暗淡，没有霓虹灯。其他县市综合的印象是，绝大多数县市财政赤字，有的县一个月工资还要分两次来发，县里基本是传统农业，生产水平不高，工业基础很脆弱，整个经济综合能力，比广东较好的县大概相差十多年。我讲这些，当然谈不上全面概括，只是第一印象而已。这里并没有丝毫贬低海南之意，而是说明办特区起点之低。

省工委开展工作，着重从两方面进行。

重点是按照国家给予海南特区的政策，以及我们初步拟定发展规划组织实施（关于这个规划蓝图，在介绍海南省的书籍及其他资料中已有详细记载，在这里不赘述）。当时特别强调几点：一、坚持改革开放促开发的方针，要突出重点，不能全面开花，要重视经济效益，一片一片地搞。重点是海口、三亚两市，其他县市主要搞好农业，发展养殖业、乡镇企业。二、要着力抓好投资环境建设，不仅要抓好基础设施建设，还要抓好社会治安环境。三、十分重视学好和用好政策，靠干部艰苦奋斗来发展生产力，要学好与外部世界打交道的本领。四、要建立与特区建设相适应的体制和作风。如果只有特殊政策，没有与之相配套的体制和作风，特区是办不好的。不能设想扯皮的体制，拖拉的作风，也能够把事情办好。五、要统一认识。充分认识海南建省办特区的意义和作用。既要看到前景广阔，又要看到目前的困难；既要充满信心，又要扎扎实实地工作；既不要把事情看得很容易，又不要夸大困难，失去信心。六、高举团结的旗帜，强调五湖四海精神，团结一切可以团结的人。要有合格人才和素质较高的劳动力。一方面要挖掘和用好本岛人才，另一方面要欢迎岛外的有志之士来建设海南。重视人才的培训工作，等等。这些指导思想和方针，从实践来验证都是正确的。

与此同时，做好召开全省党代表大会和人民代表大会的筹备工作，做好详细的、大量的、复杂的人事安排工作，以便在同年夏天选举产生中共海南省第一届委员会及其常务委员，选举产生人民代表会议常务委员会，选举产生第一届政府正副省长以及召开各民主党派、工商界等人士参加的民主协商会议，选举产生第一届省政治协商委员会领导成员。这些大量组织工作，经过半年的筹备，依法选举产生，至此海南四套班子组建工作告一段落。

加快海南特区建设的一些思路

海南建省办特区的消息公布之后，曾一度出现海南热。在筹备建省期间最典型的反映，有所谓10万人才过琼州之佳话。至于是否真有10万人，也无从考究，但事实确有大批人才涌进海南。

我到海南工作初期，有天晚上，司机同志说带我到“人才交流中心”去看看。在那里实际是摆摊卖小吃的地方，都是些青年人，有卖饺子、面条、煎饼、油条的等，这些都是来海南找工作的人，其中不少是大专学生，故此人们称这里是“人才交流中心”。

当今中国，人们都向往到最开放改革的地方去施展一番才华，这是一股历史潮流。又由于舆论上导引，强调海南是办全国最大的经济特区，实行比特区还要特区的政策，宣传我们的自由度和自主权都比内地和别的特区大。在全国人大会上讨论决定海南建省办特区的事，自然就引起了海内外热心人士的关注，海南热搞得沸沸扬扬。

可是，当公布了国务院下发关于海南特区政策后，我们组织一个代表团访问香港，介绍海南情况，广交朋友，在海外引起的反响比较平淡。普遍感到现有政策比其他特区更“特”的地方不多，海南热的温度有所下降，投资并不十分踊跃，在这种背景之下引起我们领导层进一步思考一些问题。

尽管当时海南的政策在某些方面比特区略宽，但在总体上没有大的突破，基本上是深圳特区所采用过的政策，但海南所面临的环境和条件与9年前深圳率先开放时的处境已有很大的不同。当年的深圳是我国在近30年的经济封闭后启动的第一个窗口，无论是国际资本还是国内投资，都把它作为直接渗入和利用对方市场的主要通道，再加上紧靠香港的地缘优势，特殊政策的效益是十分明显的。

现在，我国对外开放已呈现出沿海地区从南向北、从东到西迅速向全国滚动推进的态势，海南面对着来自在近10年中积累了丰富经验，经济实力雄厚的特区，沿海开放地区强有力的竞争，加上本身经济基础差，投资环境落后，资金严重不足，已成为影响经济启动的最直接制约因素。面对这些现实，省里曾组织了一些力量进行调查研究，提出摆脱面临困扰的两种方案。

第一种设想，用足用活现有政策。从经济角度来看，眼下最重要的是如何解决起步期资金筹集问题，资本的原始积累靠什么？可以从几方面着手：一是用足用活现有政策，大力搞好内外贸易，进行贸易积累，房地产积累。二是放手吸引和利用外资，除充分利用现有政策，积极发展三资企业外，给基础设施的投资以相应的综合补偿政策，制定鼓励企业开发的政策。三是积极引进内地资金，把特区和内地的优势结合起来，这种优势组合产生的能量会更大。四是搞活金融，这是搞活经济的前提和基础。五是大力发展乡镇企业和“三来一补”等“短平快”项目。六是积极发展城乡私营经济，改造国营企业。

第二种设想，从更高层次发展战略来考虑，建议在海南建立特别关税区，在政策上、体制上、经济上有更大独立性、自主性和灵活性，这就是真正的比特区更特的一个突破性举措，对于扩大开放，加快改革步伐无疑是件好事。但是，也考虑海南自身状况，目前海南有85%的商品来自岛外，无论在物资和财力上，中央对海南支持很大，如果马上实行特别关税区的政策，与中央有关部委脱钩“断了奶”，眼下海南也承受不了，况且我们刚刚起步搞特区，干部条件也不具备，加上国务院对海南特区的政策颁布不久，不可能马上又在政策上有大的变动。

由于种种顾虑，我们认为，眼下还应从现实出发，在用足用活政策上做文章，迅速使海南的经济启动。同时，毫不放松地争取划出一些地，用包片开发的办法，建立特别关税区的试点（后来发展成现在的洋浦开发区，也是类似的想法）。这样对于我们积累经验，培训干部，为在全岛实行特别关税区的政策做好准备是大有好处的，也是比较切合实际的。

提出在打基础中前进的指导方针

建省之初，省委提出要正确认识海南岛情的问题。只有对岛情认识得全面深刻、准确，才能提出正确的指导方针。

海南，地处我国南疆，人杰地灵，历史上和近代都出现过不少有影响的名人。大文豪苏东坡被发配到海南儋州（现为儋州市），他在那里办学，经过他的耕耘，直到现在儋州诗歌还颇有中原文化特色，有些人能出口成诗。明朝清官海瑞是海南人。我国国家前副主席宋庆龄的故乡是海南文昌县，我国著名革命将领张云逸大将是海南人。在革命战争年代，在海南坚持革命斗争 23 年红旗不倒的冯白驹将军，颇受当地人民爱戴，成为海南革命斗争史的一面光辉旗帜。海南有着光荣革命传统，干部和群众吃苦耐劳、勤劳勇敢、民风朴素、好客、热情。这是很值得自豪的。

但是，处在改革开放的年代，海南办起特区来，就颇有点心有余而力不足了，许多东西都跟不上，我们面对一个起点低，要求高的现实，在一个经济不发达的地区办特区，有许多情况与我国已经办起来的四个经济特区不同。

在海南办大特区，是指它的面积大而已，在一个 3 万多平方公里的地方办特区是前所未有的，人口有 650 多万，其中约有 100 万少数民族人口，全岛还有 80 万—90 万人口没有脱贫。在 600 多万人口中，大部分在农村，城市人口除海口、三亚、通什三个市外（当时只有三个市），连各县城人口放在内也不到 100 万，全岛在建省前一年（即 1987 年）工农业总产值只有 45.5 亿元。其中工业总产值只有 19.2 亿元，农业这头比工业大，财政收入还不到 3 亿元。

建省以来，有两点对我们有利：一是中央给予特区的政策，对引进外资有一定吸引力；二是初步理顺了体制，把原来海南的三大块，即农垦系统（属中央农垦部管）、自治州和汉区，统一在省委、省政府领导下，成为一个集中统一领导的整体。但仍有许多不利因素，概括地说，比全国其他经济特区起步晚，原来经济处在半封闭的状况，经济基础薄弱，投资环境较差，资金短缺，财政有赤字，自我滚动发展的能力很弱，人才奇缺，等等，这就是我们面对的现实。

建省办特区时，大家都很高兴，想把海南的经济赶快搞上去，这种心情完全可以理解。如果想走捷径，急功近利，不从基础工作做起，去创造一个良好的投资环境，是不可能达到我们的目的的。针对我们的现实情况，省委提出在打基础中前进这一指导方针，并不意味着放慢发展速度。在打基础中求发展，在5年内为海南经济起飞打下良好的基础，并达到我们第一步战略目的，赶上全国平均经济水平（当时海南经济低于全国平均水平）。因此，必须做艰苦而求实的工作。这看起来慢，实际很快，海南经济起飞增添后劲，这就需要有一种甘为后人做垫脚石而默默耕耘的献身精神。

俗话说得好，万事起头难啊！我就经历了两次这种开拓性工作。真是千头万绪，百业待举，百事待兴。

打基础工作，内涵非常丰富，大体有这些主要内容：

第一，要抓好投资环境的建设。投资环境的好坏与吸引外资的快慢是成正比例的。海南当时非常缺电，原来60%多是靠水力发电，一旦遇到大旱或枯水期，发电量就不足，建省初就与香港的中资合作办马村电厂，第一期工程是上两台12.5万千瓦的发电机组；筹办大广坝水电站，既可发电又可灌溉农田；扩充程控电话；在三亚建凤凰国际机场；建设从海口到三亚的高速公路；扩建与新建港口，洋浦开发区的起步工作等。

第二，要抓好投资环境建设，搞好社会治安、扫黄、精神文明建设，提高工作效率，强化服务观念等。

第三，健全理顺各方面关系，“小政府”和“大社会”的建设要不断完善，树立适应特区经济发展的一套工作作风和工作方法。

第四，抓紧筹建一批大项目，为经济起飞做好准备，为利用天然气搞深加工和一大批外引内联的项目。海南是个新建省，过去没有体育馆、博物馆、图书馆和彩电中心等，电视、广播工作也跟不上形势发展需要。这些事都要分别轻重缓急，逐步加以解决，这些都是基础性工作。

第五，树立大农业思想，搞好农业生产，这在海南特区这个特定环境中，是一项不可忽视的基础工作。扶贫工作也是海南特区要下苦功解决的问题。力争三五年内解决一大批贫困地区发展经济的问题，否则，特区也办不起来。

第六，抓好队伍建设，为了适应特区建设需要，干部的培训和提高有待解决，引进一批人才为经济建设服务也很急需，搞好队伍的团结工作更为重要。

从近几年实践来检验，省委提出在打基础中前进的指导方针无疑是正确的，它所取得的成就是不可低估的。

要搞五湖四海，做好团结工作

建设特区的大政方针确定之际，要实现我们的规划，要把大家团结起来，把思想统一到党的方针政策上来。当时，省委花了很大气力去做这方面的工作。

由于海南是个新建省、新建特区，干部队伍是来自四面八方的。概括起来是本地与外来结合，南方与北方结合，老中青结合，以本地干部为主配备起来的。

海南在革命战争年代，是一个有着 23 年红旗不倒的光荣革命传统的地方，是革命老区，有一大批琼崖纵队的老战士，现在仍健在。海南也是个民族地区，有一大批民族干部。海南原是广东省的一个行政区，广东省许多领导同志对海南的情况是了解的，过去广东都是派一些较强的干部来主持海南的工作。

建省办特区后，海南要行使省一级行政权力，办经济特区，就更显得干部力量不足，于是厅级以上干部，除在海南生长一批之外，需要从外地调进一些人来充实。省工委成立后，特别是在省委、省政府、省人大、省政协选举前夕，在各厅组建过程中，围绕着人事安排问题，成为人们议论的焦点，流行不少顺口溜，各种不同的意见都有所反映。面对着这种复杂的人事关系，省里特别强调做好干部的团结工作，古人云“有容乃大”，海南面对着大海，要有大海那样的容量和胸怀，搞五湖四海，容纳方方面面的人才。

省委第一任书记许士杰同志，过去曾在海南工作过，他对当地的人情风俗情况了解得比我们都多，他带领着大家花了很多精力做团结干部的工作。工作的主导方面，要做好本地干部的工作，首先对本地干部要有一个正确认识和使用的问题。从总体来讲，海南的干部和广东以及全国各地干部一样，都是受着毛泽东思想的熏陶，在党的领导下，经历了各种政治运动、经济活动和“文化大革命”的考验，在总体水平上是基本一致的。不能认为这里干部素质就低，那里干部素质就高，这种说法既不确切，又不利于团结。对这个问题我们要作具体分析，毋庸讳言，当时，海南基本是个农业地区，有些地方仍处在自然半自然的经济状态，很多干部（不是全部）对传统的农业生产比较熟悉，但对于对外经济工作，对改进技术、工业管理、对外经贸方面知识显得有些欠缺。由于海南长期处于国防前线，经济处在较封闭状态，干部改革开放锻炼的时间较短，观念更新、商品生产和改革开放的意识，比珠江三角洲经济较发达的地区有所逊色，但比内地一些地方会好一些。这是客观事实。实践出真知，只有在改革开放的大潮中，在特区经济建设中才能增长才干。如果干部处在经济封闭的环境中，就不可能学会搞对外经济工作。因此，不能埋怨干部跟不上形势，要鼓励干部学习我们过去不熟悉的东西，在学中干，在干中提高。广东珠江三角洲经济发达地区的干部原来也是不懂得对外经济工作，也是在改革开放中增长知识，逐步聪明起来，把事情办好了。这一点海南的干部同样可以做到。事实证明，经过五年办特区的实践，无论是改革开放的意识，商品生产，建立市场经济等方面，都比过去聪明得多了，会干得多了。

同时，要教育干部要有大海的胸怀，广纳四方人士，共同建设海南。海南干部非常朴实，无论过去战争年代和现在都欢迎岛外人士来参加海南的革命和建设事业，事实上有的岛外干部为海南建设出了力，做了贡献的都得到人民的爱戴和拥护。在干部安排上，按照德才标准，安排好本地干部，缺口的才从外地引进。建省初期，我们有一个共同认识，一般党政干部要尽量从本地生长，主要从外地引进一些科技工程技术人员、工业企业管理人员、外经贸人员，以及少数层次较高的领导干部。

建省办特区初期，从工作需要出发，从外地引进了一批干部，这对于海南省的经济建设是件好事。外来干部要很好地团结本地干部，向他们学习。本地干部最大优势是土生土长，与群众关系非常密切，情况熟悉，外来干部也带来了外地建设的经验。这样互相学习，取长补短，把各自的优势组合起来，是很重要的。事实上，有一大批外地干部注重调查研究，能够与本地干部团结得很好，工作很协调，为海南建设事业尽心尽力，得到群众的认可。也有些人到海南后，下车伊始，好发议论，不重视调查研究，自以为是，不从实际出发做好工作，也碰了钉子。也有个别人抱着个人目的，想到海南来牟私利，这理所当然是不受欢迎的人。

世界之大，无奇不有。在改革开放大潮中，在干部队伍中，出现这样那样一些问题，是始料所及的。这总是极少数，有的是个别现象。当然，职位越高，做了错事，危害会更大。无论如何，从干部队伍整体来说是好的，不论本地与外来干部都是党和国家的财富，不分彼此，合作共事，建设海南。做好干部团结工作，是建省办特区初期省委一个很重要的指导思想，花了许多精力来处理这方面的问题。这个工作做好了，干部心情舒畅，工作顺利，成果大；否则，事业就会受阻。

学好政策　用好政策

当年，经济特区最大的优势是政策优势，离开了特殊的政策，就不成为经济特区。因此，在特区工作的人员一定要充分运用政策的优势，加快特区的建设。

那时候，有些干部对这一点认识不足。一方面感到政策还不够，没有突破性大政策出台，与其他特区相比差不多，这种情况是存在的；但另一方面在用活政策上还有顾虑，心有余悸，怕犯错误。当时，省委主要担心不是政策够不够，而是担心干部对政策用不好。海南特区的政策公布后，许多人都是看过的，学习过的，但学得粗一些，在工作中遇到问题时，行不通了，就打报告要放宽政策，实际上细细研究，这些问题有许多在政策上都是解决了的。这种情况常有出现，就说明了有些同志对政策理解不透，学习不够，运用不好。因此，从正面鼓励和激励干部学好政策，进一步解放思想，消除思想顾虑，理解政策的精神实质，并把它运用到工作中去。这是当年加快特区建设的一个重要问题，在理解政策，在指导思想上，特别强调要把握以下几个要点：

1. 要紧紧把握住发展生产力这个中心，并把它落实到工作中去

1988 年，国务院在加快海南的开发建设文件中指出："海南省要紧紧把握住发展生产力这个中心，坚持四项基本原则，进一步对外开放，深化改革，加快经济开发建设，兴岛富民，争取在三五年内赶上全国平均经济水平，到 20 世纪末达到周边发达地区的水平，进而为赶上东南亚经济较发达国家和地区的水平而努力。"这是我们的奋斗目标和实现这个目标的指导方针。

社会主义初级阶段，为了摆脱贫穷和落后，尤其要把发展生产力作为我们全部工作的中心。社会主义社会的根本任务就是发展生产力。是否有利于发展生产力，应当成为我们考虑一切问题的出发点和验证一切工作的根本标准（后来，邓小平同志在南方谈话中指出判断是非的三条标准，更深刻、更具体了）。这也是我们落实海南有关政策的一个带根本性的指导思想。我们要排除一切干扰，紧紧围绕发展社会生产力这个中心，来开发建设海南。因此，强调要正确认识省情，对海南的优势要作具体分析，有一个科学的、深入的、全面的认识，才能制定出比较符合实际的社会经济发展战略，推进社会生产力的发展。

当务之急是努力创造一个比较良好的投资环境，这包括硬件和软件、社会环境和企业环境，等等。各行各业要主动地支持发展生产力，树立以发展生产力为中心的观点，凡是有利于发展生产力的就支持，就开绿灯，主动服务，积极扶持和激励。

2. 对多元化所有制的经济结构要有正确的认识

海南的改革有更大的灵活性，在所有制的经济结构上不受比例限制，对海南改革开放要在国家宏观计划指导下，建立有利于商品经济发展、主要是市场调节的新体制框架（1988 年提出建立市场调节的新体制框架，是一个很大进步。当然，比起今天提出建立市场经济体制是不够了)。“全民所有制企业，要实行所有权与经营权分离……积极推行股份制，包括国家控股和部门、地区、企业间参股，也可以向本企业职工和在社会上发行股票。”“适应海南生产力的发展水平，应使城乡个体经济和私营经济有相当的发展。……允许举办以私有资金为主，雇用农业工人的农场。”接着，省委提出以市场经济为中心……一切经济活动必须符合市场经济规律。这些政策都是放在1988年初这个特定时间来实行的，人们如何去认识多元化所有制的经济结构，确实需要思想更解放一些，认真深刻领会政策的精神实质。

有人担心这样会不会滑到资本主义那里去了。这个问题在建省办特区头几年，特别是遇到政治气候的变化，就有人不断提出怀疑，思想上有些困惑。我们认为，要加深这些问题的认识，要认真学习党的基本路线，学习党的十三大提出社会主义初级阶段的论述来武装思想。邓小平同志多次讲过：“贫穷决不是社会主义，我们衡量一个政策是否正确，最根本一条看是否有利于发展生产力。”

海南当时采取这种政策，让三资企业、私营企业、个体经济以及国有企业、集体企业同时发展，使经济状况从一开始就充满活力，在平等竞争条件下得到共同提高和发展，对我们有利。我们坚持四项基本原则，有党的领导，有马克思主义、毛泽东思想作理论指导，有无产阶级专政，有强大的人民解放军作后盾，主要经济命脉掌握在国家手里，即使多办些私营企业，发展个体经济，举办三资企业，发展到一定程度，即使外资经济成分比重大一些，也不会改变社会主义社会的性质。

3. 要正确处理好对外引进和对内联合的关系

海南特区的开发建设要着眼于利用外资，引进先进技术和管理经验，建立起外向型的经济架构，这是我们的主要战略目标。要做到这一点，我们大力做好对外引进工作，搞好外经、外贸工作，是毫无疑问的，绝不能放松的。但这需要有一个发展过程，由于眼下我们的投资环境不完善，基础设施较差，投资环境还不适应外向型经济发展的要求。所以，在开创阶段，要十分重视做好对内联合工作，内联企业占的比重会较大，内联企业的发展势头会更快一些，这符合特区建设的发展规律。

海南特区有政策的优势，内地企业有技术、人才和资金的优势，内地企业来海南发展经济合作，把两者的优势结合起来，办内联企业，这样做对双方都有好处，内地企业到海南来可以享受到特区政策的优惠，可以利用海南的资源和独特的地理位置，从特区来讲，发展内联企业，可以壮大我们的经济实力，积累经验，培养人才。没有一定的经济实力，外国人是瞧不起我们的，这对增加我们与外商谈判的筹码，对开展对外经济，搞好外引工作十分有利。对外引进和对内联合是相辅相成的。办特区的头两年，全国各省都在海南设有办事处，加强各省在海南办企业的工作联系，有的搞得相当活跃，这对于进一步加快海南的开发建设十分有利。

4. 进一步解放思想，大胆用好用足政策

由于历史上的种种原因，办特区初期，有些干部不敢大胆用好用足政策，是个主要倾向。其实质是思想有顾虑，怕出问题，怕犯错误。这是可以理解的。过去曾经出现过一些情况，使干部心有余悸。因此，我们鼓励干部吃透政策的精神实质，大胆运用政策，坚持政策的原则性和灵活性结合，在不违背大政策的前提下，又没有明文规定不允许的事，只要对发展社会生产力有利的事，就可以灵活处理。强调政策要搞活，经济要繁荣，干部要廉洁，消除干部的顾虑，大胆放手来开创新局面。

……

精神文明建设要虚实并举、重在建设

在海南工作期间，省委分工让我抓精神文明建设，在工作中颇有一些感受。

从上到下，都说要两手抓，两手都要硬，这无疑是很对的。但实际上往往是一手硬一手软，对物质文明建设比较重视，抓得紧，对精神文明建设不那么重视，抓得松。人们都知道物质是第一性，经济是基础。经济发展了，人民生活富足了，许多问题都好解决。当然，精神生活也很重要，对物质文明建设正面起促进作用，搞不好会起促退作用。这些属于一般性道理，大家都是懂的，无须多说。我们花气力抓物质文明，把经济工作搞上去，是十分重要的，绝不能放松的。问题是在实际生活中对抓精神文明建设这一手比较软。这些问题分析起来也蛮复杂的。我认为除了解决领导重视、指导思想明确问题之外，还要从规划、领导精力、工作部署和工作方法和作用等方面来解决问题。

在制定“八五”国民经济计划时，我们也制定了一个“八五”期间精神文明建设的计划，提出了总的思路，要达到的目标和要求，然后每年制定一些具体计划加以落实，在执行中从实际出发来补充和修订总的计划。我们专门召开会议讨论“八五”精神文明建设计划。社会主义精神文明建设是一项长期战略任务，宏大的社会系统工程，根据总体计划的目标，围绕着每个时期的中心任务，提出阶段性要求，做到年度计划与“八五”计划衔接起来，贵在坚持、持之以恒、常抓常新。

当时就想到，如果从中央到地方，在制定五年计划和年度计划时，都把物质文明和精神文明建设两个计划，提交人民代表大会来讨论，首先在全国和地方最高权力会议——人民代表大会来审议，政府提出两个文明建设的内容，经过讨论批准后付诸实施，这是具有法律效力的，让全体人民都知道，来执行、来监督。

所以，我认为要使精神文明建设计划这一手也硬起来，首先要体现在与国民经济发展规划同步，制定出精神文明建设计划，并提交人民代表大会审议通过，提高其重视程度及法律效力。

现在，我们每年召开人民代表大会，由政府首脑向人民代表大会提出国民经济发展计划，当然这些计划也包括文教、卫生、广播、新闻、出版、文艺方面的要求，但它还没有包含一个完整的精神文明建设的内容。我认为作为一个社会的整体来说，在制定计划时，应当包括国民经济和社会发展的要求。经济和社会发展这两方面，就包含了物质文明和精神文明建设的主要内容，体现政治与经济，精神与物质之间互相渗透、互相依存和互相促进。

抓精神文明建设，我们提出“抓根本、抓基层、抓重点、办实事”这十二字方针。精神文明建设，最根本是要提高人民的素质，抓根本，要善于从实际工作中，提出问题，加强针对性，在思想政治教育中，无论从内容和方法上，都要符合实际、注重实效。建省办特区初期，从海南的实际出发，我们要强化经济特区意识，要根据特区精神风貌，树立正确思想，在精神文明思想建设中强调五个方面内容。

——坚持正确的政治方向，大力发展社会生产力。坚持正确的政治方向，保证改革开放的顺利进行，让人民真正明确发展社会生产力是我们党现阶段的根本任务，四项基本原则是立国之本，改革开放是强国之路。我们要把坚持社会主义方向同放胆发展社会生产力统一起来（当时省委针对干部的思想，提出要放胆发展生产力）。

——发扬开拓进取、艰苦奋斗的精神。办经济特区是一项开拓性的事业，许多事情要在探索中前进，特区人民要有一种齐心创业、开拓进取、艰苦奋斗、不畏困难、无私奉献的精神，才能形成巨大的创造力和凝聚力，这要成为特区人民重要的精神支柱。

——一切从实际出发，坚持实事求是的科学态度。办特区，希望一蹴而就，盲干冒进不行，靠拍脑袋、凭老经验办事也不行。办任何事情，都要从实际出发，循序渐进，量力而行。既要反对脱离实际、盲目追求高指标、急功近利、华而不实的作风，也要反对经过努力可以办到的事情也不去办的懦夫懒汉思想，坚持实事求是的科学态度。

——积极改善服务态度，努力提高办事效率。这是特区软环境建设的一项重要内容，要强化服务观念，为人民服务，为基层服务，为投资者服务。领导机关要起表率作用，各行各业，积极开展社会公德和职业道德教育，制定职业道德的公约或守则，开展文明礼貌活动，不断提高服务质量和办事效率。

——树立社会主义新风尚，扫除各种丑恶现象，打击一切犯罪活动，净化社会风气，使特区有一个良好的社会环境。把学雷锋与树新风结合起来，扶正祛邪，惩恶扬善。要深入开展移风易俗活动，建立互相尊重、互相关心、文明礼貌、团结和谐的新型人际关系和民族关系。

上述五方面是总体要求，每个时期要根据实际情况提出具体教育内容。精神文明建设，不能只抓教育、抓思想、抓虚的，要做到虚实结合，以虚带实，干实事，重在建设。精神文明建设是一项宏大的系统工程，方方面面的工作都要配合起来，抓好软件和硬件的建设，既要有总目标，又要有分阶段要求和成果，坚持不懈，要有韧性，才能奏效。

建省初期，在精神文明建设中，我们花了较大精力抓治理“脏、乱、差”问题。在我们国家，有些人多年来养成随地吐痰，乱丢果皮、纸屑、烟头，不爱惜公物等不良习惯，有些人的语言和行为缺乏现代人应有的文明礼貌，有些人不遵守交通规则，骑自行车左右乱穿，有些人服务态度很差，等等。那时候，人们到海南来，第一印象就感到我们城市管理很乱，没有章法，街道很脏，到处可见垃圾，服务态度较差。而我们有些同志对这些问题重视不够，认为是小事，你抓得紧，他还不高兴，认为是小题大做。真是习以为常，见怪不怪！其实，这是关系到改善投资环境，树立特区良好形象的一项重要工作。它关系到千百万人习惯的改善，关系到各行各业工作的改进，牵涉面极广，难度也很大的一项“基本建设”工作。

治理“脏、乱、差”，首先对干部和人民群众进行维护社会公德，讲究公共卫生和文明礼貌的教育，提高各行各业的服务质量，特别是“窗口”行业，更为重要。但只有这一招还不行，要多方面配合，进行硬件建设。就拿“治脏”来说，这涉及建设好环卫队伍，增加运送垃圾的车辆和设备，治理垃圾堆放场，建设公厕等。过去，在海南很少有公厕，也可以说基本上没有。人们下乡，从东、西、中三条线路走一周，来回1000多公里，很难找到一个公厕。我们强调在建设加油站的地方，都要设有公厕，在城市里，在游览的地方也建了一批公厕，有些建得很好，有人管理，比较干净。这些都是硬件建设，要花一些钱。又如“治乱”，这涉及城市管理、交通管理、卫生管理、治安管理等一系列问题，要建立规章制度，做大量宣传教育工作，建设一支执法队伍，有些管理条例要用政府名义予以发布执行，有些还要提交人大来审议通过，提高其法律效力。至于“治差”的问题，更是关系到各行各业，特别是服务行业，要广泛开展职业道德教育，制定服务守则和公约，开展创优质服务等活动。

在农村开展精神文明建设，特别要重视解决贫困地区有关照明用电、饮用水、开公路、听广播等问题。新中国成立 40 多年了，但至今有些山区的群众还没有电灯，饮用不上井水，听不到广播（覆盖面不够），有山路也不通。那里的农民，既不看报，也听不到广播，真是出门不知天下事。我们当干部的面对这种情况，深感不安。那时，我们制定“八五”期间精神文明建设计划中，提出五年左右时间，要解决这些地区，能听到广播，用上电，饮上卫生的水（起码是井水或地下水）。这是一个人生活最起码的要求，这些事情都解决不了，精神文明建设就没有基础，就对不起广大农民了。特区建设不仅要建设好城市，贫困农村的问题也要重视解决，否则特区也建设不起来。这些精神文明硬件的建设要与扶贫工作一道去做。在我离开省委的时候，全省农村饮用卫生水的人数已达到 72.4%，已通电的村数已达 76.2%，通广播喇叭的村数也逐步增加。只要认真抓下去，经过五年的努力，这些问题都是可以解决的。

抓精神文明建设，必须注意工作方法和领导方法。善于把思想教育与制度建设、设施建设结合起来，开展创建文明城乡、文明单位的活动，尤其要注意思想、制度、环境设施的建设这三个要素的相互作用，能量化的指标要尽量量化，可作检查评比的要求，切忌在评比活动中搞形式主义、劳民伤财、运动群众、华而不实。

在思想领先、反复进行教育的前提下，一定要抓好制度建设，使之制度化、规范化；并抓好必要的精神文明各项设施建设。不健全制度，就像一阵风一样，不能持之以恒。有了制度还要有一个监督制度执行的执法队伍，否则，也是纸上谈兵，不能落到实处。不干实事，不抓设施建设，精神文明建设就缺乏物质基础。

善于抓典型，以点带面，点面结合，分类指导，齐抓共管，条块结合，这些都是多年来许多地方总结出来的经验。

这里特别重要的是，这项工作一定要有一位主要领导来统率，否则，难以推动，难以调动千军万马，把方方面面的力量组织起来，开展活动。只要领导重视，亲自抓，抓得得法，坚持下去，必有成果。精神文明建设与物质文明建设工作，互相促进，共同发展，这是有中国特色社会主义建设的重要特征。

（作者时任海南省筹建工作委员会常委、海南省委常委）

第 二 章

生长：狂飙突进的城市

周溪舞　**深圳盐田港的起步** *

深圳港的集装箱吞吐量，2004 年的时候，在世界各个港口中已经排在第四位，其中盐田港区在深圳港中占有半壁江山。

我曾到欧洲参观过几个港口，去过德国汉堡港，坐船在港区转了一圈，但见海岸吊车林立，各国货轮密聚。我曾想过深圳也会成为一个港口城市，但我从未敢想，深圳港有一天集装箱的吞吐量会超过汉堡港。

我还去过荷兰的阿姆斯特丹和鹿特丹，这些都是历史悠久的欧洲国际大港。现在，深圳港集装箱的吞吐量都超过了它们。

为开发盐田港成立的一个公司

20 世纪 80 年代初，深圳特区刚开始建设的时候，市委、市政府的领导班子就知道，在深圳东部，大自然赐给了我们一笔天然财富，就是大鹏湾畔盐田那个地方，九径口至正角咀约 6 公里的海岸线，水深负 16 米左右，是一个能够建设停泊万吨巨轮码头的地方。这里不回淤，不结冰，前边有小山拱卫着，可以避风，

---

* 本文节选自《我所经历的深圳发展的几件大事》，标题为编者加。

真是建设大港的好地方。

据说，中国革命先行者孙中山先生，在《建国方略》中就曾谈到，要建设南方大港，也包括这个地方。

特区建设初期，百事待举，百业待兴，无论从领导精力、建港经验、资金筹集上都没有办法启动盐田港的建设。不过，意识到这个地方的重要，就要强调保护好这一带的海岸线，不允许建设简单的小型码头破坏这里的自然环境。

中国改革开放的大潮，各路想到深圳来一展身手的企业家、建港专家，以及深圳引进外资和内部经济联合的政策，推动了盐田港的起步。

话要从北京说起，中国交通部有一个水运科学研究所（以下简称“水运所”），是从事港口建设可行性研究的单位，它的领导人叫苏宁。他们想到深圳来显身手，当时便和蛇口工业区合作，成立了科学技术服务公司。他们派出了一个干部当经理，他就是王维柏。

王维柏的父亲是王首道同志，他是中国老一辈无产阶级革命家，1926 年参加了毛泽东同志在广州举办的农民运动讲习所并加入了中国共产党。1927 年，在湖南参加农民运动和武装斗争，是湘赣苏区的主要创始人。新中国成立后，长期担任中国的交通部长。20 世纪六七十年代，在中共中央中南局和广东省委当过书记处书记，当时担任中共中央顾问委员会常委。在交通部工作过的职业本能和在广东工作过的感情，使他积极支持自己的小儿子，到深圳为港口建设干一番事业。

1982 年底的一天，王维柏到深圳后便去拜访当时的市委书记、市长。他是王首道的老下级，热情地接待了王维柏，表示大力支持他们来参加开发盐田港。这件事的具体操作便落到了我和市政府分管交通运输的副秘书长李新亭的身上。

我了解了他们的来意后，知道他们是担任港口的可行性研究和设计工作的，不是来投资建港口的。但是，启动港口建设的一个重要条件是要有资金，港口建设动辄要几十亿，没有资金也很难起步。

这个时候他们介绍了一个情况，日本东京有一个新土木研究所，在北京有一个中国市务部，他们之间有密切的业务来往。他们带来了一位该单位的负责人，是一位叫矢尾板忠雄的日本朋友。这个人能讲一口比较流利的中国话。他在抗日战争时期曾参加过日军，战败后参加了中国人民解放军，跟我还拉上了“四野”（解放军第四野战军）的战友关系。据他介绍，有一个日本海外协力基金，可以向它进行低息贷款。后来才知道，原来这项基金的来源是这样的：日本战败后，中国从人道主义出发，没有要他们的战争赔款，日本政府便成立了这么一个基金，以表示对中国的谢意。同时我们也知道，日本新土木研究所对于使用该项低息贷款负有直接审查责任，我认为我们可以争取这笔贷款。

有一次，国务院副总理谷牧到深圳来检查工作，我便向他当面汇报了关于建设盐田港和利用海外协力基金的设想。他支持盐田港的建设，但是他向我解释，日本海外协力基金数额有限，要求使用的单位很多，条件很严格，必须列入国家计划，你们不能完全指望这笔钱。我想就盐田港的条件，应该可以积极争取这笔基金。

我清楚地知道，要建设盐田港，深圳要成立一个经济实体，担负起盐田港的建设任务。当时市政府根据业务对口的原则，确定由深圳市航运总公司担负起建设盐田港的任务。后来经过研究认为，航运总公司只是一个使用码头的单位，根据它当时的经营范围和经济实力是没有能力单独担负起建设盐田港的重任的，便由我负责召开会议来解决这个问题。

我找了深圳经济特区发展公司，公司派了副总经理高林来开会。该公司是当时深圳市最大的国营公司之一，凡是涉及以土地来投资入股的，市政府都要该公司负责，它参加对解决资金问题很有好处。第二个是通知了中共沙头角区委书记刘斌，他是盐田地区的父母官，对盐田港建设会提供很多便利条件。第三个是通知航运总公司总经理庞震。李新亭和水运所的苏宁、王维柏也参加了会议。

会上我传达了市政府要开发盐田港的意见，并提出要他们三家成立一个公司担负起开发盐田港的任务。这个公司叫什么名字呢？开始想以盐田来命名，但当时盐田不像后来那么有名气，也有点土里土气，我便提出来盐田在深圳市东部，面临大鹏湾，就以“东鹏”来命名吧，也寓意了大鹏起飞这样一个好兆头。这时大家便同意了这家公司叫“深圳市东鹏实业有限公司”（以下简称“东鹏公司”）。

1984 年底，这三家公司开会，深圳市沙头角实业发展公司、特区发展公司和航运总公司三家合营，注册资本 300 万元人民币。刘斌、符达章（特区发展公司部门经理）、庞震，分别代表三方股东在合同书上签字。

1985 年 1 月 24 日，深圳市人民政府批准东鹏公司正式成立。该公司便担负起了建设盐田港的任务，这是建设盐田港具有起步意义的一件大事。

在长达 10 年的时间里，一直是以东鹏公司的名义来建设盐田港的。后来由于业务的发展便跟香港和记黄埔有限公司进行合营，1994 年 11 月 4 日，东鹏公司改名为深圳盐田港集团有限公司。在长达 10 年的时间里，是以东鹏公司的名义来建设盐田港的。

盐田港建设一步步走向成熟

盐田港的建设要起步，一项重要的事情就是向国务院报告要求批准立项。因此，深圳市人民政府于 1984 年 1 月向省政府和国家计委、交通部上报《关于建设大鹏湾盐田深水港第一期工程的初步可行性研究报告》。

报告中说：“深圳市委托交通部水运所进行了大鹏湾建港可行性研究，并邀请了与该项低息贷款负有直接审查责任的日本新土木研究所参加，联合进行了调查研究。认为大鹏湾是南海自然条件最好的深水港之一，而且地理位置十分重要，港口建成后可以沟通连接港澳地区，便于我国沿海和内地广大经济腹地的运输往来。对于发展我国对外贸易，促进本省和华南地区经济繁荣有重大意义。”

国家计委于 1988 年 5 月，复函广东省和深圳市，同意建设深圳大鹏湾盐田港一期工程，投资额 3.3 亿元，争取利用日本海外协力基金贷款 5000 万美元。

盐田港要起步，筹集建设资金是一项十分重要的工作。实际上，深圳市政府抓盐田港的起步，首先就是抓筹集资金。深圳市政府给上级的第一份报告，就是 1983 年 6 月给省政府并由省政府转报给国家科委，要求向日本低息贷款的报告。

但正如谷牧副总理讲过的，用上这笔钱并非易事，经过将近八年，到 1990 年底才拿到了第一笔贷款。这中间经过了复杂的报批、审核、考察、论证等一系列过程。

先是由深圳市政府报广东省政府，再报交通部、国家计划委员会和国家科学技术委员会共同审定并提请国务院列入 1984 年向日本政府贷款的项目。1984 年 6 月，国家科委国际科技合作局致函省政府，同意深圳市大鹏湾深水港建设开发调查项目列入 1984 年度中日间政府科技合作计划。一年后的 1985 年 9 月，经国家科委批准，市政府与日本国际协力事业团签署《关于日本国际协力事业团协助开发大鹏湾盐田港区调查及最终利用日本国政府贷款建设盐田港区问题的会议纪要》。主管财贸金融的副市长李广镇参加了签字仪式。1985 年底到 1987 年初这段时间，日本国际协力事业团曾派出大鹏湾港建设计划调查团，对这项贷款进行了 14 个月的详细考察和评估。到了 1988 年 12 月，国家计委和经贸部才将盐田港列入了第三批日元政府贷款项目，同意 1990 年开始使用这笔贷款。实际上，到 1994 年底盐田港一期工程结算时，包括疏港铁路和公路共使用日元贷款约 1 亿美元。

在这段时间，盐田港的建设并没有等拿到日元贷款才动手，而是由东鹏公司出资、贷款和市政府、交通部拨款共筹集 2300 万元，于 1988 年便动工了。

为了加快盐田港的起步，市委、市政府一直都抓得很紧。1985 年 8 月 1 日，深圳市委召开常委会，我以常委的身份参加了这次会议。

这次会议有关盐田港的问题主要是讨论港区的总体规划。会议原则通过盐田港的总体规划，并提出邀请国内外有名专家做进一步研究修订并要规划部门落实；会议还提出建港应以引进外资为主，多渠道融资方式进行，采用滚动式的，由小到大，分期开发，逐步建设。

根据这次常委会的精神，市规划局于 1985 年 9 月 4 日专门召开了盐田港区总体规划评审会。这是市政府首次对盐田区的总体规划进行专家评审并予以批准。

这是盐田港区（包括铁路、公路、功能区划分）的第一张蓝图。会议结束前，我会见了专程参加这次会议的交通部计划司长远规划处处长林平亚。他代表交通部对盐田港区总体规划予以肯定，并建议市政府启动中日政府间科技合作项目——大鹏湾港开发计划调查，我当即表示同意。

1987 年 1 月，中央、省和市有关部门在市竹园宾馆召开大鹏湾港建设评议会。市委书记、市长李灏，主管城市建设的副市长李传芳等到会祝贺，主管工业交通的副市长朱悦宁讲话，由我做了总结。我对专家们就日本国际协力事业团派遣的大鹏湾港建设计划调查团报告的评议给予肯定，根据市委、市政府对建设盐田港的指导思想，我提出了盐田港的建设方针是“全面规划、由小到大、分期建设、逐步发展”。为什么我强调全面规划呢，因为根据当时的资金和建港经验不可能一下子展开全面建设，只能从小到大、分期展开。但是这个由小到大是在做好全面规划前提下的由小到大，不能随便选一个地方动工，否则就会造成对港口资源的破坏。

1987 年 8 月，市政府召开市长办公会议，会议由我主持，讨论了市交通办公室提出的《关于加速我市盐田港区开发有关问题的请示》。大家认为，前一段对加速盐田港区的建设做了大量的工作。当前的问题是如何进一步加快开发、建设盐田港的步伐。对交通办公室提出来的问题，逐项给予了解决。会上，我再次强调了贯彻“全面规划、分期建设、由小到大、逐步发展”的建港方针。

从 1983 年市政府把建设盐田港列入议事日程后，到 1987 年 12 月已经过了将近五年的时间，这段时间为盐田港的正式动工做了大量的准备工作：首先是成立了建设盐田港的经济实体——东鹏公司；由市政府上报省政府、国务院，申请盐田港一期工程的立项报告，已得到国家计委的原则同意；盐田港的总体规划已获得市委、市政府通过；起步建设的资金已经到位，日元贷款也在逐步落实；交通部水运所对盐田港的建设做了大量的可行性研究和工程的设计工作。因此，于 1987 年 12 月 14 日在沙头角九径口举行了隆重的奠基典礼。

交通部老部长、中共中央顾问委员会常委王首道，交通部部长钱永昌，广东省顾问委员会委员魏震东（原省经济委员会副主任），我代表市政府，刘斌董事长代表东鹏公司参加了奠基仪式，到会共有500多人。这是盐田港起步的又一件大事。

打下的第一根桩，进来的第一艘船

半年后的1988年6月15日，由交通部四航局第一工程公司在盐田港区打下第一根桩。

按照国际惯例，一个工程的开工日期是从打下第一根桩、浇灌第一桶混凝土算起，那么盐田港正式动工日期应该是1988年6月15日。

八个多月后，即1989年3月2日港口建成举行试产仪式，“重任506”货轮顺利进港。市交通局局长孙桢，及东鹏公司领导吴显基、陈大强、李海涛、王维柏、苏宁等参加了仪式。

这是一个千吨级的小泊位，建港方针中我们提到“由小到大”，虽然它小，但是更大规模的建设是从这里开始的。

我所讲的盐田港的起步是指从1982年底，交通部水运所的苏宁、王维柏来深圳谈参加盐田港建设问题开始，到1989年3月2日盐田港建成第一个码头后，第一艘货轮顺利进港止这七年间的事情。关于盐田港起步的许多重大活动我都亲自参加过。后来由于工作的变动（由市政府到政协），我便没有再参与盐田港的建设活动了。

一个新崛起的国际大港

在起步之后，盐田港迅速地发展成了一个国际性大港，对中国的改革开放、深圳市的经济发展、把深圳市建成国际化大都市，起了越来越明显的作用。

盐田港能迅速地成为国际性大港有三件事是起决定性作用的：

第一，从1989年4月盐田港一期工程万吨级泊位正式动工，到1996年12月盐田港第二期工程正式动工，再到2002年11月盐田港第三期工程正式动工，在10多年的时间里连续进行了三期工程。它不仅建成了从1000吨到5万吨的泊位和集装箱专用泊位，还建设了疏港铁路、疏港公路、梧桐山隧道和扩大了港口的腹地，还装备了一批具有国际水平的港口专用设备，这就为盐田港成为国际大港打下了物质基础。

第二，1992年11月，盐田港作为国家一类口岸正式对外开放。大鹏海关和盐田口岸各联检单位同时正式挂牌办公，并隆重举行了开港典礼仪式，这就为盐田港成为国际大港在政策上提供了有利条件。

第三，1992年7月31日，香港长江实业有限公司董事长李嘉诚先生致信深圳市政府，表明他们愿意投资共同发展盐田港。1993年10月5日，东鹏公司与香港和记黄埔盐田港口投资有限公司在北京钓鱼台国宾馆签约，合资成立深圳盐田国际集装箱码头有限公司，深圳方占30%，香港方占70%，合作50年。李鹏总理、邹家华副总理等中央、省、市领导和李嘉诚先生出席了签字仪式。江泽民主席接见了李嘉诚先生。

邓小平1984年第一次视察深圳的时候曾提出，经济特区要起“四个窗口”的作用，即技术的窗口、管理的窗口、知识的窗口、对外政策的窗口。深圳东鹏公司和香港和记黄埔有限公司合资经营国际集装箱码头有限公司，充分地体现了经济特区“四个窗口”的作用。它对于我们学会管理国际大港，掌握港口运作技术，与国际上的航运业建立广泛、密切的联系起了有利的作用，推动盐田港加速成长为一个国际性大港。

到2004年底，深圳港的货物吞吐量已达到4000万吨，集装箱吞吐量1365万多标箱，集装箱的吞吐量在全国排第二位，稳居世界第四集装箱大港，其中盐田港区648万多标箱。

到2004年底盐田港的总资产108亿元，净资产69亿元，实现利润10.5亿元。目前已建成从 1000 吨级泊位到 3.5 万吨级泊位共 7 个，3.5 万吨级到 5 万吨级集装箱专用泊位 9 个。挂靠盐田港的国际航线 58 条，其中美洲线 33 条，欧洲线 18 条，亚洲线 5 条，澳洲线 2 条。

应该说，现在的盐田港区已成为了一个名副其实的国际大港。

（作者时任深圳市委常委、副书记，副市长）

周溪舞　**筹建深圳机场的故事** *

特区建设初期，深圳市的领导班子就有一个美好的梦想，就是在当时还是一个边陲小镇的深圳，建一个国际机场。因此，从 1983 年着手筹划，1985 年上报立项报告，1988 年动工，1991 年通航，不到 10 年的时间就实现了这个梦想。

深圳机场自开航之日起，客货流量便保持年均 20% 以上的增长速度，创造了世界民航史上的一个奇迹。

建机场十分复杂，一纸报告无法解决问题

1980 年 8 月，国家决定在深圳市设置经济特区。

1981 年、1982 年的时候，深圳的领导班子根据特区发展的前景，意识到要建一个国际机场。当时，中共中央、国务院〔1981〕27 号文件明确指出：特区的机场、海港、铁路、电信等企业，应允许引进外资，由特区自营或中外合营，自负盈亏。国务院分管特区工作的副总理谷牧也支持深圳引进外资，建设机场。

1982 年初，当时我分管对外经济工作。因此，市委书记找到我，让我负责筹

* 本文节选自《我所经历的深圳发展的几件大事》，收入本书时略有删节，标题为编者加。

建机场。接到任务后，我很快组织完成了相关报告递交给国务院，但报告递上去后很长时间没有得到批复。1984 年初，经济特区建设过程中已累积了包括机场等很多事情，需要向中央汇报并取得支持，市委决定让我去北京跑一趟。

到北京后，我直奔国务院特区办，找到主任何椿霖，以及胡光宝、张戈等其他领导同志。他们积极为我策划、安排在京的活动，并与各有关部门联系。

特区办首先安排我去见江泽民同志，当时他是电子工业部部长。因为在改革开放和试办特区初期，江泽民任国家进出口管理委员会副主任兼秘书长，曾到实地考察，并参与了《广东省经济特区条例》的制定工作，对经济特区的事情有很大的发言权。

在张戈的带领下，我来到电子工业部见到了江泽民同志。江泽民同志十分关切地问起深圳经济特区建设的近况、一些认识的同志的情况，对我来京要解决的问题表示支持，并就如何在京开展工作提出一系列很有教益的指示，使我深受鼓舞。

离开电子工业部后，我又去了国家计委、国家民航局等部门。一圈情况摸下来，我觉得，在深圳建机场是一个涉及面相当广的问题，包括与空军、港英当局等一系列的关系，仅靠一个简单的报告是不能解决问题的。

在国家民航局，我见到了局长沈图及分管副局长郭浩等同志。在与郭浩商谈后，我理出了一条建机场的“路径”：先成立机构，进行以选址为主要内容的可行性研究；选址确定以后向国务院递交立项报告；待国务院批复立项后，再从技术上、经济上进一步开展可行性研究报告；待可行性研究报告批复后开工建设。

后海湾、黄田，哪里更适合建机场？

回深圳后，根据国务院《经济特区工作会议纪要》精神，经省政府和国家民航局批准，深圳很快成立了机场工程可行性研究领导小组，我任组长，广东省经委顾问魏震东、民航广州管理局局长于延思、民航局修建司司长夏伯渊三人任副组长。深圳市政府副秘书长兼市交通局局长李新亭、计划局局长姜贵、规划局局长胡梅英以及民航部门的有关司、处长为成员。同时相应成立了深圳机场筹建办公室，由李新亭任主任，并抽调交通处朱学伦、空军转业干部叶武等同志参加筹建办的工作。

领导小组成立后，第一次会议就确定聘请中国民航工程咨询公司进行以选择场址为重点内容的可行性研究工作。咨询公司和筹建办对深圳及邻近地区的社会经济现状、发展规划等进行了一系列综合调查，搜集了深圳地区的气象、地形、地质资料，分别对后海湾、黄田、长安、黄阁、内伶仃岛、同乐村六个场址做了调查研究。经过初步筛选后，重点研究了后海湾和黄田场址，于 1984 年 9 月完成可行性研究报告。

1985 年 3 月，领导小组组织专家，从政治、经济、技术等方面进行比较论证。由于后海湾场址位于深圳与香港新界之间，位置适中，货运方便，场址在特区管理线以内，多数同志认为此地应作为第一方案优先考虑。同时，当时香港启德机场业务已经饱和且没有扩建条件，而香港新机场场址研究了十几年还未定下来。选址后海湾可以深港合建机场，共同使用。

不过通过广州民航局与香港民航部门沟通后，香港方面表示不赞成。领导小组放弃在后海湾的计划，决定选择黄田。这里不涉及和港英的地界问题，其地域广阔、净空条件好，噪声影响也不大，供水供电都容易解决。领导小组把这一可行性研究报告报给市政府。1985 年 3 月，经市政府讨论同意，机场场址定在黄田。此事曾向到深圳市检查工作的国务院领导汇报，国务院领导表示同意。当时，也谈到机场场址在特区外不方便，国务院领导说，可以从机场到特区内修一条专用通道，问题就解决了。

场址确定以后，对机场可行性研究组织招标，结果在六个国家的 13 家公司中，美国的帕森斯—洛克希德国际合作公司中标。在对黄田场址附近多年的台风、地震、潮汐、地质地貌、四季风向变化等技术条件及机场客源、市场增长情况等经济条件进行综合分析后，帕森斯—洛克希德公司于 1986 年 6 月完成了深圳机场可行性研究报告。

根据可行性研究报告，深圳机场计划当年年底动工，用三年时间初步建成通航。具体实行“一次规划、分期建设、由小到大、逐步发展”的建设方针，即一开始就把深圳机场作为一个大型机场进行规划。但根据深圳经济特区的发展、财力以及航空运输量的实际增长情况，分期进行建设。计划第一期工程按中型机场规模要求，可起降 MD-82、B-737、三叉戟等客机；第二期加长跑道，达到当年香港启德机场的水平；第三期再加一条跑道，达到当年德国法兰克福机场的水平。

难产的深圳飞机场场址

可行性研究报告出来后，深圳很快就向广东省政府、国务院、中央军委递交了深圳机场的立项报告。上报后，又有人对黄田场址提出新的异议，主要认为黄田场址有两大缺点：一是位于特区外。按照当时对特区管理线的设想，管理线内外人员进出、货物税收等方面是有很大差别的。二是黄田在海边。地表有很多淤泥，施工困难，建成后机场跑道容易变形，影响飞机起降安全。因此不赞成机场选址黄田，并提出后海湾、白石洲、羊台山等场址。很多人倾向于选在白石洲。

白石洲场址方案提出来以后引起很大反响。民航部门首先表示不赞成。当时市政府请国内外城市规划专家对深圳城市规划进行论证，曾参加主持和论证分管城市建设的副市长罗昌仁说，专家们都不赞成在白石洲建机场。有一位英国专家说，在白石洲建机场，等于把“野牛牵进瓷器店”。领导小组认为，这些问题都是需要回答的问题。这段论证花了很长时间，迟迟定不下来。

1988 年 1 月 1 日至 4 日，国务院总理李鹏到深圳检查工作。为了尽快解决机场场址问题，他提出亲自去几个备选场址察看。

一天上午，我陪同李鹏总理一起坐直升机去察看。直升飞机从南山区的中海直升机场起飞，首先向羊台山方向飞去。当飞临羊台山上空时，看见下面阡陌纵横、村庄密集，电线、道路密如蛛网，有着丰富电力工作经验的李鹏说，建机场跟建电站一样，最怕的就是搬迁移民，耗时费力又费钱，后遗症又多。

看完羊台山后，直升机又飞向白石洲方向。从机上望下去，这一带海岸线很美丽，城市建设已有了一个清晰的轮廓。李鹏总理说，这里还是留给你们搞城市建设吧。他认为在这儿建别墅区比建机场更合适。然后又向西乡方向飞去，看了福永、黄田，直到珠江口才转回来。

察看完毕，李鹏指示随行的丁关根同志在深圳主持会议，听取、论证各个方面的意见，并明确表示，深圳机场是由深圳筹资兴建的，机场场址最后还是由深圳市定吧。在这次会上，包括空军在内的各有关方面都将各自观点摆了出来。我和当时主管城市建设的副市长李传芳认为，还是在原来确定的黄田场址较好，并表示不赞成白石洲方案。丁关根同志听取各方面观点以后，也倾向于黄田场址。

当时，市委书记、市长李灏曾问我，在黄田建机场，处理淤泥的技术、建成后跑道的质量、飞行安全等问题能不能解决。我回答说，根据水电部长江葛洲坝工程局在葛洲坝工程中的施工经验，把跑道底下的淤泥挖起来，然后填上花岗岩石头夯实就可以了。因此，跑道质量和飞行安全都有保证。李灏认为，既然这样，那就还是定在黄田吧。至此，深圳机场选址问题的论证画上了一个句号。

黄田场址的确定，为深圳机场早日动工打下了基础。1988 年 5 月，市政府成立深圳机场建设领导小组暨深圳机场公司，12 月 28 日，举行了深圳机场奠基典礼，我代表市政府致辞。1991 年 12 月，深圳机场通航。

1988 年机场动工后，我已任市委副书记，在市政府分管常务工作，机场建设工作便由分管工业交通的副市长朱悦宁负责了。

最后，我想郑重地说明，深圳机场自始至终都是在市委、市政府的领导下，由机场可行性研究领导小组和机场筹建办具体操作，有组织、有领导、有计划、有步骤、严肃认真地来进行的。尽管提出了十几个场址，经过多年论证，但我们从来没有说过深圳找不到建机场的地方，大家从来也不知道有那么一个不懂航空的工程师，“在一张印有深圳地图的图板上，趴了整整一个星期”，找出机场场址。对各个场址、各种论点的论证，都是为了找出一个技术上更可行、经济上更合理的场址，不给子孙留下后患，历史事实证实了这一点。

（作者时任深圳市委常委、副书记，副市长）

崔荣汉　中国首个开发区的创建

“南方建特区，辽宁怎么办？大连怎么干？”

1980年夏，中央在南方沿海创建了深圳、珠海等四个经济特区，这个消息在辽宁、大连都引起了强烈的反响。当时的辽宁省委第一书记任仲夷向大连市委、市政府提出一个问题：南方建设特区，辽宁怎么办？大连怎么干？是不是也可以要求建设特区？有没有条件建设特区？

任仲夷意在提示大连市委、市政府：先别管中央批不批，你们自己敢不敢想，敢不敢干？同时，他也积极向中央申请要求在大连建特区。大连市的对外开放怎么办？如何强化大连市作为沿海中心城市的地位？这也是党的十一届三中全会以来，市委、市政府一直在认真思索和探讨的问题。

1980年6月30日，时任中共中央主席的华国锋同志访问朝鲜归来，顺路到大连做短暂休息和视察。在棒棰岛宾馆，我作为时任大连市市长向华国锋同志汇报工作，辽宁省委第一书记任仲夷、省长陈璞如，大连市委第二书记宋黎等人都参加了。我们重点提出了在大连建设经济特区或出口加工区的设想，任仲夷、陈璞如也极力支持。任仲夷说：“香港弹丸之地，搞得那么现代化。大连有许多有利条件，如果搞特区的话，一定发展得很快。”

华国锋当时答复：“对特区我也说不清楚，还是请主管特区的谷牧同志来一趟，你们向他汇报吧。”

1980 年 8 月 11 日，中央书记处书记、国务院副总理谷牧来到大连。我们向谷牧副总理汇报了大连市的想法：南方建了四个特区，北方是否也可以建一个或几个特区？大连工业门类比较齐全，工业基础比较雄厚，如果在这个口岸城市划出一块地方，建立类似深圳等地的经济特区，将会带动整个东北地区的改革开放和经济发展。

听了大连市的汇报之后，谷牧副总理当时很严肃地说：“我问你们：一是什么叫特区？二是大连为什么要建特区？三是大连有什么条件建特区？”

接着，谷牧又向大连市委、市政府的主要领导介绍了建设深圳等特区的一些背景：“文化大革命”刚刚结束，民不聊生，百废待兴。当时中央确定在深圳等地建设特区，还在观察它的作用、效果，也是“摸着石头过河”的一种试验。谷牧说，对于建特区，我们党也没有成熟的经验，尤其是对可能带来的资本主义腐朽思想的影响，我们还缺乏准备。而且对办特区，意见也不完全一致，所以只能先把这几个城市作为试验田。

谷牧最后说，大连机械制造业实力雄厚，基础很好，应当扬长避短，发挥优势，这比匆忙建立特区效果要好得多。

听了谷牧副总理的介绍，我们明白了，在当时的历史背景下，中国的进一步改革开放尚在孕育之中。因此，大连的特区梦就难圆。

谷牧同志的问题也让我们受到很大触动，感觉到要很好学习，加深对改革开放的认识。1980 年 11 月 9 日，中共中央调任仲夷到广东任省委第一书记。1981 年初，市委、市政府让我率领一批干部到广东尤其是深圳、珠海考察。那时特区建设才刚刚开始，特区人也都是在边干、边看、边学、边摸索。尽管在深圳、珠海并没有看到特区的新形象，但特区之行还是让大家有了“摸着石头过河”的勇气和信心，因为大连并不比深圳、珠海差什么，缺少的就是一个机遇。回到大连之后，我在班子会议上满怀希望地说，既然我们现在还建不了特区，那就扎扎实实地做一些建特区和对外开放的准备工作吧，以积累经验，等待时机。

中南海怀仁堂的会议决定了大连开发区的命运

特区梦一直萦绕在我们的心头，整个大连都在翘首企盼，企盼一个历史性的时机。1984 年春天，中国改革开放千载难逢的一次机遇，终于眷顾了大连。

这年 2 月，邓小平到深圳、珠海、厦门特区视察。视察之后回到北京召集中央书记处的同志开会时，他表示：建立特区，实行开放政策，有个指导思想要明确，就是：不是收，而是放。除现在的特区之外，考虑再开放几个点，增加几个港口城市，如大连、青岛。这些地方不叫特区，但可以实行特区的某些政策。

为了贯彻小平同志的意见，中共中央书记处、国务院决定，于 3 月 26 日召开一次沿海部分城市座谈会，当时初定参加会议的沿海城市有 8 个。

会前，国务院副总理谷牧再次专程来到大连。这一次，他笑逐颜开地向大连市委、市政府通报了中央要召开沿海城市座谈会的消息，并通知大连市准备参加会议。

谷牧高兴地说，中央准备让一些沿海城市建“经济开发区”，开发区将实行经济特区的一些政策，以促进中国沿海对外开放的大趋势。听到这个消息，市委、市政府领导们个个兴奋异常。我对谷牧同志说，我们早做好了准备。然后我们向他汇报了市委、市政府的一些准备工作，其中包括经济开发区的选址。谷牧很感兴趣，没有想到大连的工作已经做到了前边。他在我们的陪同下亲自来到大黑山下的马桥子村，实地察看之后认为，这个地址选得非常好，非常有发展前景。

1984 年 3 月 24 日，我率副市长洪源栋、外经委副主任李新国三人来到北京，带着大连准备建经济开发区的材料、数据走进了中南海怀仁堂。在会场之外，还有市委副秘书长傅毓殿等人住在北京为会议准备相关的数据材料。当时的辽宁省省长全树仁同志也参加了会议。

怀仁堂会议上，第一天上午首先是深圳市代表发言，介绍深圳特区和蛇口工业区的发展经验。之后，会议安排沿海城市代表按从北往南的顺序发言。下午我代表大连第一个出场。我拿出一张大连建设开发区的示意图，然后一口气做了长达两小时的发言，重点汇报了大连对外开放的形势，提出在大连建立经济开发区的设想，并且详细阐述了大连建立经济开发区的条件、环境和可能性。

会议开始不久，一些沿海省省长就纷纷要求增加他们省的一些沿海城市来参加会议，例如江苏省省长顾秀莲就找到中央负责同志，强烈建议让连云港、南通也参加会议。这样，当会议快结束的时候，已经变成了 14 个沿海城市参加会议，后增加的 6 个沿海城市有秦皇岛、连云港、南通、福州、广州、湛江。

会议从 3 月 26 日一直开到 4 月 6 日，历时 12 天。会议一致通过了《沿海部分城市座谈会纪要》，首次提出了“经济技术开发区”这一历史性的命题。

5 月 4 日，国务院下发了《关于批转“沿海部分城市座谈会纪要”的通知》。《通知》指出：决定进一步开放大连、秦皇岛、天津、烟台、青岛、连云港、南通、上海、宁波、温州、福州、广州、湛江、北海 14 个沿海港口城市，这是“关系到争取时间，较快地克服经济、技术和管理落后状况，实现党的十二大确定的奋斗目标的一项大政策”。

《通知》中还说：这几个城市，有些可以划定一个有明确地域界限的区域，兴办新的经济技术开发区。经济技术开发区要大力引进我国急需的先进技术，集中地举办中外合资、合作、外商独资企业和中外合作的科研机构，发展合作生产、合作研究设计，开发新技术，研制高档产品，增加出口收汇。向内地提供新型材料和关键零部件，传播新工艺、新技术和科学的管理经验。有的经济技术开发区，还要发展成为国际转口贸易的基地。经济技术开发区内利用外资项目的审批权限，可以进一步放宽，大体上比照经济特区的规定执行。

《通知》中单独对大连市的改革开放有一大段表述。这就是《通知》中的第十条：

“以上十四个城市进一步开放的模式，不搞‘一刀切’，可以根据实际情况多样化。大连是东北三省的主要港口城市，从充分发挥东北老工业基地的作用出发，也考虑到我们利用日本资金和技术的需要，以及通过‘大陆桥’对苏联、欧洲发展转口贸易的需要，大连市在某些具体政策上可以更开放些。”

解决了机场、港口、外汇等重大问题

1984 年春天的中央部分沿海城市座谈会，不仅让大连跻身全国第一批开放的沿海城市行列，而且解决了大连的几个重大的具体问题。

一是机场问题。

大连周水子机场过去是隶属于空军的军用小机场，当时只能起降“安 -24”等小型民用飞机——乘坐 40 多人，或者是“伊尔 -18”中型飞机。1984 年以前，周水子机场仅仅开通了大连到北京的客运航班；大连到沈阳的航班开通了不长时间又停飞了——因为没有足够的客流。

要对外开放，周水子机场就必须扩建为大型机场，并且开通国际航线。我在沿海部分城市座谈会上发言的时候，讲到了为适应改革开放的需要，大连周水子机场正在扩建中。我说：“扩建之后我们的机场可以起降‘737’飞机。”

主持会议的胡耀邦总书记当即插话：“要搞就搞大的，应该搞‘747’的。”搞“747”的当然好，但是起降“747”飞机跑道要加长，地面要加厚，因此涉及追加投资。于是，我在北京立即打电话给当时负责这项工作的副市长原宪千，让他组织人员按“747”的标准重新设计周水子机场，同时又向国家民航总局汇报，争取追加投资。由于胡耀邦总书记一锤定音，最后在这次座谈会议上大连机场扩建的手续就基本办妥，民航总局追加投资 800 万元。

1984 年 11 月 14 日，按起降“747”标准进行改造建设的周水子机场主跑道建成通航，并且举行了隆重的通航剪彩仪式，为大连对外开放打下了一个坚实的物质基础。

二是港口问题。

早在20世纪80年代初，大连市政府就提出了大连港应该扩建的问题。当时大连港隶属交通部管辖，交通部副部长子刚来到大连和大连市委、市政府协商扩建问题。当时我的意见是：老港区已经没有地方再扩建了，应当在大孤山半岛大窑湾建设一个新港，那里水深海阔，不冻不淤，是建设深水港的好地方。但是交通部考虑到建设资金的问题以及为港口配套服务的问题，还是坚持要在老港区做文章。双方意见相左，谈不拢，事情就拖了下来。

在中央沿海部分城市座谈会上，我把港口扩建的问题再次提出来，而交通部的领导当时也在场。听了我的发言，胡耀邦当即表态支持在大窑湾建新港。在会议精神的影响下，1984年8月交通部批复同意在大窑湾建设国际深水码头。

于是，国务院〔1984〕131号文件专门有关于大连港口的一条："为解决港口吞吐能力严重不足的矛盾，会议认为，在搞好现有港的挖潜改造的同时，必须加快大窑湾新港区的建设。"第一期工程的起步方案先建4个泊位（两个集装箱泊位、两个多用途泊位），投资约6亿元，采取国家投资、地方自筹、利用外资等多种途径解决，争取1986年开工，1990年建成投产。

1988年12月5日，一声山摇地动的炮响，宣告国家"九五"重点工程大窑湾港正式开工建设。大窑湾港设计为80—90个泊位，是年吞吐能力8000万吨的集装箱大港。有了大窑湾港，开发区的交通物流业将如虎添翼。近年来的发展，更证实了大窑湾港的开发建设对大连市是至关重要的，正因为有了大窑湾港和相关的港口码头，大连才有了今天东北亚航运中心的地位。

三是外汇问题。

改革开放之前，由于国家外汇储备很少，允许某个地方使用外汇几乎就是对那个地方的一种偏爱和支持。在这次会议上中央提出了大连可以更加开放些，给了一亿美元的外汇使用额度，远高于其他沿海城市。同时，在基础设施的低息贷款上也给了更多的照顾。

1984年4月17日，我从北京返回大连。市委、市政府听取我的汇报后，首先是召开全市领导干部会议，郑重宣布了大连要兴建经济技术开发区的决定。同时宣布，大连市委成立开发区领导小组，主持、协调兴建开发区的各项工作。领导小组由我任组长，副市长唐启舜、洪源栋、原宪千任副组长，李新国任办公室主任。

这就搭起了一个具体而负责的领导班子来主持开发区的筹备建设工作。

以战略眼光选址开发区

大连要建经济技术开发区，那么开发区建在哪里呢？其实这个选址工作，市委、市政府早就进行了。在 1981 年前后，为了做好申请建立经济特区的准备工作，市委、市政府组织一批人赴广东学习，参观了解深圳、珠海搞特区建设的一些情况。从广东回来后，开始了开发区选址工作。

当时，市委、市政府主要从两个出发点来考虑选址：一是充分考虑到建（特区）开发区所需要的环境和条件，一是着眼于大连市未来发展的需要。从这两点考虑，老市区不行，三面环海，山地较多，城市用地少，发展空间已经很狭窄了。我们组织市有关部门的领导、专家在旅顺、金县、大连湾、大窑湾、小窑湾等地多次考察选址：

旅大南路，这里没有多少可用之地；

旅大北路，虽然地皮是有的，但除去部队用地、飞机场以外，就所剩无几了，而且地块也被分割了；

甘井子北部至金州一带，这里地皮是有的，但有两条高压线、一条铁路、一条公路贯穿其中，建设企业受到制约；

金州毛营子附近有六平方公里的土地闲置着，但面积小，地处大连和金州的所谓“蜂腰部”，没有发展余地，而且靠近的是渤海，如通过海运，还得绕经旅顺口；

也曾看过董家沟、满家滩，那里虽然地域广阔，但是离市区太远，不利于发挥依靠母城加快发展的优势；

营城子、盐岛、辛寨子也都不行……

甚至连普兰店的皮口、城子坦、碧流河等地都去过了，市委派出的调研人员沿着黄海海岸线走了很长的一段路。

最后，大家的目光聚焦到当时的金县大孤山人民公社马桥子大队一带。

对马桥子我还是比较熟悉的：1974 年，国家“四五”计划的重点项目——鲇鱼湾油码头破土动工。为了建设这个油港，来自 12 个省市 300 多个单位的建设大军云集于此。当时我作为大连市委书记、革委会副主任担任了大连段输油管线和油码头两个工程的总指挥，经常往返于鲇鱼湾与大连市内，其间必经马桥子。我看到这里北望是大黑山，南看是大连湾，地势平坦，视野开阔，就问这里是什么地方？金县人说，这是大孤山人民公社的马桥子大队。我就感叹：这可是一块风水宝地啊！

1984 年春，在详细考察和论证的基础上，市委、市政府组织人员拟订了四个方案进行比较，包括湾里方案、马桥子方案、金州西海岸方案等，甚至有人提出干脆把金州都变成开发区，像深圳就是在宝安县建特区一样。经过充分论证，最后大家还是选定马桥子方案，同时将湾里、董家沟也纳入开发区的控制区内。选来选去，之所以选中马桥子一带，是因为这里主要有这样几个优势：

一是地形地质优越：马桥子北靠大黑山，南临黄海岸，整个地形北高南低，属沿海平原区。地质多为板岩、辉绿岩和泥质岩的构造，地耐力可达 28—80 吨，适合于高层和多层建筑；地面宽阔平坦，地貌形态多姿，有利于建筑群的合理布局。

二是交通便利：历史上马桥子就是交通枢纽，从明代起，金州城经马桥子至海青岛、大孤山港即为通达驿道。近代日本殖民当局和苏联红军都曾在马桥子附近修筑机场。从现在的眼光来看，马桥子距大连市中心区 27 公里，距周水子国际机场 25 公里，距金县 8 公里，距大连港 7 海里，距大连华能电厂 4 公里，距铁路金州站 4 公里，沈大高速公路从它边缘通过。更为有利的是，这里和待建中不冻不淤的大窑湾新港毗邻，这个远东大港将是欧亚大陆桥运输的中转站，将会与开发区联为一体，优势互补。在这里，既可满足开发区起步区的需要，又可以这里为起点，向西与金州相接，向东南可以通向准备兴建的大窑湾港和已经建成的大连油港；向东北可以沿着大窑湾、小窑湾这一带黄海海岸线发展，也可以向北发展，使大连市的建设重点逐步北移，为新市区的建设发展，为未来的大连展示了广阔的空间。

三是气候宜人：马桥子一带气候温和湿润，年平均气温 10.3℃，年平均相对湿度 66%，年平均降水量 599.7 毫米，夏无酷暑，冬少严寒。南海北山的地理环境，构成了开发区冬暖夏凉、四季分明的宜人气候。

四是有能源和通信保障：水——距碧流河水库总干线六公里，水源充足，水质优良；电——与东北电网高压输变电线路连接方便，电力供应有保障；煤——距和尚岛煤码头一海里，运输便捷；通信——从国外引进程控交换机，可与大连市电信网连接，直接承担国际国内通信业务。

1984 年 4 月中央沿海部分城市座谈会前，谷牧副总理来连，我们向他汇报并请他察看了这个选址。4 月中央沿海部分城市座谈会刚刚结束，市委、市政府就立即组织各方面专家再次论证了经济技术开发区的选址，最终敲定东北第一个经济技术开发区就建在这里——大孤山乡马桥子一带（含马桥子村、风岩村、黑山村、红岩村四个自然村，加上金县所属的十里岗国营农场一些用地）！从此，名不见经传的小渔村马桥子吸引了全市、全省、全东北乃至全国人民的目光。

春风第一枝

1984 年 5 月 4 日，国务院《关于批转“沿海部分城市座谈会纪要”的通知》文件下发后，大连市即于 5 月 18 日在市委召开干部会议，宣布成立开发建设公司并准备进驻马桥子现场。当时组成公司的 15 个部（室）干部都是从全市各部委办局及原金县机关抽调的。6 月 1 日，第一批 98 名开发建设者开赴马桥子现场办公。初期开发建设的主要任务是规划好开发区起步区，并开始“七通一平”基础设施建设。

经过两个多月的紧张筹建，开发区起步区初具雏形。8月12日，万里、谷牧、李鹏三位国务院副总理到大连视察工作，陪同三位副总理来连的国务院各部委领导有很多人，包括国家计委副主任甘子玉、国家经委副主任赵维臣、铁道部部长陈璞如、交通部副部长子刚、中国社会科学院院长马洪、国务院特区办公室主任何椿霖、国务院口岸领导小组办公室主任梁况白，辽宁省委常委、副省长王光中等省委省政府的领导也陪同来连。

8月15日，三位副总理来到马桥子村现场办公。来到马桥子之后，我和魏富海市长在长岭山上铺开开发区的总体规划蓝图，向他们汇报选址和总体规划情况。听过汇报之后，万里、谷牧、李鹏兴致勃勃地登上了炮台山远眺。我在炮台山上边指点边介绍说：南边那海天相接处，可以看得见巨轮往来的是距此只有七海里的大连港；西侧只有两海里远的是和尚岛煤码头，那里将具备年卸原煤500万吨的能力，而且还将兴建80万千瓦的电站；北边是雄伟的大黑山；东边一片开阔而平展的土地是远期规划中的湾里乡和董家沟镇……

听到这里，万里副总理问："什么乡？"我回答："湾里乡。"万里笑着说："'万里'？这个地方和我同名啊。"大家都笑了。谷牧副总理因为此前来过一次马桥子，情况比较熟悉。他主动介绍说：这里离铁路、公路、机场、港口、水源、电源都不远，交通方便，风景优美，是建设开发区的好地方。万里在听了介绍之后，又细看铺展在面前的规划设计图，点头连声称道："这个地点选得好，这个地点选得好。"

在三位副总理视察大连以后，又有一些中央的负责同志到大连。事后我想，大连之所以成为对外开放的首选对象，当然有中央统一安排和考虑的因素，但和我们各项准备工作做得充分，中央对我们的情况有比较多的了解也有关。

9月25日，国务院下发文件，正式批准大连在金县马桥子一带兴办经济技术开发区，同意先建3平方公里工作区，并相应建设生活服务配套区，起步区面积为5平方公里。至此，兴建大连开发区得到中央正式批复，这也是我国14个沿海城市中第一个成立的国家级开发区。《光明日报》在后来报道中称为“春风第一枝”。

在“白纸”上画一幅“在全世界都有影响”的蓝图

办开发区，把开发区发展成一个现代化的、综合配套的新城区，必须有一个完善、科学的总体规划。在三位副总理视察大连时，谷牧副总理曾对我们说：“开发区的位置选得很好，我看将来有条件时可以搞大一点。现在开发区就是要抓好一条——搞好规划。找些专家帮你们研究，哪块发展什么，哪些是生活区、生产区，要有一个很好的规划，不能搞乱。因为这是一张白纸，这张白纸画好了，在全世界都会有影响。”

1984 年夏，在初步设想的基础上，市委、市政府邀请了国内外专家、学者进行了开发区建设规划的讨论，并立即着手编制总体规划，本着科学、合理、先进的原则，在 1984 年底形成了总体规划的框架。

在规划时涉及的第一个问题，是搞一个几平方公里的开发区规划，还是搞一个兼顾到整个大连市长远发展的规划。

当初大连市向国家申报的开发区面积是 50 平方公里，而国务院国发〔1984〕131 号文件批转的《关于大连市进一步对外开放和能源交通建设等问题的会议纪要》第二条中说：同意大连市在金县大孤山乡马桥子村一带建立经济技术开发区，近期工程用地面积为 3 平方公里，远景规划用地面积为 20 平方公里。但在实际执行时，如果仅仅按 3 平方公里来规划建设，将来城区规模扩大了怎么办？ 1980 年深圳特区成立，在特区刚刚开始规划建设时也遇到了这个问题，因为规划的原因，刚刚建成不久的道路就拥挤塞车，不得不再次扒楼拓宽。我率团到深圳考察的时候，正赶上蛇口工业区原来的道路由于设计狭窄而不得不重新扩展。鉴于此，在开发区的规划设计上，我们要求一定要避免老市区重复建设造成的浪费，吸取深圳建设初期扒搂扩路的教训，从指导思想上着眼于规划一个大的新城区，构成一个新市区的大框架。在实际执行上，由于受到供水管道配置的影响，起步区要涉及9.8平方公里。因此，就以9.8平方公里（马桥子等四个自然村）为起点，进行具体规划。考虑到长远发展，当时搞了一个130平方公里（可使用面积）的控制区，并作了规划草图，这个控制区包括湾里乡和董家沟乡的四个村庄。当时设想在小窑湾搞海上娱乐场所，在大地半岛搞别墅区，同时还设想开发满家滩。

规划时考虑的第二个问题，是应该采取什么样的指导思想。我们主要突出了以下两点：一是要坚决体现小平同志讲的"四个窗口"作用，即使大连开发区成为东北地区引进人才、利用外资、引进先进技术和先进管理经验的重要窗口，加速国外技术向国内转移、沿海技术向内地辐射的步伐，更好地为大连老企业技术改造、为繁荣东北经济建设服务。二是如何充分发挥大连港口城市的优势，即要利用好大连现有条件，不能把开发区孤立起来，而是使之与老市区在交通、能源、技术、配套设施等诸方面紧密衔接，相辅相成。这样，也就规定了开发区的性质，即以大连市为依托，与大港口相毗邻，以广大东北腹地为后盾，以工业为主体，努力发展"三资"企业的现代化的新城区。

规划时考虑的第三个问题，是开发区的合理布局，即根据开发区的发展目标、地域条件和区域功能等，规划时采取组团式结构布局，生产、生活用地就近平衡，达到有利生产、方便生活的目的，并按功能相对集中分区。如对工业区、仓储区按不同行业对环境条件的要求，做了区域划分。对外国人居住区及公寓、公建、金融和行政管理中心等在区域上也做了适当划分。大的生活居住区布置在丘陵地区及山坡地带，科、教、文、体以及旅游别墅区布置在靠近南部海滨。还注意到避免重复老市区建设中存在的问题，不要使工厂特别是有污染、有噪声的工厂建在居民区，不要使一个半岛上的居民看到的只是房子、工厂而看不到海。但由于建设初期来开发区投资的还比较少，又受建设资金的影响，因此后来执行中对当时的规划有不少变动。

起步区域选择0.57平方公里的综合工业小区为起步工业区，在此摆放最早的工业项目；选择0.17平方公里为起步区的生活区，在此建本地农民的动迁楼；选择长春路（今金马路）中段为起步区的公建区，并在此建宾馆和办公楼。起步区规划基本是围绕炮台山展开，即炮台山北侧为工业区，南侧除预留一部分电子企业用地，如现在东芝、原田公司等，其余沿长春路为银行、邮局及办公楼等公共服务区；东侧为集商贸、休闲和旅游为一体的五彩城与大型宾馆；东山为安排动迁户的生活区；西山为与工业区配套的住宅服务区。为体现“东北窗口大家建”，开发区主要路街都以东北一些城市命名，如沈阳路、长春路、哈尔滨路以及东北大街等。

为了借鉴国外的先进经验，市政府有过一个大胆的想法，请外国专家来搞开发区的规划。经过日本朋友的介绍，首先请来了两位日本城市规划专家。两位日本专家来到马桥子认真考察之后，提出做一个新兴城区和工业区的规划，时间需要两年，规划费用需要150万元。为什么要这么长的时间？日本专家介绍说，城市规划必须精雕细刻，因此必须保证时间才能有精彩之作。他们说，曾经给泰国搞过一个一平方公里工业区的规划，就用了两年时间。

两年不行，时间太长，大连建设开发区等不及，最后我们下决心自己干。

拿出初步方案后，市政府发请帖，邀请了国家城乡建设部、邮电部的有关领导，辽宁、吉林、黑龙江、北京、天津、南京、青岛、厦门等11个省市的建设规划部门负责人，国家城乡建设部设计院、中国市政工程西南设计院、邮电部北京设计院等十余所设计部门的专家，同济大学、天津大学、南京大学、南开大学、大连理工大学五家大专院校的教授，共邀请了38家单位的领导、专家、教授55人来到大连，把他们请到当时大连档次最高的棒棰岛宾馆，召开了“大连经济技术开发区总体规划纲要评议会”，请大家对开发区的布局规模、道路、港口、运输、环保、用地、绿地等进行评头论足。他们都提出了很好的意见和建议，对我们建设现代化新城区很有借鉴作用。接着又分别邀请几十位日本、美国、澳大利亚、新加坡及中国香港地区的海外专家进行评议。

按照现代化的原则，规划时对各个方面都提出了要求。道路是城市的动脉与骨架，规划道路充分考虑到城区的发展需要，采用带状方格网结合地形进行布置；

主干道红线有的控制在70米，有的控制在100米；要求主干线要宽、要直，以使车流畅通；住宅区的路要适当略窄，以便保持安静；在主要的十字路口都留出立交桥的位置。为了分流车辆，还准备修建过境公路——新开路。通向大连市和飞机场的道路、通向开发区的铁路的设计也开始进行。

起步区净水厂设计能力为日供水10万吨，首先建成5万吨，建在大黑山边，与整个起步区的海拔高差有30—40米，一部分建筑可以自流供水。排洪按20年防洪标准设计，山洪可以安全入海。设计建设三座二级污水处理厂，要求区内污水必须处理达标后方准排放入海，而且还可以用于农业、工业冷却、园林绿化和道路喷洒等。规划民用燃料主要使用液化气，由石油七厂供应，并建立了液化气供应站。电力、电讯都通过地下走线，66千伏中心变电所和4000门程控电话都在规划确定后很快建成。供热实行统一供应，按当时的规划以后建立了热电站，在整个工业区、生活区看不到烟囱林立。园林绿化方面，要通过道路绿地、生活区绿地、公共绿地、自然绿地等，把开发区建成一个海滨花园城，多栽常青树，力争不露黄土，三季有花，四季常青。当时提出：要把开发区建在花园里，不要把花园建在开发区里。为此还设立了苗圃、花圃和绿化机构。规划对环保也很重视，坚持“三同时”，坚持预防为主，综合防治，严格控制大气污染、噪声污染，同时还设立了环保机构。

开发区总体规划中金州至大窑湾的铁路支线全长22公里，东起大窑湾港，西至大房身站与哈大铁路接轨，称之为金窑铁路，是为大窑湾港集装箱码头而铺设的铁路专用线。金窑铁路必经开发区，这是躲不过去的，但是怎么走呢？当时有三个方案。三位副总理视察大连时，万里在长岭山现场办公时听了几种不同的方案汇报之后说：“海岸线还是让给人吧。”一锤定音，确定了金窑铁路的大原则。最后铁道部在施工过程中是以架桥和隧道的方式走过黄海海岸的，由此留下了白石湾一带的黄金海岸线。

第一仗从“七通一平”打起

大连开发区的建设一开始就强调要“慎始慎终”，就是说各方面的准备工作一定要充分，不能仓促上马，铸成后患。大量的前期工作宁可慢些，但要好些。一旦动工，就要精心组织、精心设计、精心施工，以最快的速度、最高的质量把工程建设好。当时强调：要坚持开发一片、建成一片、收效一片、滚动发展，以避免浪费土地、浪费资金，收到更好的效果，同时也给投资者以信心。当时确定的工作目标是：一年打基础，三年初见成效。

1984 年 6 月 16 日下午，我主持召开了大连经济技术开发区领导小组第一次工作会议，在这次会议上做出决定：当年 8 月 1 日举行经济技术开发区开工典礼，其他基础设施工程还可以先开工，越快越好。但开发区的前期准备工作、筹备事项千头万绪，其中许多又不是大连市自身就能解决的，许多事情要协调，要汇报，要讨论，要等待上级批准，因此 8 月 1 日举行开工典礼的计划没有实现。

8 月 18 日，开发区领导小组召开第四次工作会议，确定开发区开工典礼在 10 月 15 日。当时我强调说，不能再拖了。相关的基础设施例如办公楼、宾馆、净水厂、变电所等，都可以先开工，不必等。

我和市人大常委会主任曾宇、市委书记毕锡桢三人又匆匆赶赴哈尔滨、长春、呼和浩特、沈阳四个东北腹地的城市走了一圈，拜会了三省一区的领导，通报大连开发区筹建的情况。每到一地我们都热情地说：“大连开发区是全东北的开发区，欢迎你们去投资、去办工厂啊，我们一定做好服务。”

大连开发区的建设首先是从“七通一平”（上水、下水、电力、电讯、供气、供热、道路通，土地平整）开始的。国家给了三亿元低息贷款，省里也给拨了一些钢材、木材和煤炭。在 1984 年 6 月初，从市建委抽调了整建制的人马来到开发区，由当时的建委主任范勇昌同志带队，由建委副主任、建委分管的规划、城建、煤气、上下水道等方面的人员以及物资部门的人员参加，组成了开发区开发建设公司，开始了开发区的基础设施建设。在进行“七通一平”的同时，考虑到有些相关配套设施，如商业、宾馆、医疗、学校等完全依靠老市区也不行，按照规划，宾馆、写字楼、学校也开始动工兴建了。当时有人对金马大厦、银帆宾馆有不少异议，甚至有批评指责。在1985年时，有人批评指责开发区“贪大求洋”。但是，我们还是坚持干下来了。看起来，办什么事情都要有个劲头，有点热情。看准了就坚持，坚持就是胜利。即使错了，也可以买个教训。不要把事情办得糊里糊涂，不了了之。

开发区建设之初是辛苦的。当时马桥子一带还是农村，生活和工作条件都较差，特别是范勇昌同志带领的第一批进驻的同志，都是住在工棚和当年生产队的知青点，干部和群众都一样。各居住点自己垒大锅起灶。没有自来水，就与百姓一样挑井水用；没有通信电话，公司安排两名年轻人专门送递文件材料。冬天冷，有时生火炉子，有时就不生；夏天蚊子咬，伙食也不好；规定半个月才能回一次家。大家吃了不少苦，但精神状态特别好，团结一致，同心协力，艰苦奋斗，毫无怨言，全心全意把开发区建设的第一仗打好。因此，创造了高速度、高质量，做出了很好的成绩。现在想起来，还是很感动，也是非常可贵的。到1985年，赶上国家紧缩银根，压缩投资规模，对开发区来讲又是个考验。当时有不少人怀疑：开发区会下马吗？但大家不为所动，埋头苦干，不灰心，不气馁，终于创造了一个良好的开端。用5.7亿元开发了9.8平方公里的面积，这在全国来说开发费用也是低廉的。

开发区开始建设，首先遇到了征地问题和动迁农民的安置问题。那时动迁遇到的主要问题不是动迁费多少的问题，而是思想问题。对于在这里兴办经济技术开发区，当时年轻人都普遍欢迎和高兴，认为从此可改变世代“面向黄土背朝天”的农村生活。但很多老年人还有疑虑，因这里曾被日本人侵占过，担心又要遭“二茬罪”。为此，从金县抽调了两名副县长到开发区，做了很多思想说服工作。开始征地要动迁四个村，即起步区的9.8平方公里。为了把动迁群众安置好，当时没有把征地费分给群众，而是盖房子，以便使动迁群众“喜迁新居”；同时把动迁居民组成一个街道，把群众组织起来，利用这笔资金办企业，从金县抽调一名公社党委书记到开发区的第一个街道任街道党委书记兼街道公司经理。群众很高兴，住房条件改善了，收入也在不断增加。

1984年10月15日，在现在开发区五彩城南门一带，市委、市政府举行了隆重的开工典礼，并同时对外宣布大连经济技术开发区管理委员会正式成立。作为市政府派出机构，管委会领导全面开发建设与负责社会事务管理工作。这一天，也被定为开发区“生日”。

（作者时任大连市委第二书记、市长）

张华福　建设现代化国际性大烟台

1992年底，我从山东省政府机关调到烟台市政府工作。

当时全国改革开放形势一日千里，沿海开放城市竞相发展态势逼人。而烟台的城市发展遇到很多困难，尤其中心城区发展面临许多难以破解的制约因素和问题。我来到烟台以后，面对这一局面，心中十分着急。如何利用城市规划解决烟台发展面临的困境，是我反复思考的问题。我与市政府办公室、市规划局等部门的同志深入调查研究，不仅仔细查看城市的市容市貌，还登上芝罘岛的老爷山、南山的塔顶等几个城市制高点，登高望远察看城市规划布局。当时一位同志对我讲，烟台的风光、地貌要比厦门好多了，关键问题是怎么来规划、建设和开发。我曾多次去过厦门，对此颇有同感。

我们通过调研发现，烟台城市发展最为突出的问题是：烟台市城区不仅规模小，而且十分分散。建成区散布在芝罘区、福山区和开发区（当时，没有设立牟平区、莱山区和高新区），“三区”中间多为空白地带，根本形不成中心城区规模。城区基础设施十分薄弱。市区内道路还有许多“蜂腰”“瓶颈”路段，交通不畅；淡水资源贫乏，供水能力不足；供电负荷缺口较大，输变电能力差；通信设施建设仍不能满足生产、生活的需要。城市外向度不高。能够出口创汇的企业仅占企业总数的20.9%，作为国民经济支柱的国有大中型企业，只有三分之一有外资项目，农业开放开发也很不够。市民都市意识不强。生活水平、文明程度还不够高，乱搭乱建、乱堆乱放、乱贴乱画等现象随处可见。这些问题都是发展中的问题，是客观存在、不可回避的。如何迅速解决这些问题，确立烟台城市发展的目标、框架与任务，不仅是当时烟台需要解决的迫切问题，也是事关烟台长远发展大局的根本问题。

1993 年 3 月 13 日，在市政府召开的市区建设动员大会上，我将调研后思考的一些问题作了比较系统的阐述，提出了一个令人吃惊的口号：建设现代化国际性大烟台！在当时可谓是一石激起千层浪。

确立城市发展新理念

我和有关同志一起研究了具有代表性的国内外城市的发展经验和历程。在国内，特别是在一些沿海开放城市，已相继提出把建设国际性城市作为自己的奋斗目标。

什么是国际性城市呢？所谓国际性城市，就是世界公认的具有国际水准的城市结构和先进完善的城市功能的现代化城市。其特征主要表现在：经济实力雄厚，对国际经济具有较强的参与度和竞争渗透能力；是国际资本积累和聚散的中心；是连接世界经济和国内经济的结合点；具有发达的第三产业和较强的服务功能等等。世界上，从伦敦成为国际性城市至今已有 100 多年历史，国际性城市在全球经济生活中所起的作用越来越大，得到国际社会的关注。我国随着对外开放的不断发展，正在迅速形成一批国际性城市。

1992 年，国务委员宋健同志来烟考察期间，提出了“要把烟台建设成为国际性城市”的期望。为贯彻落实这一指示精神，市委、市政府已经做了一些研究，提出了城市的发展目标。当时的问题是，如何解放思想，更新观念，统一全市上下的认识，将建设现代化国际性大烟台作为自觉行动。换句话说，当时，我认为城市发展的首要问题不是硬件建设，而是如何解放思想、更新观念。如果思想观念不解放、不转变，城市建设不可能有大发展、大突破。针对当时干部群众的思想状况，我提出四点理念：

第一，克服封闭保守观念，确立城市的开放意识。国际性城市首先是一个开放的城市。建设现代化国际性大烟台，就要确立开放意识，创造良好的开放环境，扩大国际的经济技术合作，形成国内外人流、物流和财流的大进大出，从而带动城市经济社会的高速发展。我国南方的深圳、珠海等城市，原来都是名不见经传的小渔村，这几年为什么发展得这么快？现代化、国际化水平这么高？就是因为他们开放的意识强，开放早，步伐快。随着市场经济的发展和国际经济一体化进程的加快，烟台城市内外交流的规模和范围将更大更广，牢固确立烟台城市的开放意识将显得更加重要。可以说，离开对外开放，烟台城市发展就会停止，城市经济就会萎缩，社会生活就会窒息，建设现代化国际性大烟台也只能是一句空话。

第二，克服小农经济观念，确立城市的规模意识。城市经济是随着城市规模的扩大而逐步发展的。烟台是从一个沿海渔村发展起来的。由于种种原因，至今未能形成大城市的发展框架，影响了经济和社会的发展。据全国 200 个城市统计，6 个 200 万人以上大城市的人口占这些城市人口总数的 20.7%，拥有固定资产占 40%，而人均劳动生产率却比平均水平高 30%。可见，城市规模的大小在一定程度上直接决定着经济的发展。当然，并不是说城市的规模越大越好，过大也容易产生“城市病”。据理论研究，城市最佳规模为人口 100 万左右，建成区面积 100 平方公里左右。烟台尚未达到这一最佳规模要求。因此，我们必须确立大跨度、超前发展的大城市发展思路，加快建设，壮大规模，尽快形成城市最佳规模效益。

第三，克服分散发展观念，确立城市的中心意识。目前，世界上的国际性城市，都是一定区域内的中心城市。烟台市域包括了 11 个县市区，面积 1.35 万平方公里，人口 630 万。而中心区包括芝罘区、福山区，面积只有 822 平方公里，占 6%。其中建成区面积只有 50 平方公里；人口只有 82 万，占 13%，其中非农业人口只有 40 多万；国民生产总值占 21.8%，工农业总产值只占 20%。市区无论是从经济实力和城市功能来说，其辐射带动能力都是比较弱的，出现了“小马拉大车”的局面。烟台要树立起强烈的城市中心意识，加强城市中心区的各方面建设和发展，真正使市区成为全市的政治、经济、科技、文化中心，从而辐射拉动县级和农村经济的发展，加速城乡一体化进程。

第四，克服急功近利观念，确立城市的先导意识。城市建设是百年大计，特别是城市的基础设施应领先于经济和社会的发展。往往有这种情况，一条马路刚建成的时候显得很宽，过不了几年就显得拥挤不堪；一座楼房，建时规模很大、很豪华，过了三年五载就落后了。我的看法，城市的规划和建设既要满足需要与可能，又要经得住历史的检验。要坚持从长远着想，本着高起点、高标准、高质量、现代化的原则上项目、搞建设，大胆地求新、求异、求特，使每一项工程、每一座建筑都成为留给后人的遗产而不是遗憾。一些项目如果资金不足，力量不够，宁肯少建或不建，也不能低标准、“瓜菜代”，造成今年建、明年改、后年拆。要认识到，我们集中力量进行“三高一化”规划建设，不是摆阔气、高消费，而是积累财富，造福于后代。

构筑城市发展新框架

我当时与有关同志研究认为，城市发展需要科学规划，建设现代化国际性大烟台，必须有一个科学合理、切合实际、易于操作的规划。当然，城市规划往往受到社会发展、科学技术、经济基础和思想观念等种种因素的制约和影响。尽管如此，一个好的城市发展规划，它的作用不是几年、十年，而是几十年，乃至上百年。如雅典、维也纳、罗马、巴黎、伦敦等城市，至今还是在根据一二百年前的发展规划不断扩展，这些城市都是当今世界最为著名的城市。市规划部门的同志对我讲，烟台城市规划工作起步较晚，最初的城市总体规划是 1978 年编制完成的，1979 年经省政府批准实施。后来，随着经济和社会的发展，又经过几次修订和局部调整，逐步趋向合理。但是，用发展的眼光来看，特别是用建设现代化国际性大烟台的标准来衡量，我们的规划还存在着许多与之不相适应的方面。当时，市规划部门正根据省里的要求，进行新一轮城市总体规划修编。我就烟台城市性质、发展特色、基本框架以及实施步骤和原则谈了意见，供规划修编时参考。

城市性质是城市在国家和地区社会经济中所担负的主要职能和主要任务。一般说来，一个城市性质的确定，是由城市主导功能和个性决定的。一个城市总是有优势和劣势，这就要扬长避短，科学安排，形成自己独特的风格。

烟台市1978年编制的城市规划确定的城市性质为“以支农工业、轻工业、电子仪表工业和对外贸易为主的港口城市”，1985年又修改为“轻工、港口、旅游城市”。我与有关同志深入研究后认为，烟台过去确定的城市性质，已经不适应经济和社会发展的需要，应该利用地理优势、地缘和交通条件，把烟台建成连接东北、华北、华东三大经济区和辐射日、韩等国的交通枢纽中心；利用雄厚的工业基础，把烟台建设成为大规模、高技术、外向型的加工工业中心；利用商业贸易日益繁荣的机遇，把烟台建成全国一流的国内外金融中心、购物中心；利用丰富的旅游资源，把烟台建成具有极大吸引力的旅游、度假、疗养、会议中心。概括起来讲，就是充分发挥优势，把烟台建成集交通航运、工业加工、商贸金融、旅游度假于一体的综合性、开放式、多功能的现代化国际性海滨城市。

如何充分利用烟台自己的优势，端正城市规划的指导思想，按照现代化国际性大烟台的要求，确立正确的城市规划理念，这是摆在我们面前的一道难题。

烟台市区的自然地理形状是南高北低，东西狭长，是城市理论学认为最难规划、建设和管理的形体。那么，我们如何破解这道难题呢？我与有关同志研究了这样一个城市规划思路，这个思路概括表述是这样的：拓展东西两翼，贯通南北山海，形成山耸城中，城随山转，海围城绕，岛与城连，融山、城、海、岛于一体，呈大鹏展翅腾飞之态势的城市格局。这一表述今天看来虽然有些诗情画意，但客观形象描绘出烟台规划发展的蓝图，十分振奋人心。

如果确实能实现这一设想，烟台的劣势将变为优势：山，不再是束缚城市的障碍，而是城市中的一块宝地，凿通南山，将是一条隧道两番洞天，不仅为城市添色，而且能够为改善城市生态环境发挥无可替代的作用；城，不再是背山面海一线地的小城，而是拥有广阔发展空间的都市，伴之而来的将是楼不怕其高，人不厌其多，市不恐其繁；海，不再只是城市的衬托，而是大自然赐予我们的宝贵资源，是我们得天独厚的优势；岛，不再是一块块游离于城市之外的孤岛，而是装点城市的珠链，一座座海岛就是珠链上的宝石，海岛将成为我市旅游、度假、观光的胜地。今天的实践证明，这一规划理念和思路不仅破解了烟台城市规划发展的难题，而且成为全市干部群众坚持至今的行动指南。

当时还就烟台市总体发展规划布局进行了研究部署。按照城镇体系规划，逐步建设以烟台市区为中心，以县级市及县城为纽带，以乡镇驻地为基础，星罗棋布、有机联系、开放发达的城市群体。就市区而言，当时的构想是，以一带、两山为依托，以三环、四横、五纵为骨架，发展八大组团，加速三区融合。“一带”是沿海岸线东至养马岛、西至八角港，合理分布生活、旅游、疗养、港口、出口加工区，形成海滨综合开发带；“两山”是环绕塔山和福来山，合理分布商贸、居住、科教、工业、旅游区，形成环山组团开发区；“三环、四横、五纵”是适应城市发展的需要，及早修建三条环城路，拓展四条横贯东西、五条纵穿南北的市区主干道，并打通隧道，向南延伸，形成纵横相连的城市交通网络；突出特色，发展组团，加快芝罘区、福山区、经济技术开发区三区融合，形成山、海、河、林相间，便捷交通相连，相对独立又融为一体的城市聚集体。时至今日，这一城市规划布局已基本形成，显示了规划的科学性和前瞻性。

建设现代化国际性大烟台，因为是一个系统工程，当时并不认为可以短时间完成。因此，我在会议上强调，一定要统一规划，分步实施，重点突破，滚动发展。具体步骤确定分三步走：第一步，准备起步阶段。时间为 20 世纪后八年。做好现代化国际性大烟台总体规划论证，并按总体规划要求做好分区规划、详细规划和专业规划。注重基础设施建设，特别是适应国际环境的基础设施建设。到 20 世纪末，大城市的框架基本拉开，市区建成区面积达到 80 平方公里，平均每年增加 4 平方公里；人口达到 80 万，平均每年递增 7.8% ；第三产业占国民生产总值的比重达到50%以上，建成环渤海区域的一流城市。第二步，发展阶段。时间为21世纪的头10年。这个时期，主要是膨胀主导产业、领航企业，把独成小气候的城市生长点连点成片。经济技术开发区、高新技术产业区、保税加工区、旅游开发区和农业开放开发区形成规模，基础设施日臻完善，八大组团已具雏形，经济实力相当雄厚。市区建成区面积达到120平方公里，平均每年增加4平方公里，人口达到120万，平均每年递增5.7%，第三产业占国民生产总值的比重达到70%，确立在东北亚地区的现代化国际性城市地位。第三步，成熟阶段。时间为2010年以后，全面实现现代化国际性大烟台的规划目标，经过继续努力，向亚太地区现代化国际性城市迈进。

推动城市发展新进程

为了确保建设现代化国际性大烟台目标的实现，我在市政府召开的市区建设动员大会上提出三大工作任务：

（一）进一步扩大对外开放，努力提高城市的外向程度。建设现代化国际性大烟台的过程，就是不断扩大对外开放，参与国际分工与竞争的过程。首先，要加速烟台经济与国际市场对接，积极参与国际分工与竞争。按照国际市场需求，组织引导生产经营活动。善于利用国际资源，采取国际通行方式，积极引进国外资金、技术和人才。大胆借鉴国际经济的运行机制和规则，创造按国际惯例运作的经济运行机制和高度开放的经济环境。其次，要树立地域整体开放观念，一二三产业并举，实行全方位开放。大力拓展对外合作渠道，在搞好工业项目引进的同时，争取在房地产开发、商业饮食、文教卫生、科技咨询、金融、旅游和劳务、技术出口等方面都能有新的突破。最后，加快推行双制化，创造适应国际交流的社会文化氛围。逐步推行“双语化”“双币化”“双时化”“双标化”，为城市国际化创造必要条件。

（二）优化产业结构，加速区域经济一体化的发展。建设大市场，形成以城市为中心的市场网络。开辟完善多功能、综合性、现代化的大型批发交易市场、期货市场、专业市场和零售市场，形成几个大集大散、大进大出的交易中心。创建大企业，发展在国际市场具有较强竞争能力的集团军。在城市，培育一批在国内外知名度高、富有竞争力的大型“门头”企业。在县市区，要大力实施“龙虎工程”，把一批有实力的乡镇企业发展成为国内外有名气的乡镇企业集团。实行城乡融合的一体化发展战略，形成几个特大型跨国公司和联合舰队。组织大开发，加快对外招商引资步伐。经济技术开发区、农业开放开发区、保税加工区、高新技术产业区、旅游度假区，都要加快建设和招商，尽快形成产出规模。还要下大力气搞好城市综合开发，特别要加快房地产开发，以房地产综合开发为龙头，发挥地产优势，推动新城区开发和老市区改造。实施大调整，优化产业结构。农业要以高产高效优质创汇农业为重点，大力发展具有先进技术和管理方式的现代化农业。工业要以构筑“大高外”为主攻方向，下大力气培育关联度强的主导产业。第三产业，要以流通、交通、通信、旅游、金融为重点，把第三产业发展成为我市新的优势产业。

（三）加快城市基础设施建设，完善提高城市载体功能。本着“先急后缓，先易后难，重点突破，循序渐进”的原则，拓展资金渠道，动员社会各方面的力量参与城市建设。要建立海陆空协调发展的立体式对外交通体系和便捷的城市交通网。港口、航空、铁路、高等级公路都要加快建设和发展。争取国家批准国际客运空港，开通海上与韩国，空中与日本、韩国的客运航线；加快德烟铁路、蓝烟铁路复线立项建设，做好八角港、烟大铁路轮渡的论证、规划工作，争取国家批准立项。要大力发展通信事业，建设世界一流的通信港。要建立高标准、现代化、适应国际交往需要的公共设施。在市中心区，重点发展贸易、金融、保险、外供、外代、宾馆等业务，形成布局合理、设施配套、功能完善的城市公共服务体系。要充分利用我市的资源优势，建设和完善旅游景点和设施，使我市的旅游业向观光、会议、度假、康复、游乐方向发展。要加快城市供水设施建设，抓好引黄济烟工程和海水利用工程，提高供水能力。在城市供电、供气、供热和垃圾、污水处理设施及教育、卫生、体育设施等方面，都要按现代化国际性城市的要求，高起点、高标准建设。

从 1993 年烟台市区建设动员大会至今，已经 20 余年过去了。值得欣慰的是，这次会议关于烟台市城市规划发展的理念与布局的概括表述及主要工作部署由于符合科学发展观、符合烟台的实际情况和人民群众的迫切愿望，被市规划部门接受，写入《烟台市城市总体规划》中，并在历次修订中得以保留延续；历任市委、市政府领导班子充分肯定，一以贯之；烟台市干部群众众志和达、砥砺奋进。我在烟台工作期间，召开过许多会议，部署过大量工作，但都已时过境迁、了无印记，唯有建设现代化国际性大烟台，几乎家喻户晓、妇幼皆知。现在回头来看，原来确定的前两步目标都已经基本实现，现已进入未来的第三步目标，可以相信在市委、市政府的坚强领导下，在全市人民的共同努力下，也一定会实现。

屈指离开烟台 18 年了。时光易逝，岁月催人，但永远不变的是感情。我虽然离开烟台，但始终眷恋烟台、热爱烟台、关心烟台。每次回到烟台，都会让熟悉的老同志陪我四处走走看看，每当看到烟台日新月异的变化就会激情澎湃，每当看到烟台离现代化、国际性大烟台的目标越来越近就会欢欣鼓舞。衷心祝愿：烟台明天更加辉煌！由衷期盼：大烟台规划早日实现。

（作者时任烟台市委副书记、烟台市市长　柳新华 / 整理）

黎子流　广州地铁建设追忆

随着广州经济社会的不断发展，广州的城区面积不断扩大，城市人口大量增加，到了 20 世纪 80 年代末 90 年代初，我们发现，广州的城市建设存在较大问题，主要表现为道路狭窄、路口交错，由于广州城区人口的不断增长和各种车辆的日益增加，造成道路车流不畅，部分地段拥堵严重，原有的市政道路已无法适应广州城市的发展，因此，必须发展立体交通。而地下轨道交通就是比较可行的方式，因为地铁有准时、安全、快捷、环保等多种优点。

地铁项目　困难重重

广州地铁其实早在 20 世纪 60 年代就开始酝酿了，历届政府都想动工，最终都因为种种原因未能开工建设。因为要在广州建设地铁，存在着许多难以克服的困难，主要有三大难题：

一、资金不足。当时从中央到省财政，都拿不出钱来支持广州建设地铁，只能从市财政想办法，但是广州的财政不是独立的，交给中央和省里以后才是自己能够支配的。20 世纪 90 年代，广州市、区（县）两级财政能够动用的财政收入，每年只有一百五六十个亿，而 1993 年地铁动工前，工程预算就达 146 亿元，这对于广州财政而言，无疑是一笔天文数字。因此，建设地铁的资金只能靠自己找，去哪里找？说起来容易，做起来难，那都是真金白银啊！

二、缺乏在南方建设地铁的相关技术和经验。当时，国内只有北京和上海有真正意义上的地铁，广州地处华南，地质条件与北京、上海有很大差别，珠三角冲积层土质偏软，地下水浅，我们往地下挖掘，不到一米就是水，而地铁可是要深入到地下二三十米呀！因此，没有一个周密、安全、科学的规划和设计，很容易出事，一出事就是大事，不是自己的乌纱不保，而是要坐牢，也涉及广州人民的生命财产安全。因此，建设地铁必须克服一系列的技术难题。

三、拆迁量很大。因为当时建设地铁的工艺还没有现在这么先进，大部分采取的是大开挖的方式建设地铁，因此地铁上盖的住房和建筑都必须拆迁，这是一项非常浩大的工程，也需要大笔的资金。

下定决心　自找“麻烦”

尽管存在的困难非常多，但广州城市的发展时不我待，不能再等了。

我由于工作的关系，经常到国外出差办事，我到国外的大城市，都有意识地去了解人家是如何解决市民出行问题的，我到新加坡、巴黎、伦敦等国家和城市考察时，发现他们的地铁网络都非常发达，几乎遍布城市的每一个角落，可谓四通八达，构成了一个地下交通网络，有效疏解了地面的交通压力，确实让我大开眼界，也大受触动。比如在莫斯科，我了解到，他们在 1939 年就动手搞地铁了，而我们还在等待观望，说明我们非常保守。后来，我与市委的两任书记朱森林和高祀仁多次商量，并听取了各界人士和专家学者的反复论证，1991 年前后，我们最终下定决心，一定要在广州搞地铁。

但是，当时建设地铁确实面临着一系列的难题，历届政府都想搞而没有搞成，我们在进行论证的时候也面临很大的压力。有一位老领导曾经善意地劝我：“广州地铁最好不要搞，因为已经酝酿了 30 多年了，各种条件都不具备。你都 57 岁了，再过两三年就到年龄了，让它继续讨论下去不就得啦，广州人也不会怪你的。你不要自找麻烦，自找苦吃，万一建设过程中出了事，这个责任你担得起吗？”这位老领导的劝告是一片好意，但我想，广州再不搞地铁就没有出路，人家已经搞了好多年了，我们必须加快步伐，不能再等了。广州的历任领导从20世纪60年代开始，已经为广州地铁做了很多研究、设计、规划等准备工作，这些准备为广州地铁的开工建设奠定了很好的基础。为了完成历任政府的心愿和解决广州人出行难的问题，我更不能怕担责任，必须尽快上马建设。关于我个人，我当时想，出了事，责任我来负，地铁我一定要搞。我这个人的脾气就是这样，只要科学论证是正确的，胆子就比较大，敢干。我一直认为，不能因为有困难就不做事，也不能因为怕负责任而明哲保身，只要是对广州的长远发展有利，为广大市民提供方便，怕什么？干了再说嘛，出了事，我负责，何况只要我们以科学严谨的精神进行建设，就不会出大事。所以，敢想敢干绝不是一味蛮干，如果条件基本具备，就可以大胆推进，不能瞻前顾后。

攻坚克难　顺利通车

接下来的事情，就是如何解决建设地铁面临的一系列困难了。首先，为了解决资金问题，我们想了一些办法，从以下几个方面开辟财源：

一是征收地铁建设附加费。我们在广州市的各个宾馆酒店征收地铁建设附加费，额度为客房费用的5%，后来地铁建设附加费更名为交通建设附加费，一直收到地铁动工建设。这笔费用的征收，为地铁建设的筹备和启动提供了一笔计划外资金。

二是拍卖地铁上盖土地。我们将地铁上盖拆迁后的54块土地拿出来招标，进行公开拍卖，当时这些土地的招标额大约有60亿港元。另外，我们在广州城区中心地段规划了6平方公里，建设珠江新城，将其作为未来城市发展的中心，进行招标出让，10年之内可以收入约300亿港元。有了这360多亿港元，地铁建设的两期资金就基本解决了。

三是积极争取银行贷款。尽管有了这360亿港元，但这些资金并不能一步到位，还有一个时间差，因此我们还争取向各大银行借款。当时，国家正在进行宏观调控，银行纷纷紧缩银根，因此向银行贷款并不顺利，经过多方努力，建设银行终于答应给我们贷款，大概有几十个亿。当时的建设银行行长正是王岐山，当时的建设银行在国内银行业算是思想比较解放，胆子比较大的了。

陆续打开了筹款渠道后，1993年12月，广州地铁正式开工建设。

然而，地铁建设的过程并非一帆风顺，1995年底，地铁建设又遇到了资金短缺的问题，一度准备停工。当时我因为动手术正在医院住院，广州地铁的老总到医院找到我，说地铁资金周转不灵，面临停工。我意识到问题严重，一旦停工那还得了，损失巨大啊！我马上找来市国土房管局的领导，提出借用该局住房公积金5亿元。当时地铁建设的收支情况由市计委统一管理，任何资金往来都需要计委的批准和同意，在不影响住房建设的前提下，市计委同意暂时借用住房公积金进行地铁建设，然后，我亲自批，计委照入账。当然，住房公积金在一般情况下是不允许借用的，但当时情况紧急，而且一两个月后，资金周转过来了，我们就将借用的住房公积金给还上了。因此，广州地铁开工建设4年多以来，从来没有停过工，这充分保证了广州地铁的顺利完工和通车。

关于地铁建设的技术问题，我们考虑到广州的地质情况和香港比较相似，因此派出技术人员到香港进行考察学习，并从香港地铁公司请来工程师担任顾问，指导广州地铁的建设。同时，我们在建设地铁过程中，注意汲取国外的优秀技术和经验，通过招投标，我们确定由日本青木株式会社进行部分繁华地段的地铁施工，因为这家公司使用当时世界上比较先进的盾构施工技术，不用大开挖，既保护了城市古建筑，将对地面建筑的破坏降低到了最低限度，又有效减少了城市拆迁量。尽管如此，地铁施工期间，拆迁量仍然是非常巨大的，虽然我们认真做好市民安置工作，努力采纳并解决他们的问题，但绝不可能做到面面俱到，让所有人满意。而让我感动的是，广州地铁拆迁的过程中，没有出过事端。广州老百姓真的是非常支持和理解我们，我一直讲，广州老百姓是最体谅政府的。今天看来，没有广州老百姓的支持和理解，广州地铁也搞不成。

1998年，广州地铁一号线正式建成通车，全长16.56公里，总共花了126亿元，比预算整整少了20个亿。除了国家减免部分进口设备税收外，我们十分严格控制工程费用。我是地铁建设的总指挥，我深知，广州财政的每一分钱都凝聚着广州人民的血汗，一定不能浪费广州人民一分钱，要对得起广州的老百姓，更要经得起历史的检验。

2007年10月31日，原副市长刘念祖约我一起去考察广州地铁，我们乘坐了地铁一、二号线，在地铁车厢里，搭乘地铁的人很多，这让我感到，一方面，地铁确实给市民出行带来了便利，让我很欣慰；另一方面，也表明我们还需要继续加速和完善地铁建设，满足市民的需要，这又让我有些着急，我虽然退休了，也还是希望能提出一些有益的建设。我们后来还去看了中山八路、大坦沙两处正在建设中的地铁五号线施工现场，又让我对广州地铁有了更多的期待。

现在看来，当年我们克服困难、冒着风险、下定决心动工修建广州地铁，还是正确的，也是及时的，如果再不搞，那就对不起广州的老百姓了。我相信，随着广州地铁线路的不断延伸，广州的地下交通网络将会越来越科学、越来越发达。

（作者时任广州市市长　卢玉华/整理）

刘　鹏　对外开放为青岛插上腾飞的翅膀

1984年5月中央和国务院决定进一步开放沿海部分港口城市时，我还在山东省政府工作，担任副省长，分管工业和经济工作；7月份调到青岛，先是以省委常委、副省长的身份代理青岛市委第一书记，第二年3月正式担任市委书记。当时我已经60多岁了，按照正常退休制度，都应该考虑“交班”了；为此，我当时还向组织提出，最好能选个相对年轻点儿的同志来挑这副担子，但是最后还是服从组织决定，到1989年9月底离开青岛回到省里，总共在青岛工作了5年零3个月，正好干满一届。

我刚到青岛的时候，全国正在兴起一个对外开放新的高潮。

当时的背景是，中央早几年先是在广东省的深圳、珠海、汕头，福建省的厦门和海南省分别建立了五个经济特区；取得了一些成绩，也招致了一些议论。面对诸多争论，小平同志就决定亲自去特区看看，这就有了1984年1月底至2月上旬的小平同志对深圳、珠海和厦门三个经济特区的考察。半个月之后，回到北京的小平同志和几位中央领导同志谈话，讲到他此行的感受时说：“最近，我专门到广东、福建，跑了三个经济特区，还到上海，看了看宝钢，有了点感性认识。我们建立经济特区，实行开放政策，有个指导思想要明确，就是不是收，而是放。”“特区是个窗口，是技术的窗口，管理的窗口，知识的窗口，也是对外政策的窗口。从特区可以引进技术，获得知识，学到管理。管理也是知识。特区成为开放的基地，不仅在经济方面、培养人才方面使我们得到好处，而且会扩大我国的对外影响。”“除现在的特区外，可以考虑再开放几个港口城市，如大连、青岛。这些地方不叫特区，但可以实行特区的某些政策”。

小平同志的这次南方之行，引发了中国第一次沿海开放的高潮。

1984 年 3 月下旬至 4 月初，中央和国务院在北京召开了“沿海部分城市工作座谈会”，会议的中心议题就是，学习小平同志关于对外开放和特区工作的重要意见，研究如何加快步伐、更好地利用外资和引进国外先进技术、管理经验等问题。会后，大约 4 月底，形成座谈会纪要，建议进一步开放北至大连，南至广西北海，包括青岛在内的 14 个沿海港口城市；中央和国务院批准了这一建议，5 月 4 日，中央以中发〔1984〕13 号文件转发了《沿海部分城市座谈会纪要》。中央的这个决定，为青岛实施对外开放战略，进而更好地繁荣发展，提供了千载难逢的历史机遇，后来的实践和形势发展充分证明了这一点。

为经济技术开发区选址

小平同志之所以下决心实行并坚持对外开放，是他对当代世界经济形势和科技发展进行敏锐观察的结果。他一再强调：“现在的世界是开放的世界”“对外开放具有重要意义，任何一个国家要发展，孤立起来，闭关自守是不可能的，不加强国际交往，不引进发达国家的先进经验、先进科学技术和资金，是不可能的。”

青岛的对外开放，应该说原先就有一定基础条件，历史上这里就曾经是一座国际商埠，还曾经被辟为自由港。小平同志亲自点名要开放青岛，中央也给了青岛实施对外开放的政策，这意味着青岛迎来了一个难得的历史性的发展机遇；如何抓住这个难得机遇、用好用足对外开放的各项政策，就成为那个时候市委认真思考的一个重大问题。中央那个 13 号文件还明确提出，实施对外开放的沿海港口城市，有一些“可以划定一个有明确地域界线的区域，兴办新的经济技术开发区”。并要求各地尽快制定出具体规定，以确保中央这项重要政策的贯彻落实。

我到青岛工作之前，青岛市委、市政府已经正式向山东省委、省政府行文，提报了《关于青岛市进一步对外开放方案的请示》。请示中提出，要在位于胶州湾西海岸的当时的黄岛区和胶南县之间划出一个15平方公里的区域，兴办青岛经济技术开发区。省委、省政府很快就将这一方案转报给了中央和国务院。等到中央工作小组来青检查指导时，我刚好来到青岛工作不久。

对于青岛经济技术开发区的建设，当时上上下下也有过一些不同意见，主要是在选址的问题上。有一种意见认为，青岛经济技术开发区如果设在黄岛，会有许多不利因素，主要是因为交通不便，会造成“青黄不接”；主张将开发区选建在离老城区比较近的区域，以便于更好地依托利用老城区比较成熟的基础设施，联络起来也方便。

刚开始提出开发区选址问题的时候，我还在省里分管经济工作，所以也参与了这件事的讨论。我当时的意见就是，青岛开发区的选址应该放在黄岛，因为黄岛有大港口，腹地开阔，有154平方公里的发展空间；而青岛市内的地域太过狭小，老市区只有93平方公里，除了预留生活区用地外，几乎没有什么发展空间。

那几年，胶州湾西岸的港口建设确实也发展得比较快，前湾港一期工程和黄岛20万吨级原油输出码头相继开工，这无疑都为扩大港口吞吐能力，发展远洋运输特别是集装箱运输，打下了坚实基础。

说起港口，我对前湾港真是有一种特别的偏爱，那是个潜力巨大的亿吨大港，二三十万吨级的轮船进出自由，如果在旁边紧邻处规划建设经济技术开发区，那真可以说是如虎添翼、相得益彰，前景真是不可估量。开发区设在黄岛，虽然起步阶段的建设投资要大一些，起步也可能会慢一点，但从长远来看，前景远大。还有一条就是，开发区放在黄岛，完全符合中央关于经济技术开发区应该“有明确地域界线”的要求。

我到青岛任职后不久，山东省经济技术开发区建设领导小组很快在青岛召开了首次会议。会上，对青岛和烟台建设经济技术开发区的工作作出了具体部署。

这年的9月中旬，时任中共中央书记处书记、国务委员的谷牧同志受中央和国务院委托，率领国家有关部门负责同志和专家来山东、青岛考察并指导工作，经过认真沟通，他们也都同意我的这一看法，当然也是青岛市多数干部群众的看法。

同年10月20日，国务院以国函〔1984〕149号文件正式对青岛市进一步对外开放和兴办经济技术开发区的规划方案作了批复；1985年3月，青岛经济技术开发区在黄岛开工建设，到1988年底，已初步形成2平方公里的投资区域，签订了外引内联项目93个，其中52个企业竣工投产。另外，在开发区内还建设了高新技术产业开发实验区。

当时我们就预言：青岛将来的战略扩张和大发展，黄岛应该是不可或缺的一翼。事实上，也正是由于当初选址黄岛、“离岸开发”的正确决策，才有了后来青岛经济技术开发区的蓬勃发展，才为后来的“三点布局、组团发展”和“环湾保护、拥湾发展”，预留了空间、奠定了基础。

眼光“向外”，引进先进技术改造老企业

刚开始对外开放那几年，青岛市委把对外开放当作抓手，紧紧扭在手里，开放的重点基本是放在“三个引进”上，也就是引进技术、引进资金、引进项目；并且把国外先进技术的引进与老企业的改造紧密结合到一起，使青岛的产品质量和生产能力得到迅速提高。到1988年底，全市已经累计批准直接利用外资项目161个，成交额4.18亿美元；累计引进技术设备项目452个，成交额3.49亿美元。

对于如何引进项目，我当时就有个意见，就是一定要放远眼光，一定要抓大的，抓先进的、高科技的，真正做到高起点引进，要通过技术引进和消化吸收，创出青岛自己的名牌。当时的青岛电视机厂要引进一条生产线；但对于究竟是引进日本“松下”的还是香港一家企业的，当时分歧还不小。我那时在省里分管工

业和经济工作，正好到青岛开商品交易会，听了有关同志的汇报后，我当即表态，支持引进技术先进的“松下”。这条生产线后来发展得很好，原来名不见经传的青岛电视机厂，后来也逐渐成长为著名的“海信集团”。现在看来，高起点引进成就了“高点起步”，造就了青岛的又一张“名片”；时间和实践都证明，当初的决策是完全正确的。

当时电视机、电冰箱生产线的引进，青岛算是赶在了全国最后一批。

一开始，中央主管部门就是不批，经过反复沟通做工作，终于同意青岛引进电视机生产线了，但电冰箱的生产线还是不批。我就找到当时的轻工业部部长杨波。我说：“杨部长哇，你也是山东人，咱山东有8000万人口啊！别的省市都能干，为什么山东就不能干？连一个都不成吗？”经过不懈努力，后来总算是给批了，我们也算是赶上了这趟技术引进的“末班车”，这个项目就是引进的联邦德国的著名企业——利勃海尔电冰箱技术。

利勃海尔是建立于1949年的德国著名家族企业，实力雄厚，其电冰箱生产技术在欧洲颇负盛名；通过技术引进和嫁接，“琴岛—利勃海尔”电冰箱生产线很快在原来的青岛电冰箱厂投产，在此基础上经过30年的发展，先是消化吸收，后来开始自主研发，终于成就了今天大名鼎鼎的拥有完全自主知识产权的国际化大企业——海尔集团。

作为第一个打破“陈规”、走向市场的双星集团，也是对外开放政策的直接受益者。双星集团的前身是化工部第九橡胶厂，是一个国营老企业；当年在青岛说起“橡胶九厂”，那也是大名鼎鼎。过去常年生产球鞋、解放鞋和车胎，计划经济时代，一直是原料靠供给、产品靠包销。后来，国家给的原料越来越少，企业逐渐“断奶”了，使得他们不得不走向市场，根据市场需求来安排生产，并且开始尝试走出国门，去努力抢占海外市场。那时政策规定，凡是新产品都可以协议定价，“胶九”的人就加大新品开发力度，不断出新的产品；国内市场还在拓展之中，他们却已经开始把眼光瞄向海外，而且开展起来料加工业务。

当时曾经听说过一个故事，据说这家企业负责人亲自到海外拓展市场，来到某个偏远国家，看到当地居民都打着赤脚，随行人员扫兴地说，人家这里都不兴穿鞋，咱们的鞋卖给谁去？但这位企业负责人却毫不气馁，耐心开导自己的部下说，“从眼下看，这里的居民都不穿鞋，确实是没有市场；但从长远来看，这里却是一片未经开垦的处女地。你们想想，如果咱们能够引导培养当地居民的习惯，让他们穿上鞋，这该是一个多大的潜在市场啊！我们决不能放弃，必须坚持”。

正是由于这种敏锐的眼光和坚持的精神，再加上思想解放超前、产品适销对路，这家企业不但没有被开放的浪潮冲垮，反而借助对外开放的大潮乘风破浪，更好地发展起来了。作为一个原来一直以手工操作为主、劳动密集型的橡胶制鞋企业，能够冲出国门、走向世界，确实是不简单。所以，对于双星这家企业和他们的领头人，当时尽管评说不一，但我们还是给予肯定的，对其也是保护和支持的。

消化吸收引进技术，确立“青岛金花”战略

现在一说起青岛的工业产品，外界的评价都比较高；青岛也以“品牌之都”闻名遐迩。这一方面，是因为这座城市在这方面有着良好的“基因”，另一方面，就是当初青岛市委、市政府注意下大气力抓了技术引进之后的消化吸收。青岛市那时候采取的主要措施，就叫创“青岛金花”，目的就是要充分利用引进的海外先进技术，在充分消化吸收的基础上，创出自己的名牌，实施名牌战略。因为名牌本身就是企业综合素质的表现，有了名牌就有了市场，就提高了企业和地区的知名度。这不单单是几个工业产品的事，而且关系到整个城市的美誉度，关系到城市的整体形象与核心竞争力。

当时之所以能有这样一种自觉的认识，还得益于我几年前的一次出国考察经历。记得那还是 1978 年改革开放之初，中央以农业考察为内容，组织一个代表团出访美国，我参加了这个考察团。在美国考察时，美国的一个参议员和一个众议员听说我们团里有几位团员是山东的，就问我，山东在青岛的哪里，我只好告

诉他们青岛是山东省的一个城市，他们就说：青岛城市美丽，青岛啤酒好喝！美国的参议员和众议员，按说层次不算低了吧，知识面也不能说不广，可他们居然不知道山东在中国的什么位置，更不了解青岛与山东是个什么关系。可是，为什么他们知道青岛呢？我回国后，反复琢磨这件事，一个原因可能是因为美国的太平洋舰队曾经驻扎在青岛，这座城市的美丽如画的景色留在了美国人的记忆里；再一个原因恐怕就是因为青岛啤酒，那时欧美国家的超级市场里，几乎没有什么像样的中国商品，而青岛啤酒却几乎随处可见。

受这件事的启发，我认识到，名牌商品就是城市的招牌、城市的门面；因此，必须狠抓名牌，通过发展名牌战略，不但可以提高青岛经济的竞争能力，而且可以大大提升青岛的城市形象和国际知名度。

那几年，我们按照这个思路，还真的搞了不少的大项目，譬如海尔、海信、照相机厂、红星电器、双星、碱厂等，许多企业和品牌都是那时候起步的。所以，我那时也经常告诉同志们，要转变过去那种“不叫不到，不给不要”的工作态度，要把青岛的触角伸出去，伸向四面八方，要积极争取上面的支持。当时如果不是主动地找中央领导和主管部门领导同志反映情况，积极争取、反复争取，就不会有项目的落地，也就不会有后来海尔、海信的发展。

可以说，市委当时确定的创“青岛金花”战略，起点还是蛮高的，成效也蛮大。到了1988年，青岛市就有了近千种省级以上的优质名牌产品，其中有600多种是通过引进技术、消化吸收后，开发生产出来的。通过技术引进，青岛市还研究开发出了100多种新产品，其中65种填补了国内和省内空白。那时青岛家电业的“五朵金花”：青岛牌彩电、琴岛—利勃海尔电冰箱，还有洗衣机、照相机和空调器，都是实施对外开放后引进技术的具体成果，在当时产生了很大的经济效益和社会影响。

建设引黄济青工程，改善投资环境增强发展后劲

青岛在对外开放方面有许多的优势，但是也确实有很多的制约因素，比如说，水、电、交通、通信、城市基础设施建设等，那时候都属于弱项和“短板”，很不适应对外开放的要求，也严重制约了城市的发展。你想想，一个连用水都很困难的地方，谁还愿意来投资建厂？更不用说建设“宜居幸福”城市了。所以，要吸引外商来青投资，首要的问题是必须加强基础设施建设，改善投资环境。回想我在青岛那几年，主要就是抓了两件事：第一是妥善解决了干群思想和局势稳定的问题；第二就是下大气力加强城乡各项基础设施建设，极大地改善了城乡投资环境。

当时摆在基础建设重中之重位置的，就数“引黄济青”工程了。这项巨大工程的建成解决了青岛的一个非常大的问题。因为水资源短缺的问题，一直严重制约着青岛的经济和社会发展。那时候青岛经常闹水荒，人们被逼无奈，不得不琢磨出好多办法：一水多用，重复使用，洗完衣物的水留起来擦地，擦完地再用来冲厕所。

在节约用水方面，青岛可以说是全国大中城市的典范，一直走在全国的前列，这也都是叫严重缺水逼出来的。人们千方百计地节约用水，在供水紧张时全市都采取供应制，每人每天只限量供应 25 斤自来水——洗、涮、吃、喝全都包括在里头。居民生活用水都这么紧张，工业生产用水受到的影响就更不用说了。

为了解决青岛供水极度困难的问题，几届青岛市委、市政府设想了许多方案，采取了种种措施。1985 年 7 月，中央领导视察山东时，提出了建设“引黄济青”工程，从根本上解决青岛淡水资源短缺问题的设想。9 月下旬，山东省在青岛举行了引黄济青工程可行性研究论证会。对这项工程，当时中央政治局常委宋平同志也来考察过，他说，这项工程国家可以拿大头，山东省和青岛市都要拿出一部分，国家出 5 个亿，省、市合拿 3 个亿，各级分担一下，想干就把这个事情干起

来，不想干就只好作罢。你想，青岛供水这么紧张，咱自己就是再困难，也得想办法挤出资金来，解决这个维系生活和发展的大问题呀！这项工程得到了山东省委、省政府的关心和支持，尤其是沿途各县农民对这项工程贡献巨大。当时工程占地每亩只付 1250 元，农民出工每个工日也仅付 4 元。1986 年 4 月，引黄济青工程正式开工，1989 年 11 月正式通水。从此，青岛缺水的问题得到根本性的缓解，对外开放和引进投资的环境有了极大改善。

计划单列使青岛更好地起到山东对外开放龙头作用

由于青岛的对外开放在山东省属于先行一步，在发展外向型经济、出口创汇、引进先进技术等方面，起到了全省窗口和对内地的辐射带动作用；再加上之后在国家经济计划中实行单列，所以比较好地担负起了省委、省政府所赋予的山东半岛乃至全省对外开放“龙头”的使命，通过自身的快速发展，也有效带动了整个山东半岛的对外开放和繁荣发展。

中央和省委对青岛的工作一直都是非常关心、非常支持的。无论是对帮助青岛克服经济发展中所面临的各种困难，还是对贯彻落实中央精神、推进青岛对外开放，还有对青岛在国家经济计划中实行单列，省委的意见一直都很明确：一定要支持青岛，支持青岛的发展；青岛发展了就是山东发展了。

当年的 10 月中旬，国务院就下发了《关于对青岛市实行计划单列的批复》，并同意在青岛市同时进行经济体制综合改革试点。计划单列对于推动对外开放、搞活青岛经济，起到了难以估量的重大作用。

青岛的对外贸易那几年发展得很快，主要原因就是实行计划单列和体制改革之后，外贸经营机制发生了很大变化。1987 年 9 月，市外经贸实行计划单列，1988 年 1 月，青岛市又向国家进一步承包了外贸任务，这些都给青岛市的经济发展特别是对外贸易交往带来了新的生机和活力。记得当时青岛啤酒厂是青岛市第一个被赋予进出口自主权的企业；年底，青岛港的管理权限也伴随着青岛的计划单列，由交通部直接管理改为下放青岛市，由交通部和青岛市双重管理，再到全部下放青岛市、由青岛独家管理。青岛港务局的领导和同志们也不负众望，在改革和管理上大胆创新，在全国港口第一个打破了“大锅饭”，进行了港口管理体制改革，改革后的港口气象焕然一新，生产力得到极大的释放，港口吞吐量连续多年保持在全国前列。

在抓好对外开放的同时，或者说为了更好地发挥好沿海开放城市的辐射作用，市委还着重抓了对内的横向经济联合，突破旧的经济模式，努力在开放中搞活，在搞活中发展。到1988年底，青岛市已与全国27个省、市、自治区，国务院的10个部，50所大专院校、科研单位建立了经济协作关系；与上海、天津、吉林、广东以及大同、太原等省市开展了物资交流及经济技术协作；与环渤海经济区15个市地，建立了金融、信息、旅游、商业、人才培训和广播电视等协作网络。从1988年底开始，青岛市每年召开一次城乡经济技术协作洽谈会，累计签订各类协议2276项，产生了巨大的经济效益。青岛乡镇企业也充分发挥了“船小好掉头”的优势，积极作战，灵活穿插，努力寻找适销对路产品，种植、养殖、加工一起上，生产、加工、销售“一条龙”。1988年，全市乡镇企业的出口商品交货值完成6.2亿元，跃居全省榜首。

我一直有个深切感受，就是无论任何时候，大气候都是决定的因素。党的十一届三中全会以后，小平同志一再强调：“我们党在现阶段的政治路线，概括地说，就是一心一意搞四个现代化。这件事情，任何时候都不要受干扰，必须坚定不移地、一心一意地干下去。”也是在小平同志倡导提议下，1984年又在办好四个特区基础上进一步开放了包括青岛在内的部分沿海城市。现在人们终于可以更充分地看到、感受到、享受到坚持对外开放的伟大成果了。

（作者时任山东省委常委、副省长兼青岛市委书记　祝在时等/整理）

张昭若　**天津开发区诞生记**

开发区的缘起

说起天津开发区的开发，最初创意应该说是源自胡启立同志。1982 年，还在他担任天津市长的时候，谈了这样一个设想：我们能不能在塘沽、港口附近，开辟个区域，有点像特区，也不完全跟特区一样，作为天津市对外开放的窗口。市里的领导同志都很赞成这个想法。但是，当时中国在特区之外建立这种区域的条件还不成熟，这个创意也就暂时搁置起来。

直到 1983 年冬天，国务院副总理谷牧同志来天津视察。在迎宾馆三号楼，天津市委、市政府主要领导同志向谷牧同志汇报天津改革开放的工作。当时市委书记陈伟达、市长李瑞环、副市长聂璧初作汇报。我时任市政府副秘书长，协助市长处理政府事务。在汇报工作时，市领导同志提出，特区建设已经有三年时间了，很有成效；像我们这样一个港口城市，一个对外开放的前沿城市，能不能也建立一个类似于特区的地方，实行跟特区差不多的优惠待遇或特殊政策，来推动天津和华北地区对外开放的进程。谷牧同志听了很感兴趣，他说："咱们一起研究一下，这个区域大体上应该是个什么样子。"大家就你一言我一语地议论起来，说这个区域应该是外向型的，应当有相当大的自主权，有一个新型的体制；这样建设起来以后，肯定对天津市以及周边地区产生很大的带动作用。谷牧同志就提出来，要建立这么一个区域，我非常赞成，但是，这个区域不要放在“笼子”里面。所谓“笼子”就是计划经济体制。因为在1983年的时候，国家整个经济体制还是计划经济为主导的。谷牧同志说：“咱们把它放在‘笼子’外面好不好？一个鸟放在笼子外面，让它活蹦乱跳的，它就会成长得更好，更有生命力。”大家很赞成。可是怎么运作呢？谷牧同志提出来，邓小平同志明年年初春节期间要到广东去视察，到时我也会去的，我给小平同志吹吹风，给他建议一下，就说下面的同志有这么一个创意，看他老人家赞成不赞成，你们先准备一下初步的方案，我们一起合作，来促成这件事情。

1984年1月，小平同志到广东视察特区，而且给深圳特区题了词。小平同志视察特区时说：“我们建立特区和实行开放政策，指导思想必须明确，不是收，而是放。”小平同志也赞成在其他地方建立一些类似特区这样的区域。根据小平同志这个思想，1984年3月底4月初，国务院召开部分沿海城市座谈会，天津市李瑞环市长、李岚清副市长出席了这个座谈会。会上集中讨论了我们国家怎样在沿海地区进一步对外开放的问题。瑞环同志在会上有一个很有意思的发言，他说：“我们不能搞‘五小’闹革命。‘五小’就是胸襟小，胆子小，步子小，点子小，局面小。我们应当把胸襟放开，眼光放远，胆子更大，迈开更大的步伐对外开放。”这个讲话很精彩。在会议结束的时候，中央就通过了一个关于进一步开放14个沿海城市和建立开发区的决定，即《会议纪要》，由此，进一步对外开放、创建开发区就成为这14个沿海城市的主旋律。

这14个沿海城市，就是从北面的大连，一直到南面的湛江，包括天津在内。中央提出，这14个沿海城市都可以建立经济技术开发区，实行特区的某些政策。这样，14个沿海城市进一步开放，开发区也先后在各省市筹建。我认为这个座谈会和中央1984年春天的这个决定，应该是中国对外开放的里程碑式的事情。如果说，特区建设拉开了中国对外开放序幕的话，1984年进一步开放14个沿海城市的决定，就是中国对外开放的第一个高潮。

筹建的经过

这一年的 4 月中旬，天津市成立了开发区筹建方案组，抽调了 36 位同志参加，认真研究在哪里建开发区，怎么建，开始了开发区的具体筹备工作。

当初选址一共考虑了五个地点。我们组织力量对五个地点进行了紧张的勘测，包括它的地理、交通、道路、气候、空气采样、工程地质、地震地质、城市依托和港口的关系等等。经过各个方面的比较，大家的意见集中到现在天津开发区这个地方。这个地方有很多优势：离港口较近，有海港、公路、京山铁路、飞机场，四通八达，交通条件非常好；有城市依托，塘沽区就在它边上，可以节省大量的初期建设经费。当然它也有自己的弱点，比如说它是沉积平原，地基较软，地耐力差，建设当中，地下需要打桩，可能使建筑造价增高；另外，盐碱厉害，绿化非常困难。地址选定之后，就着手建区的筹备工作。市委任命了开发区筹备组，一共五个人，我是筹备组长，还有王述祖、郑华安、吴原泉（天津中国银行的副总经理）、穆青（塘沽区委书记）。我们五个人的筹备组进一步研究成立开发区的各项事宜。吴原泉同志因为在银行，事务比较多，也不大愿意离开银行，后来就没参加开发区的工作。开发区当初一切规划，包括怎么样建设、基本建设的方案、产业发展的设想、产业结构的安排、组织机构、管理体制等，都在筹备组当中酝酿。最初，我们几个人在常德道 2 号一个招待所楼下的一间屋子里办公。到六七月份，天气非常热。郑华安在自己家里绞西红柿汁，带到我们那儿去，每个人喝一小杯，都感觉“倍儿棒”。就在这间屋子里，形成了开发区的初步构想，将方案上报市委，市委常委会在听取我们汇报之后原则上同意，并据此起草一个报告，报请国务院批准，建立天津开发区。

1984 年 8 月，市委正式批准成立开发区管委会，8 月 6 日，市委下发文件，开发区管委会即在这一天诞生。市委任命我为管委会主任，副主任两位，一位是张炜，一位是穆青；另外，还有几位委员。

当时国务院特区办在深圳举办了一个学习班，把各个地区筹建开发区的领导干部集中起来学习培训。深圳市市长、市委书记等介绍深圳对外开放的经验。我们还借鉴了国外的一些经验，研究了亚洲好几个开发区（它们叫“出口加工区”）的发展历程。我们天津怎么办？我们不能照抄照搬深圳的经验。天津和深圳有很大的不同：我们有天津这么大一个母城，工业门类齐全，人才众多；深圳是没有的，深圳连一个技术员都要从外地招，我们在这方面有优势。我们要扬其所长，避其所短。所以，我们一开始就确定了天津开发区一定要以工业为主，以外资为主的发展方向。

天津开发区总面积 33 平方公里，起步区从哪里起步，这个问题也讨论了好长时间。当时有两种意见：一种是现在的金融区、商业区、行政区。这一块，挨着四号公路，在四号公路和高速公路之间，一共有 10 平方公里。这个地方开发起来最方便，很多同志主张从这一块起步。因为守着公路，车可以进来，什么材料都可以拉来，可以马上建设。另外一种意见就是把工业区放在高速公路以北，就是现在的工业区，而把挨着四号路的那块地建成金融区、商业区、行政区。最后瑞环同志说：“还是要把工业区搁在高速公路以北，将来的开发可以大面积展开，这样的布局才最合理。”后来，我们就按照这个意见起步建设。现在看来，这个意见非常正确。

开发区筹建开始后，我和瑞环同志谈，我说你叫我办开发区，你得给我权。他说：“你说吧，要什么权。”我说：“开发区管委会应该有市政府委一级的等级，直接对市政府、对市长负责。只有这样，才能避免别的委办来干涉我们的工作；我们要求有这块土地的规划权、建设权、土地批租权、项目审批权、对外直接邀请外商来访权，以及开发区处级以下干部的出国审批权。”我说：“你把这些权都给我，你如果信任我们这个班子，这块地就交给我们。”瑞环说：“行，这些权我全给。”那时候，国家给天津市的项目审批权是 3000 万美元。瑞环说：“你要多少？”我说：“天津市 3000 万的权限，我要 2000 万。”瑞环说：“给你。”一成立开发区，就有 2000 万美元以内的项目批准权，这个已经超过了很多省市一级的权力了。我想市政府充分授权，这一条对开发区顺利建成非常重要。有了这样一个权，我们就要把它运用好，建立一个非常精干的高效的机构，实行一体化的管理。什么叫“一体化”呢，就是外商到这里来投资，需要解决的一切问题，在开发区里全给解决。

当时开发区确实很穷，两手空空，什么也没有。市里叫我搞开发，你总得给我钱啊！后来我就找瑞环同志。我说：你得给我点钱啊，光杆司令我怎么干？我听说市财政还有点钱，你给我们拨点儿啊。在这方面，瑞环同志很“小气”。他说：“第一，我是有点钱，我还要用来搞煤气化，这个钱不能给你；第二，如果政府给你们钱，然后你们去开发，这算什么本事，谁不能干？我就要你们靠借款，靠贷款把这块地开发出来。”并说：“创造一个这样的经验，那才算是真本事。”

开发区管委会的第一次会议上，叶迪生同志（班子里最有文采的，书法诗文都很好，又是电子专家）说，我来给开发区提一个口号吧，叫作“振兴中华，励精图大业；放眼世界，众志建新城”。大家都说好，就作为我们开发区的奋斗目标吧！

岩滩上生长的开发区

我们没有分文财政拨款，就凭银行贷款这点本钱，动手干起来了。

那时候，天津港请来了日本神户市的港湾局长鸟居信雄当最高顾问。他也是我的朋友。开发区刚开始建设的时候，我请他过来看一看开发区这片地方。我们俩站在盐滩前面，眼前一片水汪汪的，都是盐田。鸟居看了半天，叹了口气说：“你们什么时候才能把这块地方建起来呀。”我说：“鸟居先生，你不要急，明年这时候我再请你来看。”到了第二年，他到这儿一看，大为惊讶，我们七通一平已经做好了，最初的厂房也建起来了。他说：“真了不起，我在日本也没有见过这样的速度。”

开发区建设的一个难点是绿化。那时候，来了一位日本的绿化专家。据说这个人在世界很多国家搞过绿化，而且很成功。我说："我给你提个请求，你能不能把我们这片地方变绿了，如果你能做到的话，我在这儿给你立一座碑。"他说："没问题，我在哪儿都干过。这样吧，你们取点土样，我带回日本，化验一下，完了给你答复。"后来我们就在开发区几个不同的地点，取了一些样土给他。过了一阵，他就来信了。信中说：我从未见过含盐量这么高的地方。他自知没有金刚钻，不敢揽这个瓷器活儿。但现在你看，开发区到处绿油油的。这当然花费了很多精力，包括很多智慧和财力。这个地方逐渐变绿了，而且有些地方非常美。开发区不但创造出巨大的经济效益，而且创出巨大的生态效益。很不容易，也很了不起呀！

到 1985 年底，3 平方公里的基础设施建设基本上按照要求完成了。我们对这个区域的规划经过精心的研究，一致认为，这个区域要舍得拿出土地做路。我们的道路面积率不能低于 20%。当初，王述祖同志在这个问题上特别坚持。

我和叶迪生同志那年 10 月底到香港去招商引资。开发区的第一批项目，是在香港签约的。李瑞环市长亲自到香港主持签字仪式。我记得很清楚，那次一共签了 20 多个项目。

1985 年 10 月份，谷牧同志率领特区办和全国各开发区的领导同志在天津开了一次开发区的会议，地点在渤海宾馆。开完会，我对谷牧同志说："到明年年底，我们开发区能有 20 个项目投产。"他不信，说："到时你要真有 20 个项目投产，我请你吃烤鸭。"后来，项目完成了，而且超额完成，烤鸭却没吃上，老领导没兑现。过了好些年，我在北京见了谷牧。我说："您还欠我一顿烤鸭呢。"他说："我怎么欠你烤鸭？"我就说了这段往事。他一听："对，我是欠你一顿烤鸭。"我说："你也别请了，要请我们请你吧，多年来，我们一直得到您对我们的支持。"

开发区最初办公地点没有大楼，就在进开发区四号公路旁边那个地方盖了一溜平房，有一个饭厅。三个月时间，砖混结构，向塘沽借了那块地方，就盖了那么十几间平房。开发区管委会五年时间一直在那里面办公。我们那几年就没建大楼。当时很多中央领导到这里来视察，李鹏、彭真、宋平、乔石、胡启立、荣毅仁、陈慕华等，我们都是在平房里向他们汇报。他们非常赞赏，说这才叫开发区，这才是创业精神。

时代在发展，我们的国家在发展，天津市在发展，开发区也在发展。发展的速度，远远超出我们的预料。当初一起参加开发区筹建工作的老同志，现在很多已经退下来了。然而，一批一批的新生力量都顶了上来。我们常说，历史的人，做历史的事。我们这些第一代开发区人，做了历史交给我们的这一份工作。往下，一定会有更优秀的人才，大批的开发人，把开发区建设得更好。

开发区既是改革的产物，也只有在改革中才能不断前进。开发区将来的改革，是一个艰苦的任务。我们寄希望于开发区能够本着改革的精神，不断探索，不断实践，不断前进，以期不辜负我们的党、我们的人民、我们的国家和我们天津市对开发区的殷切希望。

（作者时任天津经济技术开发区管委会主任，后任天津市副市长）

刘锡荣　开放初期温州的基础设施建设*

温州城市基础设施建设历史欠账很多。新中国成立初期温州是海防“前线”，临近台湾海峡，国家不投资；“文革”时期，温州是“火线”，根本没有条件搞建设；“文革”之后，国家缩短基本建设战线，无力顾及温州的基本建设，又成了“短线”。城市基础设施建设滞后，严重制约了温州民营经济的进一步发展。我到市政府工作后，除在市委领导下推进经济体制改革外，作为市政府领导，还有一个重要任务，就是抓城市重大基础设施建设。我们从温州实际出发，解放思想，大胆创新，把市场机制的办法应用到城市建设上。

建设龙湾出口工业区

温州龙湾经济技术开发区挂牌后，因条件不具备国务院曾下文暂缓动工。为了给温州民营资本和外资创造一个良好的投资空间，1987 年 3 月 17 日，市委、市政府研究决定以龙湾出口工业区名义先行开发建设，并成立市领导小组，分工我任领导小组组长，指导支持龙湾区委、区政府把出口工业区创建起来。市领导

* 节选自《温州经济体制改革和基础设施建设》，标题为编者加。

小组成员坚持定期到龙湾现场办公。

记得当时最难的是两件事。一件是无钱搞征地和“三通一平”。另一件是没有优惠政策难以“引鸟入巢”。经过领导小组协调，人民银行温州分行行长谢庆健同志给龙湾区贷了两笔款，解决了启动资金问题。没有优惠政策，我就与市委常委、龙湾区委书记孙成堪同志率团到福建、广东考察学习。把中央给特区的优惠政策文件全部复印带回来，经汇编市政府出台了一个优惠政策文件《关于鼓励在龙湾出口工业区投资的优惠规定》。待国务院和省政府发现并下令撤销这个文件时，已有几十家企业在龙湾落户，有的甚至已建成投产。我们建设龙湾出口加工区过程中走的是一条外靠华侨，内靠挖潜，自力更生，自我消化，多种经济联合发展的路子。由于各方面条件日趋完善，1992 年，国务院发文同意温州龙湾经济技术开发区重新启动。

改造人民路

温州人民路是 104 国道线，道路狭窄，车流量大，每天堵车严重，改造人民路现实而迫切。1987 年 12 月，市委、市政府总结了以往城市道路拓宽工程的经验和教训，决定通过人民路两侧的地块商品化筹集改造资金。

人民路改造，碰到的第一个难题是当时国家规定不能一次性搞一条街拆迁改造。市计划委员会同我商量，拟采取变通的办法，统一规划，分步实施，把人民路改造分成危房改造、市政建设、集资建房、拓宽交通卡口四个项目上报审批，获得上级批准。

人民路改造碰到的另一个难题是拆迁户的思想工作难做。拆迁户中有些是百年老宅，商家店铺很多，他们好几代世居在这里，担心房子盖好后自己不能搬回来。1988 年 2 月 25 日，市委、市政府在解放剧院召开拆迁户大会，我作动员讲话，分管城建的副市长马云博同志用温州话给我翻译。《温州日报》报道了这次动员大会。温州市民是通情达理的，动员会第二天，首批拆迁的 600 户无一人出来阻拦，进展相当顺利。

人民路改造过程中，马云博同志和鹿城区副区长陆国杰等同志从规划设计到拆迁安置做了大量艰苦细致的工作。人民路改建后总长 2250 米，路宽 36 米，总投资 12 亿元。人民路改造，没有花国家一分钱，通过房地产开发还积累了一些资金。我们运用市场机制，走出了一条旧城改造的新路，国务院清理基建小组称之"路子对头、政策合理、做法新鲜"。之后，许多城市在旧城改造中仿效了温州的做法。

建设温州机场

温州是我国 14 个沿海开放城市之一，有几十万海外华侨，还有上百万人在全国各地经商办企业和打工，对外联系广泛。建设温州机场是市委市政府和温州人民的迫切愿望。市委书记袁芳烈和市长卢声亮同志为机场前期筹建做了大量工作。

1987 年 5 月，机场跑道主体工程开始施工，但碰到两个难题。一是资金困难。当时市政府一年的机动财力只有 1000 多万元，市计划委员会主任章华表同志建议利用尚存的开放城市的扩权外汇，得到我的支持，共筹集资金 7000 多万元，解决了机场建设的资金难题。后来有人告状告到国家计委，国家外汇局也派人来调查，我实事求是地反映了温州的情况，为市计委解了围。二是失地农民安置问题。机场征地，有 800 多名农民需要安置。我把国有企业的领导请到市政府开会，请他们帮助安排失地农民就业，每个企业分摊任务，并每十天检查督促一次。尽管当时国有企业自身也很困难，人员多、负担重，但大家还是顾全大局，仅用两个月时间就落实了失地农民安置问题。

温州机场总造价 1.35 亿元。后期资金缺口，一是靠贷款，二是靠市财政千方百计挤。分管财政的副市长江圣德同志和市财政局非常支持，全力以赴。为节省每一分钱建设机场，三年间，温州市委市政府没有买一部小车、建一间干部宿舍。可以说温州机场是温州市广大干部群众艰苦奋斗、自力更生的产物。

机场竣工后，分管工交的副市长王培德等同志积极协调各方，想方设法克服没有开工报告等困难，以最快的速度使机场在1990年7月4日正式投入运营。温州机场开辟国内包括香港、澳门航线47条，1997年，客运吞吐量达180多万人次，在全国137个航站中排名第21位，跻身大型机场行列。考虑到机场建成后，中央领导同志和国务院各部委负责同志直飞温州，给温州市接待工作带来的压力，省政府无偿拨给温州市20辆轿车，以示奖励解难。

机场建设过程中，我与市政府分管基建的副市长马云博同志加强协调指导，为铁道部十四局解决施工中遇到的实际困难。每逢过年过节我们都去慰问，除夕晚上也坚持到工地看望工人。机场工程指挥长、中铁十四局的余文忠同志是一位优秀的指挥员，承建温州机场他们第一次获得了建筑业最高奖——鲁班奖。

启动金温铁路建设

温州建铁路，最早是孙中山先生在《建国方略》中提出来的，几十年来温州人民梦寐以求修建一条自己的铁路。交通是经济的命脉，如果有了铁路，会极大地推动温州港口型城市的发展。

改革开放初期，温州百废待兴，造桥、修路、建机场都需要钱。修建铁路，单凭市政府财力远远不够。

马克思说过一句话给了我们启示，“假如必须等待积累去使某些单个资本增长到能够修建铁路的程度，那么恐怕直到今天世界上还没有铁路，但是，集中通过股份公司转瞬之间就把这件事完成了”。

温州是开放城市，市委市政府考虑采取股份制形式修建铁路。而当时国家政策规定，地方铁路只有中外合资建设才能获得批准。怎么办？当时的情形逼迫我们寻找外资走股份制这条路。首要的是必须找到一位海外的合作者。1988年9月，我将这个任务交给了温州市杨成广同志。

不久，杨成广同志向我介绍了香港的南怀瑾先生。南怀瑾先生祖籍是温州乐清，当时他在老家还有百岁老母、70多岁的结发夫人及儿孙。我当即派市计划委员会主任章华表同志去香港找南怀瑾先生商谈合作。南怀瑾先生对家乡修建铁路很支持。1991年1月19日，我陪同省计划委员会的同志到香港和南怀瑾先生签署了金温铁路建设意向书，后经省长葛洪升同志安排，又陪同副省长柴松岳同志到香港和南先生签署了可行性报告上报国务院，不久即获批准。1992年12月18日，在开工报告尚未下达的情况下，在阵阵礼炮和万众的欢呼声中，省长葛洪升同志亲到中心庆典会场丽水宣布金温铁路开工。

后来由于种种原因，外资方的股份发生变化。经省政府请示国务院同意，由铁道部和浙江省分担股份。但南怀瑾先生在金温铁路建设中所起的“催生”作用永远铭记在家乡人民心中。

金温铁路系我国第一条中外合资建设经营的地方一级铁路，全线总长251.5公里，由金华经缙云、丽水到温州。1997年8月8日，金温铁路胜利竣工并投入运营。金温铁路建设过程中，全线总指挥李林坊等同志及温州金华丽水铁路沿线干部群众付出了艰辛劳动，做出了很大的贡献。可喜的是福温铁路也于2005年开工，金温铁路将由支线变成干线，温州将成为东南沿海重要交通枢纽。

1991年7月，我奉令调离温州到省里工作。先在省纪委工作一年半，1993年1月到省政府任副省长，分管农业农村工作，使我有幸先后在万学远和柴松岳两位省长支持指导下，参与温州及全省的海塘工程和温州珊溪水利枢纽工程（珊溪水库）建设。

1994年特大台风给浙江省特别是温州造成了巨大损失。刚到省政府工作的我深感责无旁贷，根据省政府安排，我专程率省政府代表团到荷兰考察学习修建海塘的经验。在修建海塘的过程中，作为遭受台风影响的重灾区，温州市瓯海区委、区政府率先自力更生修建海塘为全省带了个好头。1994年9月18日，省政府在瓯海召开了全省海塘建设工作现场会，拉开了全省抢修海塘的序幕。会上瓯海区领导介绍了经验，我作了动员讲话，省水利厅厅长章猛进同志做了工作部署。省委、省政府对修建海塘十分重视，决定每修一公里海塘省财政补助100万元。

1997年10月28日，省长柴松岳同志亲自在三门县召开全省修建海塘誓师大会，并带头和干部群众一起参加劳动，场景十分感人。经数年艰苦奋战，浙江千里海塘终于屹立在东海之滨。作为温州分管农业的副市长、工程总指挥狄乃云和王成云等同志为温州海塘建设是做出了卓越贡献的。

我在温州工作十年，深知温州人民饮水困难及飞云江等流域洪水灾害之烈。1994年4月18日，省委、省政府决定温州珊溪水利枢纽工程立项上马，我被任命为工程领导小组组长。在我的组织协调下，省里三家公司出资49%，温州市出资51%，用股份制形式筹集到了工程资金。温州市政府建立了工程指挥部，副市长狄乃云同志任董事长兼总指挥，贾茂和同志任总工程师。经过数年艰苦奋战，珊溪水利枢纽工程作为优质工程竣工。珊溪水利枢纽工程是全省最大的水利项目，被称为浙江的“三峡工程”。该工程由珊溪水库和超山渡引水工程两部分组成，具有灌溉、城市供水、发电、防洪等多种效益。工程总投资60亿元，水库总库容18亿立方米，工程建成后，可灌溉农田100万亩，为20万亩新围垦海涂提供水源，可满足温州市区和整个温瑞平苍平原人民生活和工业用水的需求。年发电4.13亿度，防洪保护面积达20万亩农田。此外，还具有航运、水产养殖、旅游、生态环境改善等多方面效益，造福温州人民。

我在温州工作生活了10年，对温州这块有着光荣革命传统和改革创新精神的土地和人民群众怀有深厚的感情。现在我虽然离开温州15年了，但无时无刻不关注着温州的改革和发展，为温州改革和发展取得的每一点成就感到欢欣鼓舞。在温州工作的经历，成为我永远挥之不去的人生记忆。

祝愿温州的明天更辉煌、更美好。

（作者时任温州市委副书记、书记，副市长、市长等）

丁文斌　**引青济秦——秦皇岛人的壮举**

引青济秦　根本出路

秦皇岛市区多系近海丘陵，地面覆盖层仅有10—20米，以下全是基岩，含水层很薄，因而水资源缺乏就成为城市发展的一大制约因素。据预测，到2000年城市需供水量为20962万立方米。而按现有水源条件，那时只能供水3000万立方米，实缺水17962万立方米。

因此，解决秦皇岛市城市用水就成为对外开放和经济发展的一项至关重要的战略任务。

出路何在？经过反复论证、多方谋划，结论意见，根本出路是“引青济秦”。其理由是，青龙河水是河北地区目前唯一没有控制工程的、开发潜力很大的一条河流，流域面积6325平方公里，年平均径流量约9.4亿立方米。每年数亿立方米的淡水白白流入大海。同时，卢龙县已经利用这条河建设了引青干渠，又在干渠上建有五座跨流域泵站，利用这五个泵站和其他工程措施，可以把青龙河水截留到洋河水库，再把洋河水库作为“引青济秦”的调节水库。所以，市政府在1985年就着手准备上这项引水工程，并向河北省写了报告。省计委和国家计委均已原则同意做了批复。

在制定《秦皇岛市2000年经济技术社会发展战略》时，又对这一方案进行了反复论证，并作为《发展战略》的重要附件。《发展战略》指出："解决秦皇岛市城市发展用水紧缺的基本方针应是，开源节流并重，从长远看，根本出路在于兴建桃林口水库、'引青济秦'，即把青龙河水引入洋河水库后，再送往市区，形成城市供水的第二大系统。"

但是，由于资金等原因，这项工程一直拖了下来，然而，1989年遇到了35年来历史上罕见的伏旱。地上水源濒于干涸，加上地下水连年负荷开采，水位普遍下降，不仅给农业生产带来严重损失，而且给这个历来主要靠地上水为生的城市供水带来了极大的威胁，生产、生活用水面临严重危机。

当时，用于市区主要水源的石河水库仅蓄水2160万立方米，扣除死库容，可用水量只有1800万立方米，汤河水位下降到2.4米，可用水量只有500万立方米；柳江水源可采水量600万立方米；枣园水源可采水量300万立方米。这样，实际可供水量，一共只有3200万立方米。按市区实际日平均供水20万立方米计算，只能维持五个多月，到1990年初，全市将无水可供，当时汛期已过，干旱仍在继续，补充水库蓄水量已无希望，一旦石河水源枯竭，市区居民将无水可用，工矿企业面临停产，我国最大的能源中转港将变成一个死港，输向祖国各地的能源和物资将要中断，其政治影响、经济损失不堪设想。在这关系到秦皇岛命运的紧要关头，市政府毫不犹豫地决定立即实施"引青济秦"水利工程。

上级支持　全民动员

这项工程全长60.75公里，以洋河水库为界，下段即由洋河水库至市区，为东线工程（即第一期工程），上段即由青龙河的桃林口至洋河水库，为西线工程（即第二期工程）。东线工程干线总长50.26公里，其中开凿五个隧洞，总长度3.146公里，隧洞净宽2.6米，净高2.8米，按远期引水能力八秒立方米设计。

修建八段暗涵，总长度两公里，过水断面与隧洞断面相同；埋设管线 44.11 公里（绝大部分为双管）；还需新建日处理五万吨的北戴河水厂一座；中间加压站一处和取水头部及穿路过河工程。西线工程，干线长 10.49 公里，其中开凿 4.913 公里的西吴庄隧洞。洞净高 3.4 米，净宽 2.8 米；盖板涵 2.4 公里，暗涵 3.18 公里及取水头部改造工程和西洋河治理工程，整个工程总土石方量达 33.79 万立方米，浇筑混凝土 10.41 万立方米，直径 1.0—1.6 米压力水泥管 14280 根（71.45 公里），钢管 6.975 公里。工程概算总投资 2.39 亿元。以上情况充分说明“引青济秦”工程应急上马，面临着重重困难：时间紧、战线长、任务重、物资不足、资金紧缺，而且地质复杂、施工艰难，又是在冬季施工。工程必须保质保量按期竣工，确保来年城市不断水，不误农时。

面对重重困难，市政府经与市人大、市政协以及主管部门反复研究并经市委同意，制订了施工方案。这一方案的基本精神是：紧紧依靠动员全市人民打好这场开源节流双管齐下的攻坚战。资金不足多方筹集；施工队伍不足，求援调集；时间紧迫，昼夜施工；资金紧缺，四方求助。千方百计确保一期应急工程于 1990 年 3 月 15 日通水。

这一工程，从一开始就受到上级党和政府的重视和关怀，生动地体现了党和政府与秦皇岛人民的命运息息相关，党和政府的关怀又进一步鼓舞了秦皇岛人民战胜困难的信心。

1989 年 7 月中旬，河北省省长岳岐峰到秦皇岛现场办公。他指出：要尽快引青龙河水入洋河水库济秦。9 月 3 日，我向省委、省政府领导写的紧急上书信中说：我作为一市之长、人民的公仆，决不辜负全市人民对我的殷切期望，决不辜负党和上级的培养，愿与全市人民同甘共苦，披肝沥胆打胜“引青济秦”这一仗。

省委、省政府对此高度重视，并给予了有力支持，还派出了由省建委副主任雍嘉晰为首的专家工作组帮助选择最佳引水线路。国务院副总理田纪云于 9 月 22 日听取了市委书记顾二熊关于引青济秦的汇报。田纪云表示支持这项工程。在 10 月 17 日省政府召开的 52 次常务会议上，观看了“引青济秦”工程的录像资料片，听取了市政府的汇报。岳省长指出："引青济秦"工程不仅是秦皇岛市的问题，也是全省的问题，全国的问题，而且有国际影响，并决定在资金、物资等方面给予支持，为此，省政府还发了详细的《会议纪要》。

10月22日，我随省委书记邢崇智进京，又向万里委员长作了汇报。万里委员长早在担任国务院副总理时，就提出过"引青济秦"，解决秦皇岛缺水的问题。听了汇报之后，万里指出："没有水城市怎么建设，经济怎么发展，旅游怎么搞？"他还说"引青济秦"只引两个流量，只是救急，还要争取把桃林口水库建起来，越早下决心越主动。并说："不管谁拿钱，都要把桃林口水库建起来。"

在整个施工期间，先后有河北省省长岳岐峰、副省长宋淑华、中共河北省委书记邢崇智、国家水利部部长杨振怀等领导亲临工地视察，对工程的进展及时作了重要指示。河北省人大常委会副主任王幼辉不但来信支持这一工程，还拿出部分工资捐献给引青工程。全国政协常委何正文把刚刚收到的500元稿费全部捐献给这项工程。上级党和政府以及党和国家领导的亲切关怀、积极支持，给了秦皇岛人民以极大的鼓舞和力量。

中共秦皇岛市委、市人大、市政府、市政协的领导在这种严峻形势面前，齐心合力，成为整个工程的指挥中枢，建立强有力的指挥系统和政治工作系统。工程总指挥部由市长和两名副市长亲自担任总指挥和副总指挥，由市委书记和一名副书记分别担任政委和副政委，市人大、政协和军分区的领导也分别担任副总指挥、副政委或顾问。

在东、西线也建立了强有力的前线指挥部。在洞口、各难点，还建立攻坚小组。在三区四县和市政府有关部门都成立了"支援引青济秦领导小组"。各施工队也确定了现场指挥机构，这样，就形成了一个上下左右统一的指挥系统。同时，为了发挥党组织的保证作用，在东、西线还建立了临时党委，从而发挥了各级党组织的战斗堡垒作用和党员的先锋模范作用。东、西线各级指挥机构中，有领导、专家，有工程技术人员，有实践经验丰富的干部，并建立了各级负责制。

市委、市政府始终坚信：人民群众是力量的源泉这一颠扑不破的真理，只要相信群众，紧紧依靠群众，就能无往而不胜，要完成这样一项宏大、艰巨而紧迫的工程，不但要有领导者的决心，而且必须有人民群众的一致行动。要使全市人民了解所面临的断水危机以及市委、市政府所采取的紧急措施，动员起来为自己的生存而斗争。为此，9 月 14 日，市委、市政府召开全市“引青济秦”动员大会，发出《告全市人民书》，号召全市人民紧急动员起来，打一场“引青济秦”的人民战争。

由于这项工程，牵动了全市人民的心，所以，在市委、市政府的号召一发出，一个全民动员，八方支援，团结一致，气势磅礴的引水局面很快形成了。

顽强拼搏 正式通水

1989 年 10 月 1 日，第一期工程打响第一炮，一支不讲条件，不怕困难，不畏艰险，能打硬仗的引水大军，在百里干线上摆开了战场。

担负开凿施工任务的工程队有：国家地质文明队河北地质队，素称“东北虎”之称的辽宁勘探大队，铁道部一局三处和河北地质三队；承担暗涵工程任务的施工队是 22 冶工程队和秦皇岛武警部队；担负土方开挖任务的是驻秦部队和机关干部。解放军一马当先，在最艰苦的地段，创造了最好的成绩。施工队伍急工程所急，想工程所想，不畏艰难、勇于拼搏，在十分困难的条件下，用最短的时间，取得了可喜的进展。厂矿企业在资金、物资十分困难的条件下，精心组织，合理安排，争时间、抢速度，千方百计为“引青济秦”作贡献。沿线群众顾全大局，以引水为己任，不计个人得失，在征地拆迁、生活服务、架桥修路等方面给引水工程以大力支持。

在引青将士经过 200 个日日夜夜的顽强拼搏，第一期引水工程于 1990 年 4 月 28 日胜利通水。第二期工程于 1990 年 5 月 5 日开始开凿西吴庄隧洞工程，在此之前，担负西线暗涵施工的卢龙县农田建设队伍出动 25000 名男女老少参加施工。西吴庄隧洞开始以后，经过施工队一年多的艰苦奋战，于 1991 年 6 月 25 日正式通水。引青济秦工程已取得决定性的胜利。

这项工程不仅为秦皇岛市对外开放和社会发展创造了用水条件，而且造福于子孙后代，所以它深得人民群众的支持。这在通常需要三年或三年半的时间才能完成的工程，仅用600天就实现全线通水，这种速度在我国水利建设史上是少有的，它是秦皇岛市人民的一大壮举。

团结奋进的“引青精神”

这样一项艰巨的工程，能在很短的时间内取得胜利，除了正确指挥外，政治工作发挥了重要的作用。以引青精神培育了引青队伍，创造了引青业绩。这场关系到秦皇岛市区人民生存的战斗，对全市人民是一次重大的考验。所以在工程一开始就涌现出了许多英雄模范人物，凝结出了极为可贵的“引青精神”：“实事求是，艰苦创业，顽强拼搏，无私奉献，团结协作”。这种高尚的“引青精神”又成为广大引青将士的动员力和战斗力。特别是开凿隧洞，任务艰巨，冬季野外施工，条件相当艰苦，工程难度很大。为此，在工程指挥上，坚持了“优质、安全、高速、节约”的八字方针，坚持了以“引青精神”培育队伍。

这些隧洞的地质条件复杂，多是强风化层，而这些风化层往往又储存着地下水，围岩稳定性差，极易塌方，给施工带来极大困难。塌方已是施工进洞阶段最棘手的难题，在各个隧洞施工的共产党员带领群众为战胜塌方，保住隧洞展开了顽强的斗争，如1号隧洞，一个多月的时间，掘进12米，五次塌方毁掉了8米，在这种情况下，他们采取了边掘进，边浆砌的办法，从而保证了施工进度。3号隧洞，塌方也是一次接一次，他们采取双层支护办法，撑住了塌方，各施工队冒着危险与塌方搏斗。2号洞接连发生两次大塌方，土石方300立方米以上。他们为了保证施工进度，调集队里骨干力量，组成两个攻坚班，分别负责进、出口的施工。一次，他们在紧张的施工中，一股碎石从洞顶滑下来。此时，六七米外就是洞口，他们没有后退，尽管碎石砸在头上，但他们在“石雨”中终于搭起了支护，防止了一起大面积塌方，保住了隧洞。

在西线工程中，最大的难关是五公里长的西吴庄隧洞，施工中多次塌方。柳江煤矿派出了工程队，采取“新奥法”和“撞锲法”施工，在辽宁勘探大队二队密切配合下，胜利地通过了荆子峪大沟塌方段，隧洞全部贯通。

在工程上的又一难题是管子问题，主要是生产和运输问题，14280 根水泥管，绝大多数是由北京、保定、大连、辽阳、西安、山海关六个厂家分别生产供货。为保证不误工期，及时供货，市政府邀请这些厂家的厂长们到秦皇岛来，向他们详细介绍了市区和几百家企业面临断水，全市人民被迫进行“引青济秦”的情况，请求各厂家给予大力支持。

这些厂家所表现出的高尚协作精神确是令人感慨。在秦皇岛市断水面前，他们考虑的不只是盈利问题，而是考虑让秦皇岛人民喝上水的问题，于是，他们千方百计生产出质量合格的产品，及时运到秦皇岛。

北京市第二水泥厂承担引青工程 17 公里，计 3400 根水泥管的生产任务，除停缓了其他生产，保证引青供货，发货也由一个车站改为三个车站，他们还派出六名业务员到火车站协助发货。保定水泥厂为引青工程生产 3840 根水泥管时，把保质保量按期完成任务作为奋斗目标，全厂上下层层严把质量关，提前五天便完成了全部生产供货任务。

由西安、保定、北京、大连、辽阳等地将 11080 根水泥管运到秦皇岛，需用 2779 个车皮，若成列车发运，相当 56 列火车，需经过两个铁路局五个铁路分局。全部管道有 3000 多延长公里，必须在 1990 年 1 月底运抵工地，运期只有四个月，每天需要 33.1 个车皮，平均每三天两列车。国家铁路运输本来已很紧张，而运送这些管子，一没有全部列入计划，二没有足够的接卸场地，三是时间要求很紧。对铁路部门来说，这是一个不小的压力。从火车站再运到工地，要动用汽车 1.5 万车次，每天需要 80 辆，任务量也不小，加上沿线的路况不好，困难很大。但是，铁路运输部门把这项任务作为紧急救灾任务来完成。在铁道部原副部长尚志功的积极支持下，各铁路部门都采取了特殊的措施。北京铁路分局全力以赴支援引青工程，凡是在北京地区的管子，保证于1991年1月15日前运到秦皇岛。他们增加了车皮和发站点，由205车增加到697车，由石景山南站增加五路车站和三家店车站三处同时发货，使工程用管吃紧状态得到了缓解。秦皇岛北站压力大，发来的货有时难以控制平衡，经与天津铁路分局联系，让秦皇岛南站、北站同时接货，合理分流，使4890根管子没有造成压车现象。不仅如此，铁路部门还打破常规，采取了一些特殊办法，解决了运输的困难，大连和沈阳的1880根水泥管，需要407个车皮，而秦皇岛站属北京铁路局管辖，山海关站属沈阳铁路局管辖，按惯例，从东北运往关内的货物都要在山海关站进行编组。这批管材重新编组的运输费用需16万元，而且时间要拖长，为了解决直发秦皇岛问题，沈阳铁路局运输处指令沈阳局运管处，将这批管子由运往山海关站改为直运秦皇岛火车站，不仅节省了时间，还为工程省下了资金。

从火车站将水泥管子运往工地，困难也不小，各单位纷纷表示："全力以赴不惜任何代价，安全、优质、高效、节约地全面完成任务。"这次管道运输，全市有八个单位出动汽车、16个单位出动吊车，港务局、八三仓库、耀华玻璃厂和省渔业公司无偿地出动了吊车，市交电处动员市内直接参加工程管件加工运输和电力工程的就达2000多人，公路运输高峰时投入人力达304人，运管部门出动汽车5775台次，10169车次，总行程698416公里。这是秦皇岛市有史以来一次大型的社会综合运输典范。

资金问题更是一大难题，严重不足，缺口太大，根据《计划任务书》的投资概算，整个工程共需2.39亿元投资，但手里分文没有。在资金筹措上，除按照《计划任务书》，申请投资，申请贷款以外，还通过集资的方式，筹措一些急需款项，以保证不发生停工待钱、停工待料的情况。在这种情况下，全市的广大人民群众，包括许多领导和少年儿童心系引青，自发捐款，无私奉献，其高尚精神令人感动。市政协副主席刘光把当年得到的残废抚恤金135元捐献出来，秦皇岛市部队第一干休所党委书记、老红军王成芳生活并不宽裕，却仍主动捐出500元。海港区新一路小学少先队员是全市第一批捐款者，孩子们提出，每人少吃一根冰棍，少喝一瓶汽水，省下钱为“引青”工程捐献，并把集来的 100 多元钱寄给了工程指挥部。消息传开后，市区中小学生捐款活动很快遍地开花。于是，捐款热潮在全市迅速开展，短短的时间，全市人民总计捐款 3119 万元，超过原来预想的近一倍。

这项工程在上级党和政府的关怀下，在人民群众的支持下，在全国有关部门的协作下，取得了决定性的胜利。它解除了秦皇岛市城市断水的威胁，消除了秦皇岛城市用水的隐患，使秦皇岛市长远的经济社会发展和对外开放的用水有了保障。

（作者时任秦皇岛市市长）

吴　镕　南通开放杂忆

南通在全国是最先达到人均 GDP 超万元的四城市之一。1984 年列入首批 14 个沿海开放城市。我是 1988 年才在南通工作的。前人已为我们打好了基础。记述一些在南通亲历之事，觉得很有兴味。

就汤下面

一赴任，就听到不少街谈巷议。一些人埋怨：开发区离市区太远，职工往返不便，晚上一片黑；电视台靠市中心太近，发射给江南人看了，北三县得益少等等。

老耗在这起争论上感到很无益。我说，事实既已如此，就不要争了。争来争去，成本很高，又伤了和气。我们办事，还是从现实出发，就汤下面，不要另起炉灶，那样成本更大。

后来，我根据当时南通思想界的一些积弊，写了一篇《关于克服内耗的思索》，对外开放，要从大处着眼，确定“四海方针”：立足江海，依托上海，联结沿海，面向外海。要有海纳百川之胸怀，而内耗则是开放之大敌。主要表现有：

1. 干的不如看的，看的不如捣乱的。我不干，叫你也干不了。别人干出成绩，不是高兴，而是嫉妒，找岔子，说风凉话，不服气。

2. 本意不是要把事情搞坏，但是以老大居，自以为是，固执己见，墨守成规，稍不如意就闹，不能集思广益，博采众长，最后贻误时机，造成损失。

3. 争当主角，不愿意当配角，不愿当副手。当了配角、当了副手，不是出主意，而是出难题，不是补台，而是拆台。

4. 只顾本位利益。在全局是好事，但对局部有些影响，宁愿事办不成，也不愿牺牲局部利益，一拖二顶，使全局的好，办不成。

5. 不是以事论人，而是以人论事。分你的人，我的人，搞小圈圈，讲哥们儿义气，把对人的情感上的亲疏或好恶，转移到对其人所办事情的支持或否定上。

6. 目光短浅，心胸狭窄。两眼不是朝前看，而是朝后看，只是看着身后的阴影，而看不到前面的太阳，斤斤计较于过去一时一事的得失，纠缠不休，不能积极地总结经验教训，团结一致向前看。

7. 小道消息流行，以讹传讹。有的自由主义严重，当面不说，背后乱说，搬弄是非，挑拨离间，甚至造谣中伤。还有个别的人挟嫌报复，“关键时刻戳一戳，搞不倒也要搁一搁”，“花个八分钱，查它两三年”。

8. 你谋事，他谋人。成天琢磨别人，把智慧聪明用在谋人上。

9. 有的同志片面、僵化地看问题，有的疑心病很重。他们过高地估计了自己，对别人，往往横挑鼻子竖挑眼，对人对事不是实事求是，而是动辄苛刻要求，无限上纲，小题大做。

文章在中央党校《理论动态》发表和许多报刊转载。中央军委总政办公厅《政治工作通讯》转载时说：“根据总政领导的指示，本刊特向大家推荐吴镕同志《关于克服内耗的思索》一文。内耗是增强团结、做好工作的大敌，长期以来为正直的共产党人所深恶痛绝。本文抓住这一时弊，以犀利的文笔予以剖析，使见不得阳光的种种内耗示形于众，无可逃遁，读后令人感到痛快淋漓，大长正气。此文无论从思想性还是从文风上看，都是难得一见的佳作。请大家尤其是军以上领导同志认真一读，然后也来思索一下：你那里有内耗吗？如有，将何以克服？”

将此文作为团以上干部学习材料。

我至今还深深留恋，在南通期间，四套班子克服内耗，团结得非常之好，南通的民风也很淳厚。我专门写了四句话：南来北往，通江达海，人杰地灵，好客四方。每句头一字连读为“南通人好”。

兴建机场

南通“难通”，难在交通。当时就有海陆空大交通的构想，拟从空中交通突破，南通建成全国中等城市第一个民用机场。这在当时也有点突破意义。

早在1936年，南通城南段家坝就建有简易飞机场，偶有教练机作飞行训练，抗战爆发后废弃。于1950年后还耕为田。1959年2月，又在南通县晏复公社建兴东机场。1960年4月竣工，开了南京至南通不定期航班。国家随即进入困难时期，建成不久就停航。1962年正式关闭，土地复耕。

1984年南通列入全国14个沿海开放城市之一。利用如皋军用机场，于1987年辟为军民两用机场，但规模狭小，一月飞两班，很难适应开放的需要。

南通人要圆一个上天之梦。下决心要办一个像样的民用机场。

1984年，南通市政府就打报告，要求在南通县兴东镇建机场，总面积112万平方米。跑民航局，跑国家计委，跑军委和东海舰队。

1989年，中共中央政治局常委宋平到海安。我向他汇报，沿海开放城市，南通无机场，外商不便来，最好要一建机场，二建高等级公路，三建铁路。他对前两条赞成，但说铁路不必要，那么大运量，你有什么东西？

当时邹家华同志兼国家计委主任。我们打听到他的住址。趁赴京开全国人代会之便拜访他。事先与我们认识的军委一将军商量，他是邹邻居，预先我们守候在将军家。晚上大约9点左右等邹的汽车进门，过几分钟，估计洗漱完毕，就去敲门，他夫人是叶剑英元帅长女。我们先自报家门（同去的记得是市人大常委会主任朱剑和市长徐燕等）。

叶大姐问："预约过吗？"

答："没有，但请放心，拜访决不超过 5 分钟。"

问："都那么说，来了半个小时都走不了。"

答："放心，如超点就逐客。"

这时邹已听到声音，就说让进吧。

坐下，呈上资料、请示。只汇报两句话：一是宋平同志说无机场城市怎么开放？二是日本商人说，我到上海两小时，从上海到南通六小时，南通太"难通"了。

邹说国家困难，要治理整顿，一般不上新项目。我们说一般中总有特殊吧？经费紧张哪怕我们自筹。他笑了，说看看吧。

这时已过了四分钟，我们立马告辞。他挽留，我们说有约在先。临别留下他父亲邹韬奋铜像影集。（韬奋同志从南通进入盐城解放区。他夫人沈粹缜女士给我的信中说这是韬奋人生的重要转折。南通在文峰园立韬奋像，在南通县四安镇办了韬奋小学，市区还有韬奋印刷厂，以纪念他。）很快，邹批了请依林等同志阅，几位领导都圈阅同意了。1990 年 8 月，国家计委下达批准书。

建机场预算，要 1.23 亿元。这时一位老领导劝我：把如皋机场扩扩容吧。一个亿从何来？ 100 万元就可办个小工厂，办 100 个厂多好！

打报告到省，省政府说没钱，你们不是说自筹吗？

没奈何，市委、市政府就发动全市捐献，人民踊跃捐款。

有一天，在南通投资的新加坡商人高老板来找我有事。见市委大院红纸上写着捐款名单，我只捐 200 元（相当那时半月工资）。他笑了："书记只捐 200 元，哪天才能捐足一个亿呢？这样吧，您帮我公司写'三德兴'三个字一字一万，给你们机场三万元。"

我说我的字不好，从未卖过钱。这时市委办公室同志都急了："三万元到手不好吗？你又不落私人腰包。"

好，成交！这是我生平唯一一次写字卖钱。过后友人开玩笑："一字万金。"

后来机场奠基，叫我再写字，我说这是大事，我不够格，请了江苏省委老书记江渭清同志题词。

七拼八凑，节约用钱。1990年10月18日，机场奠基。

钱不够，要省着用。工程由华东民航机场设计所总包设计，实际上我们充分运用本市的南通建筑设计院一院和二院的技术力量。土建也是南通四建搞，供电则由供电局做。边做边学，“肥水不落外人田”。跑道要耐冲耐压，可是人命关天，多次做模块试验，保证质量，宁可加大保险系数。

再节省，也少不了一个亿。这时正好早年我们一起参与起草中央农村工作几个一号文件的朋友，时任中国建设银行行长的王岐山同志来南通。我便开口向他借钱。问他有多大权？他说1000万元。我说那就1000万元，一年为期。他说回去研究，很快下拨了1000万元低息贷款。

第二年我进京开会，顺便去拜访和感谢他。他一见我很高兴，说老吴来还钱啦？我说，一是感谢，二是暂时还不出，要求“缓期执行”，三是麻烦建行再借1000万元，明年一并归还。

还好，他没发火，了解基层的难处，又拨了1000万元，解了燃眉之急。

1992年底，机场建设工程经国家验收委员会顺利通过，质量达标。南通建筑铁军立下汗马功劳，做到了多快好省。1993年元旦试航成功。那时市委书记是陈根兴同志，我60岁，调省政协工作了，代表政协去参加试航典礼，并参加接待国家民航局长蒋祝平。蒋说，他的飞机从上海虹桥机场起飞，20分钟即安抵南通兴东机场。不到两个小时，即可飞抵北京。有机无机大不一样啊！

当然，一定时期内，地市级机场是亏损的。但社会效益大好，前景也会越来越好。

毕竟，南通人真正圆了上天之梦，开辟了畅达的空中通道。我们要永远感谢空港的建设者们、赞助者们和捐款者们。

基础项目

一个开放城市，要有实力，得打好基础，项目是载体。这里举两个例子。

一个是中远船厂。当时南通船厂濒临破产。中国远洋运输总公司董事长魏家福等一行来长江沿线选点，看中了南通有 - 17 米的深水码头，拟在此建十万吨级浮船坞及修船公司。市政府领导张佑才、曹兴福等与之签了意向书。但当时受到不少人的反对。认为南通沿江要建大风光带，建设苏北的“上海外滩”。甚至有人提出要控告市政府未经人大通过就擅自上项目。我闻知后赶到狼山梅林春晓，挽留即将返京的魏家福等一行，力陈南通之诚意。又接连开三天市委常委扩大会议，让正反两方展开辩论。随后我说了一句：南通穷，当务之急是要挣钱。不能喝了西北风去“情侣散步”。南通江岸线长，可以分段规划，深水深用，浅水浅用，不可乱用。经过协商讨论，绝大多数同志同意上船厂项目。当年总公司就拨 400 万元支持南通江岸防汛。项目建成成为税利大户。原厂长李建红也从一个小厂工长成长为英才，现任中国招商局局长（驻香港），是部级干部了。

醋纤、狼山自来水厂等建设，也经历了一番争论，主要是利用外资问题。力王公司的日方代表说，我准备了 180 多个问题，你们都答得很好。但我忽略了一个问题，南通雨多湿度大，防霉问题使我增加了不少成本。“上了你们一个小当。”与外商谈判、争议，是很有兴味的。

另一个例子是兴建华能电厂。当时天生港电厂规模太小。我们对唐闸、天生两镇有愧。我对天生港人说，你们为市里提供动力和光明（发电），承受的是粉煤灰污染。建设大功率的华能电厂，是南通人如大旱之望云霓。那时我们经常停电停水，老百姓骂市领导。市长张佑才说，群众骂我们，说明对我们寄有希望，是对我们的鞭策。华能电厂建设过程中，却遇 1989 年“六四”风波，意大利专家奉命撤回。我动员好朋友中国专家组负责人省电力研究所长于安玉同志依靠国人努力，春节都不休息。人手不够，动用军分区司令发动民兵铺设电缆。结果南通华能电厂与南京华能电厂同时批准立项，南通比南京厂提早两年发电。

打基础，可能 GDP 上得慢些，但一定沉住气把基础夯实。几个大项目起了大作用。

南通力量不够，就要搞联合。南通钢铁厂开一天亏一万元。后与宝钢联合，引进他们的先进管理方法，在黎明同志亲自调教下迅即扭亏为盈。但也有遗憾，送上门的仪征大化纤与合成纤维厂的联合，熊猫厂与三元的联合，均因种种原因而未办成。醋纤拟上的织醋纤布项目也因人事变动而未来得及实施。

当时一个指导思想是明确的，开放必须以大项目为载体，尤其是基础性项目要抓紧。

人才流动

建设靠人才。我们当时有三论：韭菜论，割掉一茬长一茬，不割成了老韭菜；萝卜论，拔出萝卜地皮宽；跳板论，一些人才要回上海、苏州，去不了，我们欢迎他们以南通为跳板，能跳过去的，欢送，他们会念南通旧情，跳不过留在南通，则更好。我们向中央、省大量输送优秀干部，然后提拔新生力量。

醋纤美方代表一次对我的礼节性拜访结束后对我说："我可以向书记先生问点问题吗？"我说，当然可以。他说：一是南通为什么会经常停电？二是我想要一个翻译，丁先生为什么不同意？答了第一个问题后我说第二个问题我得了解一下明天再答复。

回来后我即询问南通师专党委书记。他说："书记你不了解呀！外资企业工资高，哪个不想去？英语教师紧缺呀！"我说不怕，你让小丁去，一是他有这个能力，人人想去外资企业那好，你得有这个本事。缺教师，就招聘，哪怕找《解放日报》去登广告。

随即把问题解决了。美国人很高兴。"六四"风波时，我请他吃饭，动员他不要撤走。他答应了，诚恳地说，南通人待我很好，我骑了自行车到处逛，都很友好。但为了对付美国政府，两个要求：这段时间一不要登报，二不能把我上电视。

南通人多地少，每平方公里近千人，比苏州市多200多人。出去考大学的回归率为14%，86%“外流”了，我说这是好事。我在任期间，推荐上厅局级干部九人，省部级三人。上面多一个人，南通就多一个知音啊！人们总是爱乡的，“外流”了，还会回报家乡，不怕人走。西公园中学一位外语教师出国不回来，外经委同志说他“叛逃了”，我说不要这么说，这是“滞留”，对他家属做工作，说两条：如在外国混得好，家属也可带出去；如有困难，随时欢迎他回来，决不歧视。我还说，如果有本事，南通近800万人，外出几十万，岂不省了我们多少粮食？南通是缺粮大市呀。到外面闯世界，有什么不好，只要不反华就行。

当时还有一个奇怪的规定，接待外商非要两人以上，怕一个人会被外商贿赂甚至“策反”。我们当时大胆破除了这一条戒律。提出一个外国人对付我们一群人，为什么我们不能一个中国人对付一群外国人？疑人不用，用人不疑。这对当时开放节约了行政成本，也大大调动了外经、外贸人才的积极性。还有当时规定行政干部不准到合资企业任职。但泰国正大公司就看中了如东副县长鲍国余，要他任南通正大公司老总。我们报请省政府特批。但国家工商总局为此褫夺南通工商局外资、合资企业发照权。后经送礼、说情，一年多后才得以缓解。办成一件事实在不易啊！

南通一个大人才，也是中国当代一个大人物，范曾先生，一度寓居法国。一些人要涂掉他的题字，甚至提出要毁掉他为狼山广教寺法乳堂作的十八高僧瓷画。我们立即制止，说这些都是珍贵的艺术品，是无价之宝。当时请老领导曹从坡同志带话：家乡人民随时欢迎范先生回来，您的艺术珍品家乡人民尤其会珍爱，绝不会有丝毫损毁。实践证明，范先生是爱国爱乡的杰出文化人。

（作者时任南通市委书记）

叶信虎　**宁波港的腾飞**

宁波港是闻名世界的港口，由甬江港区、北仑港区、镇海港区、大榭港区、穿山港区、梅山港区、象山港区、三门湾港区等组成，是一个集内河港、河口港和海港于一体的多功能、综合性的现代化深水大港。

在中国历史上，宁波港就以对外开放著称。早在唐宋时期，宁波港就是我国对外交往的重要港口。鸦片战争以后，宁波被开辟为五个通商口岸城市之一。依托宁波港，宁波一度成为东南沿海商贸往来的门户城市。

改革开放，使千年宁波港重新焕发出了生机和活力。1979 年 6 月，国务院批准宁波港正式对外开放。自此以后，宁波港开始腾飞，进入了事业发展的黄金时期。1984 年 5 月，国务院又批准宁波市为全国进一步对外开放 14 个沿海港口城市之一，宁波港揭开了蓬勃发展的崭新一页。

港口体制改革

1984 年 7 月，中国共产党宁波市第六次代表大会召开，选举产生了新一届领导人员，我出任分管工交即工业交通业的市委副书记。

在沿海城市进一步对外开放的时代背景下，我国原有的港口管理体制已经无法适应这一新的形势。于是，1987年全国港口体制实行了重大改革。全国重要的港口由原来交通部直管，改为交通部与地方政府双重管理、以地方政府管理为主的管理体制，以达到一城一港、统一管理的目的。这是我国港口管理权的第一次下放。时任宁波市委书记葛洪升考虑了宁波港的接收问题，最后确定由我代表宁波方面去接收。为了工作开展的需要，我从市委副书记转任市政府副市长，但仍然分管工交。

从1987年3月到1997年11月，我一直担任副市长兼宁波港务局（前身为宁波港务管理局）局长。后来，我受浙江省委派到上海组合港办公室担任副主任，当时浙江、江苏、上海两省一市共有三位副主任，主任由交通部的一位司长兼任。2000年6月，正式办理了退休手续。因此，在我数十年的工作中，和港口打了很多年的交道，其中宁波港占据着十分重要的位置。

改革后的国家港口管理体制，是在计划经济向市场经济过渡的情况下形成的过渡性体制。这一体制加强了地方政府对港口工作的领导，扩大了港口的自主权，加快了港口建设进度，进一步调动了职工的积极性，提高了生产效率。从此，宁波港的人事权交给地方，局长、书记由浙江省委任命，副书记、委员由省委委托宁波市委审核、任命。财权主要以地方为主，但是当时十分困难。记得耿典华市长曾在一次会议上说过，宁波市不要宁波港一分钱，但也没有一分钱给宁波港。物管权还是以交通部为主，实行计划分配管理。这是我刚接手宁波港务局局长时期的一些情况。

中央领导重视宁波港

1989年，国家出于战略规划的布局，确定大连大窑湾、宁波北仑港、福州湄州湾、广东大鹏湾为中国大陆重点开发建设的四个国际深水中转港，宁波港又一次迎来了发展机遇。

上海金融中心、航运中心的建设，需要周边省市的配套支持。中央领导十分关心此事，并多次专程前来宁波调研。1991 年 10 月，江泽民总书记到北仑港实地考察。我与葛洪升省长等同志一起，在新芝宾馆向江总书记汇报港口方面的工作。江总书记提出北仑港如何与上海国际航运中心的建设更加紧密地结合起来这一问题。我们拿出海图给他看，指出北仑港所在的地理位置，与国外主要城市的航运距离，以及北仑港水深、不冻不淤优良的自然条件。1992 年 1 月初，时任上海市委书记吴邦国、市长黄菊率领上海市代表团到北仑港考察，还与我们进行了座谈，商谈北仑港为上海开放开发服务。

1993 年春节期间，时任国务院副总理朱镕基和夫人劳安在宁波过年。大年初一，正好下着大雪，特意去北仑港慰问码头工人。我向朱镕基副总理汇报工作和北仑港今后的发展方向。

听完汇报，朱镕基副总理问了两个问题：一是宁波港什么时候可以超过上海港？我说宁波港要为上海港建设国际航运中心服务，超过上海港这个问题还没有研究过。二是北仑港这么好的条件，什么时候能够超过鹿特丹港？他去过荷兰，考察过鹿特丹港，所以很关心这件事情。我刚出任宁波港务局局长时，宁波港年吞吐量只有 1000 多万吨，1993 年时增至 4000 多万吨，然而鹿特丹港早就超过 3 亿吨，成为世界第一大港。两个港口之间吞吐量差距实在太大，我认为至少需要几十年的时间才有可能超过它们。20 年后的今天，宁波港无论是总吞吐量，还是集装箱量，都已经超过鹿特丹港了。

1996 年 1 月 12 日，时任国务院总理李鹏、副总理吴邦国带领中央有关部门负责同志考察北仑港，这也是李鹏总理第三次来到北仑港。

当时按照接卸 30 万吨级巨轮要求设计的 20 万吨级卸矿码头已经投入使用，李鹏总理看了之后，提出了明确的指导思想，那就是加快上海航运中心建设，进一步实行对外开放，首先要把宁波北仑港利用起来。李鹏总理之后又视察了上海港、南通港，在上海西郊宾馆就如何尽快形成上海国际航运中心召开有浙江、江苏、上海两省一市领导人参加的专题座谈会，会上对此再次作了强调。

从江泽民总书记、李鹏总理，到朱镕基副总理等，中央领导都很看重利用北仑港。这说明中央领导具有远大的战略眼光，希望宁波北仑港能够发挥更大的作用。

争取世界银行贷款

改革开放以来，宁波港从散货起步，发展到一定阶段，势必要发展集装箱业务。我们当时也已经具备建设集装箱码头的条件，因为北仑港具有优越的自然条件，比如深水岸线就很好。

宁波北仑港第一个集装箱码头项目，也就是北仑港二期工程，是向世界银行贷的款。当时，我们的项目要取得世界银行的贷款，需要我国主管部门交通部、财政部的同意，当然还需要国家计委立项。交通部、财政部、国家计委都很支持我们，因为它们都知道北仑港这方面条件很好，就把我们的这个项目立了进去。1988 年，我带着有关人员到美国华盛顿世界银行找分管的部门汇报有关情况。世界银行的专家后来也到过北仑港实地评估，最终同意了这个项目的建设。

集装箱码头于 1989 年 5 月开始兴建，1992 年 12 月投入生产，共建成三个 3 万—5 万吨级深水泊位，年增吞吐能力 350 万吨，结束了中国大陆沿海港口不能直接靠泊第三、四代国际集装箱船舶的历史。集装箱码头的投入使用，促进了宁波外向型经济的发展，因为原料、配件要进来，成品要出去，都需要通过集装箱来运输。集装箱码头一旦投入使用，外向型经济就有了一个很好的依托。

不过，在这个专用的集装箱码头投用以前，我们利用散货码头，也曾经尝试做过一些集装箱业务。当时我们没有专业的桥吊、龙门吊，只能因陋就简利用普通的散货吊机。与后来的集装箱码头相比，硬件条件差了很多。

中国最大的码头

我国第一座 10 万吨级矿石中转码头——北仑矿石中转码头即一期工程，于

1979年1月10日正式动工，1982年12月竣工，当初是作为上海市宝山钢铁厂（简称宝钢）的配套工程。宝钢产生于改革开放初期，是中央立足整体、全局的重大项目。在这样的时代大背景下，宁波北仑港应运而生。

这里还有一个故事，1984年10月包玉刚先生回到故乡宁波，考察北仑港后，说了这么一句话：这么好的北仑港，宝钢为什么要造在上海呢？造在这里不就行了吗？矿石一到，就可以炼钢，连运输费都节约了。这从一个侧面，反映出“世界船王”对北仑港区位优势的高度评价。

李鹏总理、朱镕基副总理曾到过委内瑞拉、巴西等国，看到过人家都有靠泊30万吨级巨轮的散货码头。但是，当时包括港澳台地区在内，整个中国都没有这么一座大型码头。从运输上讲，船只越大，载货越多，航运成本就越低，效益自然就越好。1992年5月1日，李鹏总理第二次到北仑港视察。我们在工作汇报中提出，考虑到国家进一步对外开放、外向型经济的需要，以及北仑港具备建造更大码头的自然条件，决心在10万吨级矿石码头的基础上，扩建一座能够停靠30万吨级船只的大型散货码头。我们把码头建设的可行性、具备的条件、工程计划和社会经济效益都作了比较详细的汇报。李鹏总理听完之后，当场认可我们的这个大项目。这确实也是当时国家经济建设、改革开放的迫切需要。当时国家提出的充分利用国内和国际两种资源、两个市场，也就是俗称的“两头在外”，是我国国民经济发展的重要政策。那一天，李鹏总理还为北仑港题词“洋洋东方大港，改革开放前哨”，进一步确定了宁波北仑港的地位和发展方向，也极大地鼓励了我们。

1992年6月，分管工交的邹家华副总理和国家计委常务副主任叶青来北仑港实地考察，也很支持我们这个项目。这样，我们心中就有底了。于是，一边往上报送文件、材料，一边抓紧联系交通部上海第三航务工程局设计码头，签订工程合同。当年11月，我们在尚未收到书面批准书的情况下，抓紧时间赶工程进度，先期进行了打桩等工作。当然，对外还是称“筹备”，因为还没有正式批准！

国家计委很快批准了这个项目，但是建设资金由宁波港务局自筹解决。当年码头建设的资金十分紧张，给我们带来了巨大的压力，有一段时间甚至揭不开锅，差点儿停工。我们领导班子就带头发动广大员工三次集资，当时的集资，一般是科级干部1万元，普通职工几千元。那时，集资造码头这种企业内部集资的做法，严格地说属于银行业务，我们其实是打的擦边球。为此，我们通过做工作，取得了银行方面的谅解。领导班子思想也很统一，大家都意识到，要尽自己的努力，让北仑港更好地为国家做贡献。在号召职工时，尽量做一些解释性工作，使他们明白这是在为国家的对外开放做贡献，同时单位的各项事业发展了，职工将来也能得到更好的发展。宁波市港务局职工来自全国四面八方，有着艰苦创业、无私奉献的优良传统，当年北仑港就是在芦苇荡中建设起来的。在广大干部、职工的支持下，最终渡过了难关。1994年11月，具备靠泊30万吨级巨轮能力的20万吨级卸矿码头正式竣工。

迎来巨轮靠泊

码头的建造完工，填补了国家没有特大型散货码头的空白，从此宁波乃至中国可以与鹿特丹等世界大港对接。码头试运行时，迎来的第一艘巨轮是25万吨级的“易坚”号轮，取得了成功。

1995年12月6日，从澳大利亚皮尔港驶来的当时世界上最大的散货船——30万吨级的“大凤凰”号轮，停靠在宁波北仑港，这也是第一艘靠泊中国的30万吨级巨轮。中央电视台的罗京参加了当年的新闻报道。码头启用，巨轮成功靠泊，扩大了宁波、宁波港在国内外的影响，发挥了很好的作用。

这里还有一个插曲，李鹏总理对北仑港可谓情有独钟，1996年1月，他到北仑港视察，实地察看了特大型码头后十分高兴，仔细地询问“大凤凰”号轮靠泊的细节，问我们30万吨级的“大凤凰”号轮，里面到底装了多少矿？我实事求是地说一共装了26.1万吨，没装满30万吨。因为宁波港外面的虾峙门航道当时水深不够，候潮也无法进来。当然现在航道疏通之后，可以顺利进出了。

建设“五个基地”

1993 年 3 月，宁波港务局召开干部大会，我们给大家传达江泽民、李鹏、朱镕基、乔石、李瑞环等中央领导视察北仑港后给我们的鼓励以及提出的殷切期盼，大家听了之后都很激动。当时还提出诸如“三年三大步”“三年变个样”等口号，鼓舞了广大干部群众的干劲。

我们领导班子在调研的基础上，提出了一个发展总体思路，从宁波港的实际情况出发，根据国民经济和宁波市发展的需要，要着力把宁波港建成“五个基地”，即进口矿石储存转运基地、集装箱深水远洋中转基地、原油储存中转基地、华东地区煤炭储存转运基地、液体化工产品中转储运基地，开通“五条通道”，到 20 世纪末建成亿吨大港，再经过二三十年的努力，成为世界大港。当时全国仅上海港是亿吨大港，我们提出的发展目标对大家有很大的鼓舞。一直到现在，整个宁波港的发展基本上都是按照建造“五个基地”这个总的框架进行着。

改革开放以来，宁波港建成了功能齐全、配套完善的深水泊位群，港口设施先进，口岸通畅，服务完善，已成为中国最繁忙的港口之一，带动了宁波临海工业的快速发展。2000 年，宁波港货物吞吐量突破亿吨，成为中国大陆第三个亿吨大港。现在，宁波港年总吞吐量位居世界第五，集装箱吞吐量位居世界第六。

这些骄人成绩的取得，离不开中央领导长期以来对宁波港的关怀，也与浙江省、宁波市出台的方针密切相关，尤其是宁波市一贯强调要依托港口，发展经济。1992 年 5 月，宁波市委召开七届六次全会扩大会议，明确了建设“东方大港”的远期战略目标，提出“以港兴市，以市促港”的指导思想。现在回过头来想想，当年我们所走的路子是对的。当然，宁波港取得的辉煌成绩，更是因为我们拥有一支踏实精干、顾全大局、奋发进取的职工队伍。

（作者时任宁波市委副书记、副市长兼宁波港务局局长　应芳舟 / 整理）

毛庚年　连云港开放二三事

1983年，我被组织从企业选任为连云港市政府副市长后，主要协助市委副书记、副市长李劲松分管全市工交、财贸口的日常工作。熟悉情况不久，形势就发生了重大的变化。1984年4月，国务院宣布，对外开放包括连云港在内的十四个沿海城市，实施经济发展的一些特殊优惠政策。消息传来，全市振奋，广大干群奔走相告，连云港市迎来了一个千载难逢的发展机遇。

根据中央和省委省政府的有关指示精神，市委市政府立即着手部署，召开了专门的工作会议，研究对外开放的一系列安排，主要是：组建具体的工作机构；进行建立经济技术开发区的选址与规划；制定相关的吸引内外资的优惠政策；具体落实中央为支持对外开放配套的外汇额度等。

由于上述形势的变化，市委市政府决定成立由市长何仁华任组长的对外开放领导小组，由我兼任副组长，负责对外开放的具体工作。为此，市里还从市级机关抽调了一批年富力强的中青年干部，组建了市对外开放工作办公室，负责推进各项具体工作事宜。由此，我就与连云港市的对外开放结下了不解之缘。

“运交华盖”

连云港市在被确立为沿海开放城市之后，立即着手开展设立经济技术开发区的调研与选址工作。当时我们在认真学习中央关于对外开放精神基础上，考察借鉴当时经济特区运行的经验和做法，着重研究了连云港市的实际情况。我们认为，我市拥有江苏省唯一海港的地理优势，具有一定的机械、电子、纺织、轻工、化工的工业基础，开发区的选址，既要考虑市区经济的依托，又要便于独立管理，以便在区内实行特殊的优惠政策。就这样，经过反复论证，最终决定在连云区和云台区交汇的黄九埝的一片山坳中设立开发区。并规划首期开发面积 3 平方公里，预留近 30 平方公里可以向南延伸，为以后留下发展空间。

省委省政府对连云港市的对外开放工作十分重视，在开发区选址论证过程中，分管外经外贸与对外开放工作的副省长张绪武率省有关部门负责同志专程来连调研，指导开发区的设立工作。在这次调研中，省领导提出：要确立“依托港口，服务陇海铁路沿线和鲁皖豫陕甘新等省区经济腹地，内引外联，吸引各方投资，拉动开发区的建设与发展，注重技术含量高的产业的优先发展，注重人才引进”的工作方针。在陪张省长调研开发区途中，恰巧经过一个名为“华盖山”的小山包，我不由想起鲁迅先生“运交华盖欲何求”的著名诗句。于是，我对张省长讲：“连云港被确立为中国首批沿海开放城市，真像交了华盖运。尽管我们在对外开放方面还缺乏经验，但是有中央和省里的大力支持，经过全市人民的奋斗，一定能让江苏的‘西伯利亚’旧貌换新颜。”

经过一年多的调研论证和筹备，开发区于 1985 年 9 月 30 日破土动工。至此，开发区的建设拉开了帷幕，各项基础设施建设陆续启动。这里特别值得一提的是，在制定论证开发区的规划方案时，市委市政府特别重视教育和科技在未来对外开放中的特殊重要性，在开发区范围内，专门划出了一片傍山的土地，作为以后省市联办高校的校址。

海纳百川

我市确立为首批沿海开放城市后，引起了陇海铁路沿线内陆省区以及我省周边兄弟市县的极大关注，他们纷纷派人前来考察接洽，都想利用我市对外开放的窗口，寻求开展经贸合作项目。如徐州市政府、徐州工程机械集团、淮阴市政府，都先后派人来接洽建立合作经济实体以及办事机构事宜。我市积极依托与相关省市已有的外贸进出口渠道，先后与陕西、河南等省，签订了共同建设港口码头泊位的合作协议。

对外开放各项工作全面推开后，我们在工作中深切感受到了人才的缺乏，所以市里对于招引人才工作特别重视。有许多大专院校及科研机构纷纷来我市考察，如南京大学、北京化工学院、湖南大学、中国航天研究院等。他们都看好我市作为沿海开放城市的区位优势、优惠政策以及广阔的发展前景。我上高中时有一个同学叫宋洪祥，有一天，他突然来找我，交谈以后才得知：他的工作单位是716研究所（在四川省万县境内），受单位领导的委派专程来我市，想商讨能否把研究所整体由内地搬迁到我市。了解情况以后，我感到这是一个事关连云港未来发展的重大事项，于是，立即向市委市政府主要领导汇报。市领导十分重视，及时进行了研究，最后决定热忱欢迎716研究所入驻我市，并在征地、家属随迁、子女上学等诸多方面给予了优惠政策。现在，716研究所已成为我市科研战线的明星院所。他们来连以后，各方面事业获得了长足的发展，为国家建设做出了重要贡献。同时，也壮大了我市的科研队伍，对提升我市的科技创新能力发挥了重要作用。每每忆及此事，我都倍感欣慰。

在招引人才方面，我们也花费了许多精力。我们感到，对外开放当中的新情况新问题很多，许多工作都离不开专业技术人才。而当时的连云港，不要说专业技术人才，就是具有大中专学历的人，数量也是少得可怜。为了解决这一难题，市委一方面在现有的专业技术人员中选拔人才，充实到各级党政部门及重点企业；

另一方面，派出工作组赴北京、南京、苏南地区招才纳贤。就这样，一大批具有高等学历的专业技术人才从全国各地陆续到我市安家落户，许多人后来都成为各条战线的骨干，有的还走上了市级领导岗位。

我市医药行业的崛起，就生动说明了人才的作用和影响。在对外开放初期，我市医药工业虽然有一点基础，但在省内外还缺乏实力和影响力。时任市医药公司经理的徐维钰，具有专业知识和实干精神，特别是善于抓住对外开放的重大机遇。当时内引外联的线索和项目很多，很多人是目不暇接，难以判断和选择。而徐维钰在对外开放大潮中却能够先人一步、超人一筹。工作中，我了解到国家医药管理局有许多投资合作的项目，就积极牵线搭桥，介绍徐维钰与国家医药管理局进行合作。经过一系列辛勤努力之后，合资成立了“中金包装公司”，技术先进的药物铝膜包装项目最终落户开发区。这个项目，从开工到建成投产，时间很短，引进了日本生产线，国家投入了1300多万元人民币和200余万美元外汇额度，成为首批进入开发区企业中技术水平最高的企业。时任连云港市委书记季允石在考察该企业后曾风趣地讲：我们开发区终于有一个拿得出手的企业让来宾参观指导了！徐维钰一班人以这个项目为契机，不断加强与国家医药局的联系与合作，为我市医药行业的发展打开了崭新的局面，为后来多个项目的引进和我市恒瑞、康缘等药企的成长壮大打下了坚实的基础。

在这过程中，时任国家医药局局长金同珍，给予我市医药工业的发展以极大的支持和悉心的指导。金局长虽然籍贯是连云港，但长期在外地工作，他那关心家乡经济发展和对外开放的火热情怀，给我留下了深刻的印象。至今，我市医药企业的许多职工对这位老领导人仍满怀崇敬和感恩之心。

开放兴市

连云港在成为国家首批沿海开放城市之前，虽然是江苏省第一个设有海关、商检等涉外机构的港口城市，但由于种种历史及现实原因，一直处于较为封闭的落后状态，被人们戏称为江苏的“西伯利亚”。被确立为沿海开放城市以后，全市上下大大加快了解放思想的步伐，机关工作的节奏也大大加快。过去，我市外面来人很少，我们自己除了到省里开会，其他也很少有机会走出去。而对外开放后，走出去、请进来的各种活动变得十分频繁。那期间，我市多次组团赴日本、韩国、港澳地区考察，大力推介我市的基础设施和产业项目。我市还比较早地与日本建立了友城关系，以友城为纽带，积极吸引外资。所有这些工作和付出都没有白费，当时引进的日本三得利啤酒项目，在相当长时间里都是国内食品行业引进外资资金量最大的。与此同时，金五食品、连众水表、华友包装等中外合资、独资项目相继建成投产。这些项目的建成，给我们带来了先进的技术设备与管理经验，对我市早期对外开放吸引外资起到了很好的带动作用。

1984 年 9 月，我与市经委主任南庆云等赴深圳参加国务院特区办举办的沿海开放城市市长研讨班，研讨班的学员是来自全国 14 个沿海开放城市的分管市长、计经委主任。研讨班的主要内容是：学习中央关于对外开放的文件精神和相关政策，学习深圳珠海经济特区的对外开放工作经验，实地考察特区社会经济发展的状况，相互间交流对外开放工作。这次研讨班安排的内容，特别是对特区的实地考察，对我的思想产生了强烈的冲击。深圳特区的敢想敢试敢干、敢为天下先的思想观念，以及“时间就是金钱、效率就是生命”的蛇口工业区的企业精神，使我们沿海开放城市的与会者受到了极大的启发，进一步解放了思想，拓宽了视野。

那时，我们对香港很不了解，特别好奇。在深圳渔民村，我们瞪大眼睛眺望一河之隔的香港。再说住的宾馆里，我们也是第一次看到讲着粤语的香港电视节目。时隔多年，我还清楚地记得，我们在到达深圳迎宾馆报到的当天，地处罗湖区繁华地段的国贸大厦刚刚封顶。看着那 53 层高的大厦和耸入云霄的建筑起重机吊臂，伴随着鞭炮声的震耳欲聋，我们就如同刘姥姥初进大观园一般。这就是对外开放的奇迹，这就是名扬天下的“深圳速度”！我在心头默想，将来咱们连云港市的一幢幢高楼大厦也会拔地而起！

亲切关怀

党中央、国务院十分关心14个沿海开放城市的发展，记得我市被列为沿海开放城市后不久，负责对外开放工作的国务委员谷牧专门听取了我市和南通两个沿海开放城市的工作汇报。

我代表市政府做了工作情况的汇报，主要内容是：连云港市地处中国海岸线的脐部，是孙中山先生《建国方略》中提及的建设东方大港的选址之一，是横贯中国东西部地区的陇海兰新铁路的东端起点。连云港的港口具有得天独厚的优势，既拥有广阔的内陆经济腹地，又面对日韩东亚地区，已与世界上100余个国家、地区的港口有着经贸往来。如果连云港获得发展，不仅可以推动我国与东亚地区的经贸合作与交流，而且可以促进西部省区的对外开放，并向欧亚腹地辐射延伸。建议中央在港口发展上再给一些特殊政策，在港口管理体制上能有所突破创新，进一步加大港口发展的力度。同时，我市与苏南地区相比，经济基础薄弱，发展滞后，建议中央在大型工业项目布局上给予必要的支持。

谷牧副总理对连云港市怀有特殊的感情，1948年11月连云港解放后设立新海连特委，谷牧任中共新海连特委书记兼警备区政治委员（新海连特区后称新海连市，1961年改称为连云港市），所以，谷牧实际上是连云港市的首任市委书记。在我汇报过程中，谷牧听得非常认真，还不时插话。在我们汇报完以后，谷牧做了重要指示，希望我们抓住这一千载难逢的发展机遇，解放思想，扎实推进，不断总结经验教训，根据连云港市的实际情况，走出自己的发展路子。他还具体地询问了连云港市的一些情况，还特别询问当年党组织从事地下工作的活动地点“陇海公寓”是否还在?

其后不久，国务院副秘书长杜星恒也来江苏，听取了我市与南通两市对外开放工作的汇报，检查指导开发区建设与项目引进的情况。在我市对外开放的起步阶段，党中央国务院的关怀指导，进一步增强了我们大力推进对外开放的信心，也使我这个走上领导岗位的新人、参与对外开放工作的新兵，有了做好工作的底气。

心系故土

1985 年初，我代表市政府列席在北京召开的全国经济工作会议，这是中央对 14 个沿海开放城市的特殊待遇。会上，听取了国务院领导的工作报告和中央委办对沿海开放城市的工作回顾与要求，这使我在宏观层面上，对中央对外开放的政策精神有了更加全面深入的了解。也就是在北京参加这次会议期间，中央组织部青干局的一位领导跟我谈话，决定调我去新华通讯社香港分社工作。说实话，当时我一点思想准备都没有。

回到连云港市以后，我还积极参与筹备了国务院特区办在我市召开的沿海开放城市工作会议，会议召开后不久，我就告别故乡，赴过去只在电视上看到过的香港地区工作，原来所担负的对外开放工作由北京部委调来的徐沙副市长负责。

在新华通讯社香港分社工作期间，我先后担任香港分社协调部副部长、新界办事处主任等职，参与香港回归祖国的过渡时期工作。在香港工作的这段时间里，我在做好本职工作的同时，积极利用在港工作的有利条件，为我省我市与香港的经济和文化的合作交流做了一些力所能及的工作。如推动组织我省我市多个经济文化团组赴香港进行宣传推介和商讨合作，争取香港同胞对我省我市教育慈善事业进行捐赠，并接待安排一批又一批外国赴港到我市考察招商团组等，如当时我市的省重点学校新海中学科技楼就是香港同胞捐款兴建的。我还协助成立了我市在香港的开放窗口——振云公司。记得振云公司成立时，时任连云港市市长的唐贯淮还就成立仪式上的发言致辞向我征求意见，我特意将原来稿子中的“同志们、朋友们”改为“女士们、先生们”，并对其他的一些表述作了更加符合香港实际的润色。改好后，我让办公室打印复印好传至连云港市政府，后来在香港见到连云港市政府的这些同事时，我开玩笑说，很荣幸当了一回市长的“编外秘书”，故乡之情，同事之谊，溢于言表。

在港工作之余，我常登上香港的太平山顶向北眺望，似乎又看到连云港港口货物塔吊的繁忙景象，似乎又听到开发区内机器的轰鸣，同样在分享墟沟西大堤合龙以及新亚欧大陆桥集装箱班列开通的喜悦……

1994年，根据组织安排，我告别了工作十年的香港，在国家化学工业部设在香港及深圳的窗口公司工作。在这一新的工作岗位上，我一如既往，利用对外开放前沿的优势，协助我省我市做好对外开放工作。如推动了中外合资企业三吉利化学工业公司在连云港开发区注册设立了连云港三吉利化学工业公司；争取香港同胞捐资发起设立了“连云港市见义勇为基金”；邀请我市歌舞剧院女子民乐团赴香港参与香港回归祖国十周年庆祝活动；牵线搭桥港商为连云港市艺校改善办学条件提供资金支持；争取香港同胞捐资200多万元兴建了灌南县中小学的教学楼等。所有这些项目，都收到了良好的效果，能够为家乡的发展贡献绵薄之力，是我无悔和不懈的追求。

连云港市对外开放的历程，充分证明了党中央、国务院改革开放的战略是英明的正确的。近年来，连云港市又迎来了对外开放的一系列新的机遇，连云港市的发展得到了党中央、国务院和省委省政府的高度重视，形成了江苏沿海开发、长三角一体化、国家东中西区域合作示范区、国家创新型试点城市等国家战略的多重叠加。特别是以习近平为总书记的党中央提出建设丝绸之路经济带和21世纪海上丝绸之路的战略构想，使得连云港市在国家全方位对外开放新格局中的地位更加凸显。这为连云港市的对外开放提供了更为广阔的发展空间，也赋予了处在“一带一路”交汇点上的连云港市更大的责任。

好风凭借力，送我上青云。我坚信，连云港市在市委市政府的正确领导下，经过500多万勤劳的连云港市人民的不懈努力、艰苦奋斗，一定能够做到习近平同志在连云港市考察时要求的那样——实现后发先至，完成新时代的西游记！

（作者时任连云港市副市长）

第三章

松绑：改革为发展注入活力

袁芳烈　“温州模式”是怎样炼成的

为了解决温州问题，省委派我去温州工作，当时我担任中共浙江省委常委、省政府副省长兼省农委主任、党组书记，分管农业工作。1981年8月去温州，1986年2月回到省委任省委政法委书记，在温州我实际工作了四年八个月。

省委派我去温州工作的主要动因，可以说主要是为了“治乱”。我在温州工作期间，遵照省委的指示精神，适时地完成了温州地区和温州市合并任务，重新组建了新的中共温州市委和温州市人民政府；整顿了各级领导班子和干部队伍，进一步落实了党的政策，处理了大批有关地下党和“文革”历史遗留问题，消除了派性，增强了团结；依法严厉打击各种严重犯罪活动，大力整顿了城乡社会治安秩序；坚定不移地贯彻执行党的十一届三中全会的正确路线、方针、政策，抓住以完善农村家庭联产承包生产责任制为突破口，不断解放思想，反复清除“左”倾错误思想影响，勇于从温州实际出发，尊重群众的创造精神，大胆鼓励、支持与保护城乡人民群众发展家庭自营经济的积极性，和广大群众、干部共同找到了一条符合温州客观实际条件的发展农村经济的新路子。

调整体制，温州地区和温州市合并

温州是全省有名的“文化大革命”重灾区。由于“十年动乱”的后遗症，原温州地区和温州市的领导班子较长时期处于涣散软弱状态，工作较为被动，经济发展缓慢，社会秩序混乱，部分干部和群众为此心情焦急，不断给省委和中央写信反映温州的情况和问题，引起了中央和省委的高度重视。

为了解决温州的问题，省委曾多次讨论并从宁波、杭州等地、市委领导干部中选调得力的同志去温州工作，解决温州问题，但都因温州情况复杂、工作难度大而未能成行。

在此情况下，省长李丰平同志在一次与我和省农委副主任吴植椽同志研究工作时，对吴植椽说：“有人建议叫你去温州工作。”吴说：“我现在走路都困难，还能去温州工作？（有病，肺气肿）”丰平同志接着又对我说：“也有人建议你去温州。”我说：“我年纪比他轻，身体比他好，但我的领导工作经验不如他，如果省委要我去我就去，在哪里工作都一样。”后来经常委讨论，我去温州工作的事就这样定下来了。

为了解决好温州问题，省委讨论把温州地区和温州市合并，重新组建中共温州市委和温州市人民政府，报中央、国务院审批，从组织和领导上彻底解决温州的问题。为了完成温州地市合并任务，省委还组建了以我为组长，有省委组织部副部长唐玉瑞、省委宣传部副部长张烈、省农委副主任董炳宇同志和原温州地市委一、二把手参加的省委温州地市合并领导小组。

我和领导小组的同志于1980年8月6日到达温州。当时，有关地市合并的信息早已广为传开，在部分机关干部中思想波动不小，部分同志产生了等待观望情绪。鉴于温州的复杂情况，我觉得在工作上应当采取快刀斩乱麻、宜粗不宜细的方针，当务之急是要把地市合并后新的市委常委领导班子尽快组建起来，以便在其统一领导指挥下有序地开展工作。于是领导小组及时召开了温州地、市委常委和各县（区）委、市机关部委办局以上领导干部会议，向他们传达了省委〔1981〕45号会议文件，讲明了地市合并、实行市管县新体制的意义，要求大家统一思想认识，顾全大局，增强团结，做好稳定工作，顺利完成温州地区和温州市合并工作任务。在地、市合并的过程中，要求原来由地、市委及政府所部署的各项工作任务，仍由原地、市委负责完成，保证做到地、市合并和正常工作两不误。

同时，在这次会议上要求到会同志对地、市合并后的新市委常委和政府正、副市长人选，在原地市委、政府、人大常委会、政协领导班子成员中，按德才兼备的干部标准和任人唯贤的干部路线，以无记名投票方式进行了民主推荐。这项工作进行得很顺利。

会后我带上干部推荐资料和考察情况回杭州向省委作了汇报。省委听取汇报后讨论决定，由我兼任中共温州市委第一书记，董炳宇任温州市委第二书记；郑嘉顺、李玉林、张永祥任书记；张维森、吴俊祥任副书记；刘锡荣任市委常委、秘书长；郑嘉顺兼任温州市人民政府代市长。我回温州后立即向地、市合并领导小组和原温州地委、温州市委常委作了口头传达，到会同志都表示坚决拥护省委决定。

1981年9月22日，党中央、国务院批准温州地区和温州市合并，建立新的中共温州市委和温州市人民政府，实行市管县的新体制。同年12月，中共浙江省委下文公布了中共温州市委和温州市人民政府领导班子名单，新的市委和市政府宣告成立。

在中共温州新市委的统一领导和地、市合并领导小组的具体帮助指导下，机关迅速实施了合署办公，并通过民主推荐、组织考察、市委常委集体讨论审批，把市级机关部委办局领导班子组建起来。

在此基础上，市委于11月12日召开了市、县、区、社和市级机关主要领导干部参加的第一次四级干部会议。会议主要是学习统一思想，克服领导班子和领导干部中存在的涣散软弱状态。市委常委和到会同志一起学习了中央〔1981〕30

号、39号文件和邓小平、胡耀邦等中央领导同志的重要讲话，重温了《关于党内政治生活的若干准则》，联系自己的思想和工作实际总结经验教训，开展批评与自我批评。大家一致认为，邓小平同志的谈话和胡耀邦同志的讲话切中时弊，非常及时，十分重要。中央领导同志指出的当前思想战线的那种脱离社会主义轨道、脱离党的领导、搞资产阶级自由化的错误倾向和领导的涣散软弱状态，在温州都有不同程度的存在。市委常委决心从自身做起，继续深入学习党的十一届三中全会正确路线、方针、政策，提高认识，加深理解。市委要求全市各级干部，特别是各级领导干部，在地、市合并后新市委的领导下，要加强新的团结，振奋精神，坚定信心，克服涣散软弱状态，同各种违背党的十一届三中全会路线、方针、政策，违背四项基本原则的错误倾向作斗争，争取党风、社会风气和社会治安状况根本好转，把温州以经济建设为中心的各项工作搞上去，跟上全省工作步伐。

调查研究，一切从实际出发

地市合并后，市委常委研究确定，一部分常委要继续抓好地、市合并的善后工作，整顿机关干部队伍，建立机关正常工作秩序，整顿社会治安，严厉打击各种严重违法犯罪活动，为改革发展经济创造平安的环境条件。温州的社会治安、社会秩序在某些方面的确形势严峻，但不能把一贯比较活跃的温州城乡经济市场用“左”的传统眼光看成温州是“资本主义泛滥”。我和部分常委同志深入农村、深入基层调查研究如何治穷，发展农村经济的思路与措施。当时，我带领办公室、农委等部门的领导同志到农村、城镇广泛走访调查。从调查的情况看，当时温州存在的突出问题，是经济发展滞后，社会秩序混乱。

治穷要从温州的实际出发，温州的实际是什么呢？如何从实际出发，恢复发展经济，这是摆在新市委面前的首要问题。温州地处浙江东南部，远距杭州450公里，1982年总人口5928318人，耕地人均不足半亩，一面临海，三面环山，交通很不便利，经济基础十分薄弱，新中国成立以来到1991年国家对温州总投资只有 6.55 亿元。1981 年瑞安县人均收入 50 元以下的有 3000 多个生产队，占生产队总数的 1/3；老平阳县曾有 30 多万人外出讨饭，所以有“平阳老讨饭”之说。

鉴于以上情况，在温州治穷发展经济的任务既迫切又艰难。这是温州在改革发展经济中不容忽视的困难和问题，是温州的劣势。但在我们广泛走访调查中也发现温州又有许多与众不同的特点和有利条件。温州的老百姓有走南闯北外出务工经商的历史传统，能工巧匠多。他们心灵手巧，能吃苦耐劳，敢为人先，其创造性和模仿性都很强。自 1980 年 9 月 27 日《中共中央关于进一步加强完善农业生产责任制的几个问题的通知》传达后，在温州农村开始出现了好的转机，开始调动了广大农民的生产积极性，解放了农村生产力。

随着农村家庭联产承包生产责任制建立和逐步完善，专业户、重点户开始出现，并已成为众人瞩目的新生事物。

1981 年下半年，我同市委管农业的副书记吴俊祥同志到瑞安麻峪了解情况时，看到路边有一大群牛，都养得个个膘肥体壮。我问牛的主人为什么这些牛都养得这么好，他们说这些牛都是我们私有户养的，也有的是公有户承包养的。瑞安有养耕乳两用牛的习惯，养牛不仅仅为了耕田，也是重要的家庭副业。他们说养一头牛能比上一个“三五”牌干部的收入，即 30 年工龄 50 元月工资的干部。一头水牛一年耕地收入 500 元，生一头小牛可卖 500 元，挤一部分牛奶卖给炼乳厂还能收入 500 元。

有一天我去瑞安县塘下镇了解情况，顺手推开街路边一家老百姓的门，一位老太太看着五台土制机子正在忙着织松紧带小商品。我蹲下来同她聊起来，我问她一年能赚多少钱？她把手一伸说有 6000 块。我说，好啊！你的收入比我这当副省长的还多几千块。我又问她，你这个家庭工厂花了多少本钱，她说花了 500 元。我看了很受启发，我想温州穷没有钱办不起大工厂，可以放开手脚，冲破重重阻力，让成千上万的老百姓来办家庭工厂。

1979 年春天我曾为解决苍南宜山（当时还是平阳县）群众要求包产到户，地委不同意而群众罢种（不播种）的问题到了宜山，这次是我第二次来宜山。宜山曾经把“三机”即织布机、纺纱机、开花机统统视为“复辟资本主义的工具”，贴上了封条。但在党的十一届三中全会后，农村推行家庭联产承包责任制，解放了宜山农民的手脚，又家家户户地增机添车，全区的织布机恢复到了两万多台。但是由于仍受粮棉统购统销政策的影响，规定农民生产的土布只能卖给供销社，不准农民自产自销。由于供销社的购销渠道有限，收购的土布销不出去就不收购，又不允许农民自己去卖，只好停机，不少群众生活又发生困难。我听了汇报便答复他们说：要实事求是，我看现在应该允许农民自己去卖。离开宜山之后，他们在召开的全区干部会上传达了我的意见，允许农民自己生产的土布自己去卖。我这次到宜山了解到，在这个有 18 万人口、人均只有 4 分 7 厘土地的农村里，恢复了“土纺土织”生产的历史传统，并允许农民自行推销其产品，农村剩余劳动力都有了工作，仅一年多的时间，产值已达到 5000 多万元，除缴给国家税收几百万元外，群众人均收入已达到 350 元。晚上我住在军分区战士陈欣家的小楼上，半夜起来一看，到处灯火通明，织布机响成一片，天还不亮，街路上运输土布及其原材的人川流不息，一派繁忙兴旺的动人景象。

经过广泛地走访调查，使我在温州农村看到或听到了许多在我曾经工作过的地方很少看到或听到的事物，诸如“专业户”“重点户”“家庭工场”“联户工业”“供销员”“挂户经营”“信息专业户”，以及“浮动利率”“私人钱庄”等颇具特色的新鲜事物。尽管这些事物的出现还是分散、零星的，规模不大，数量不多，有的甚至是“非法”的，但它们的出现却表现出了顽强的生命力。其实，这些事物在温州过去不止一次地出现过，但每次的出现都被当作“资本主义”尾巴割掉了。经过走访调查使我在温州受到很大启发和教育，向群众学到不少经验和知识，从而开阔了视野，看到了希望，找到了农村治穷致富的办法，树立了信心。

集思广益，温州模式初现成效

在调查研究的基础上，市委常委进一步学习党的十二大文件和中央 1982 年 1 号文件，联系实际进行了认真的讨论。常委一致认为，要敢于从温州的实际出发（因为从实际出发也会有政治风险的），坚持群众路线，尊重群众的创造精神，大胆鼓励，热情扶持，积极引导，让群众创造的新生事物健康地成长，要放手发动干部、群众，依靠千家万户，大力发展农村“两户”和大办家庭工商业，并把它作为市委发展农村经济的重要指导思想。许多家庭工业走的是分散型“小而专”的道路，是劳动密集型，采用手工加机器生产小商品为主，修旧利废，拾遗补阙，对国民经济起到有益的补充作用。

这种模式投资小，见效快，致富面大，符合温州实际，利国利民。要说问题，主要是如何教育提高各级领导干部的思想认识，把大家的思想认识真正统一到党的十一届三中全会的路线、方针和政策上来，这是问题的关键所在。于是，市委在 1982 年 11 月召开了有县委书记、管农业的副书记、区委书记、公社党委书记及市县机关部门负责同志参加的全市第二次四级干部会议。

会议主要以党的十二大关于农村问题、农业问题的决定和指导思想为依据，深入学习中央〔1982〕1 号文件和中央领导同志的重要讲话，总结交流，完善、提高农村家庭联产承包生产责任制，全面发展农村商品经济的经验。讨论了如何从温州实际出发，进一步解放思想，放宽政策，开创农村社会主义现代化建设新局面，力争在 20 世纪末全市工农业总产值翻两番，提前达到小康水平。

在 1983 年 2 月召开的全市农村财贸工作会议和 1984 年 2 月召开的农村工作会议上，市委都认真地结合温州的实际，组织学习了中央〔1983〕和〔1984〕两个 1 号文件。在财贸工作会议上，我根据中央〔1983〕1 号文件的精神，联系财贸部门干部的思想和工作实际，着重地讲了“三个一点”，即“思想更解放一点”，“改革更大胆一点”，“工作更扎实一点”。“三个一点”是中央〔1983〕1 号文件的核心，讲得很及时，很准确，切中要害。自党的十一届三中全会以来，我国发生了许多重大变化。其中影响深远的是农业普遍实行了各种形式的生产责任制，而联产承包制越来越成为主要形式。联产承包采取了统一经营同分散经营相结合原则，使集体优越性同个人积极性都得到发挥。这一制度进一步完善和发展必将使农业社会主义合作化具体道路更加符合我国实际。

在组织上，省委于1983年9月进一步调整了市委领导班子，提任卢声亮同志为市委副书记、市长。其他新进市委常委的都是来自机关、县区和工厂企事业单位，既有一定的实际工作经验，又年富力强的同志。市委按精干原则和干部“四化”要求，顺利地完成了机构改革，政府的工作部门由70个裁减到37个，正副市长平均年龄从58.25岁下降为47.3岁，其中大专文化以上的有5人，有技术职称的4人。新进机关部委办局领导班子的70名干部，50岁以下的55人，占78.57%，有大专以上文化程度的41人，占58.4%，有专业技术职称的39人，占55.7%。经过组织调整和机构改革，进一步增强了市委和各党政领导班子的团结，出现了上下和谐，劲往一处使，政通人和的局面。

经过上述一系列的工作、落实措施，温州的各级党组织和广大人民群众，在党的十一届三中全会实事求是的思想路线指引下，坚定不移地坚持从温州的客观实际条件出发，找到了符合温州实际的发展农村经济的新路子。这条新路子的基本特点是：以家庭自营经济为基础，以家庭工业和联户工业为支柱，以专业市场为依托，以农民供销员为骨干，形成了不同于苏南和我省的杭、嘉、宁、绍等多数地区的另一种经济格局，被经济学家和新闻界称为“温州模式”。

短短几年时间，在生产领域农工商综合经营，农林牧副渔全面发展，家庭工业和联户工业异军突起，到1984年全市农业专业户、重点户发展到了33万多户，家庭工业有13.3万多家，联合体3000多个。如苍南宜山区80%的农民家庭从事再生腈纶纺织生产，所用原料都是城市化纤厂和服装厂的边角余料，每年所生产的再生腈纶布和腈纶衣裤等产品，相当于3400万斤棉花，等于30多万亩耕地棉花产量。到1984年，全市超百万元产值的专业村有351个，超千万元的乡有 81 个，超亿元的区有 5 个。在流通领域，全市有 390 多个商品交易市场，其中专业市场有上百个。如有名的桥头纽扣、柳市低压电器、虹桥农贸、平阳的比港兔毛、宜山的再生腈纶、金乡徽章标牌、塘下和莘塍再生塑料（后改为汽摩配件）、仙降塑革鞋、钱库综合贸易等十大市场或商品产销基地，1985 年成交额有 11.54 亿元，上缴税金 7457 万元，积累资金达 2000 万元。

这些交易市场同家庭工业互相依赖、互相促进，有的在家庭工业发展的基础上市场逐步形成和兴旺起来，如宜山、柳市等；有的是先在市场发展的基础上带动和促进了家庭工业的发展，如桥头等。全市有一支 10 多万人的农民供销员队伍，他们从生产过程中分离出来，成为专门从事采购和供销活动的主力。这些人不辞艰辛，走遍全国各地，采购原材料，推销产品，签订合同，传递信息。他们是产销之间的中介人，又是生产的实际组织者和指挥者，对温州家庭工业和市场的形成与发展起了决定性的作用。农村产业结构得到了调整，全市农村有 80 余万劳动力（即 60% 左右）离开了耕地转向第二、第三产业，发展了家庭工商业、交通运输建筑业和服务业等，改变了农村 80% 以上的农民长期靠种田搞饭吃的落后局面。

在农村大部分地区特别是沿海的五个县，经济面貌发生了深刻变化，1984 年工农业总产值比 1980 年翻了一番，改变了多年来发展缓慢增长的被动局面，增幅连续三年都在全省的平均数以上，农民的收入四年翻了一番。1985 年全市工农业总产值 61.54 亿元，其中工业总产值 42.11 亿元，农业总产值 19.34 亿元，分别比上年增长 40.03% 和 7.93%；财政收入 4.06 亿元，比上年增长 48.36%；社会消费品零售总额 19.21 亿元，比上年增长 38%；农村居民人均收入 447 元，城市居民人均收入 726 元，分别比上年增长 29.7% 和 35.4%。1984 年城乡储蓄余额达 3.1 亿元，比上年增长 54%，其中农村增长了两倍。不仅冒出一批收入超万元户、十万元户，甚至有几十万元的富裕户。有些人高兴地说："万元户不算富，十万元才起步。"农民群众的富裕程度普遍提高。苍南县宜山、钱库、金乡等区在 1979 年前还穷得讨饭，现已大面积地富裕起来，有 80% 的农民盖新楼房。柳市的农民富裕程度更高一些，他们的吃、穿、用几乎城市化了，有不少种类的家电，如摩托车、电视机、电冰箱等，甚至小汽车已进入农民家庭“落户”。全市农村正向着生产商品化、工业化、社会化方向蓬勃地发展着，形势喜人。

解放思想，尊重群众首创精神

在改革发展的起步阶段，市委和我认真抓了以下几个问题，对温州民营经济形成与发展有着重要作用。

（一）取信于民，隆重召开关于“两户”代表会议

在市委召开的四级干部会议结束不久，市委、市政府研究决定于1982年12月16日召开全市第一次农村专业户、重点户先进代表会议，参加会议的代表有1200人。在1982年中央1号文件传达贯彻后，随着农村家庭联产承包生产责任制的建立和完善，专业户、重点户开始涌现。据不完全统计，仅从事畜牧饲养业的专业户、重点户有2万多户，占农村总数的2%左右。当时虽然数量不多，但它的出现，已成为引人注目的新生事物，是广大农民尽快富裕起来的希望。当时在不少农村干部中，对专业户、重点户的性质捉摸不定，不敢大胆地扶持，怕犯方向路线错误。不少群众则心有余悸，怕被当“资本主义”尾巴割了，想富不敢富，富了怕露富。针对上述情况，市委决定首次隆重召开“两户”先进代表表彰大会。总结交流经验，表彰先进，树立榜样，以“两户”代表的现身说法，阐明党的政策，消除群众的思想顾虑，在全市范围内更广泛深入地发动群众，大力支持“两户”发展商品生产。但在开会的通知发出后，有些“两户”代表不敢前来报到参加会议，他们怀疑不是开会，是“请”他们进“学习班”，批资本主义。根据这一情况，市委通知各县委要耐心做好“两户”代表的思想工作，反复宣传好党的富民政策，要敲锣打鼓组织欢送，欢迎参加会议的代表，以消除代表和群众的思想疑虑，安心开好会议。经过上述一番工作，到会人数终于达到1200多。

会议在温州市人民大会堂隆重开幕，有35名“两户”先进代表披红戴花地被请上主席台，和市委、市政府的领导平起平坐。省委副书记崔健同志出席了会议并在主席台上就座，给全体代表很大鼓舞。

我在会上代表市委作了报告，把党的十二大精神和温州实际情况结合起来，着重宣传了胡耀邦总书记在党的第十二届代表大会政治报告中所庄严宣布的：“近几年在农村建立的各种形式的农业生产责任制，进一步解放了生产力，必须长期地坚持下去，只能在总结群众实践经验的基础上逐步加以完善，绝不能违背群众的意愿轻率变动，更不能走回头路。”这显然是说绝对不能再走过去人民公社的所谓“一大二公”吃“大锅饭”，搞平衡主义的回头路。

我还向与会代表们宣传了邓小平同志的重要讲话精神。邓小平认为：农业翻番要靠多种经营；城市、农村都要允许一部分人先富起来。勤劳致富是正当的，一部分人先富起来，一部分地区先富起来的办法好，是大家都拥护的新办法，新办法比老办法好。农业承包大户我赞成。现在放得还不够。总之，要以是否有助于建设有中国特色的社会主义，是否有助于国家的兴旺发达，是否有助于人民的富裕幸福作为衡量我们各项工作做得对或是不对的标准。

根据中央领导讲话精神，我讲了专业户、重点户是在贯彻中央指示，建立和完善生产责任制，是在农村涌现出的新生事物。他们是勤劳致富的带头人，是发展温州农村社会生产力的先进代表，是光荣的。为此，市委、市人民政府决定对他们大力支持，热情地帮助扶持。特别强调的就是要彻底破除平均主义，让劳动致富成为温州社会的时尚。

在我的讲话中还郑重宣布了市委、市人民政府支持专业户、重点户发展商品生产所作出的“五个允许”“五个支持”，即：允许“两户”不承包或少承包耕地；允许“两户”单独或联合承包尚未开发或集体虽已开发但无力经营的荒山、滩涂、水面；允许“两户”经过批准雇请三五个学徒、帮手；除粮食、林木外，其他农村产品在完成国家任务后，允许产销直接见面；允许个体行商和流动购销专业户在国家计划和工商部门统一管理下长途运销；对“两户”所需要的种苗、饲料等物资以及资金、技术指导、信息服务、产品销售等五个方面的问题要给予支持。全体代表热烈的讨论，搬掉了长期压在群众心头的想富不敢富、富了怕露富的沉重石头。

会上群情振奋，他们反映这次会议开得好，壮了胆，定了心。有30多名代表在会上畅谈了他们的致富之路，100多名代表受到市委、市人民政府的隆重表彰。会议圆满结束。

各县回去后都模仿市里开会的办法，在有准备的基础上层层召开了“两户”代表会或“两户”大会，传达贯彻了市“两户”代表会的精神，参加市“两户”会议的代表回去奔走相告，逢人就讲，见人就谈，积极地用他们的现身说法宣传了会议精神，在全市范围内很快形成发展商品生产的热潮。如瑞安塘下镇陈安静等七个同村好友，早在1972年以每人投资300元办起了工厂。由于当时不允许私人办工厂，便挂靠韩田村小学，取名为韩田五七文具厂，生产情况惨淡。1973年采购员陈安静从外地以给对方14%扣费为代价买到一份数额为6500元的生产仪表转向灯合同，工厂从此开始生产汽车、摩托车配件产品，并持续盈利。1975年改名为韩田五七电器设备厂，工人增加到100人。1982年“两户”代表会议精神传达贯彻后，该厂马上有四五十名工人自动离开工厂，回家办起了家庭工厂，于是韩田村的汽摩配件生产便开始以家庭为单位迅速地向四邻扩散，并逐步发展成为颇有名气的汽摩配件生产专业村。

到1984年7月，温州全市已有33万多个专业户、重点户，有445个专业村镇，有8个年产值或交易额在几千万元到1亿元以上的产销基地。事实证明，它的形成和发展展示了党的政策一旦被群众所掌握便会产生巨大的物质力量。特别像苍南县的宜山、金乡，乐清的柳市、虹桥，瑞安的塘下、莘塍，永嘉的桥头、瓯北等一批家庭工商蓬勃兴起的乡镇，在人均只有几分田的土地上闯出了一条敢于从温州实际出发治穷致富的新路子。这次“两户”代表会议的召开，不少群众反映说是“红色会议”，在温州农村的改革发展史上具有十分重要的意义。

（二）错了就改，给“八大王”平反

在召开市“两户”代表会议时，开始有些代表怀疑不是开会，是鸿门宴，不敢到市里参加会议。各地在传达贯彻“两户”会议精神时仍有不少群众心有余悸，他们说：“共产党的政策像月亮，初一十五不一样”。也有人说：“现在小富可以，大富不行，柳市的‘八大王’不是还在坐牢么！”

我带着这些问题在 1983 年春天去柳市区了解情况，区委书记吴良志向我汇报了 1982 年上半年在贯彻执行全国人大常委会《关于严惩严重破坏经济的犯罪的决定》和党中央、国务院《关于打击经济领域严重犯罪活动的决定》时，省里派了工作组，把柳市作为贯彻执行“两个”决定、打击经济领域犯罪活动的重点。工作中没有深刻领会“两个”决定和党的十一届三中全会的精神，把一些从事经营比较冒尖的农民，即所谓“旧货大王”“矿配大王”“邮电大王”“目录大王”等，以投机倒把罪判了有期徒刑或缓刑，形成了柳市有名的“八大王”案件，把柳市刚蓬勃兴起的家庭工业一下子打了下去，致使当年工业产值下降了 53%，对全市影响很大。全市工业 1982 年用了九牛二虎之力，总产值比上年仅增长了 3.97%，比 1981 年的增幅还低。正如中央〔1983〕1 号文件指出的那样：某些上层建筑的改革跟不上经济基础变化的需要。这种情况如果不改变，农民已经高涨起来的积极性可能重新受到挫伤，已经活跃起来的农村经济可能受到窒息。为此，我觉得问题十分严重，此案如不坚决纠正，势必成为温州农村经济改革发展的严重人为障碍。我回到温州，立即找了中级法院院长孙沧同志，同他谈了柳市“八大王”案件的情况和群众的反应，建议他对此案件进行必要的复查。孙沧同志同意，并说这些案件现在看来是有问题的。我说要实事求是，错了就改，老百姓会原谅我们的。

经法院复议，在“八大王”案件中经过检察院批捕、起诉、法院判决的有五个“大王”，其中的四个“大王”先后在 1983 年的上半年分别改判无罪并退还了其钱物。对第五个“大王”胡金林一案，从案卷材料看也不构成投机倒把罪，已

撤销其案件。温州市中级人民法院和温州市人民检察院党组对“八大王”案件复查处理情况向市委作了汇报，市委同意并得到省政法有关部门的支持，省高级人民法院以简报形式通报了全省各级人民法院。

市委常委在学习中央〔1984〕1号文件时，联系实际又议论到“八大王”案件的问题，认为“八大王”案件虽经法院复议依法改判无罪，但声势不大，在群众中的影响远未消除。为了扩大影响，进一步消除群众的思想顾虑，加大农村经济改革发展的力度，常委认为有必要利用适当场合和机会公开宣布给“八大王”平反。于是在市委召开的全市有公社书记以上领导干部参加的传达学习中共中央〔1984〕1号文件的电话会议上，我郑重宣布给“八大王”平反，并阐述了应从中吸取的经验教训：

1. 必须正确认识农村商品生产问题

过去，我们有一个根深蒂固的传统观念，认为农民的本业就是搞农业，离农经商或经工，似乎就是不务正业，歪门邪道。这实际上是用中国几千年来“重本抑末”“重农轻商”的小农经济狭隘眼光来看待当代的农村经济，是一种束缚生产力发展的封闭式的思想形态。

中央1984年1号文件指出：“农业生产责任制的普遍实行，带来了生产力的解放和产品生产的发展。由自给半自给经济向较大规模商品生产转化，是发展我国社会主义农村经济不可逾越的必然过程。”所谓“不可逾越”，就是说舍此别无他途。对于这个问题，我们的思想跟不上形势发展的需要。

乐清县（特别是柳市镇）的农村商品生产，突破老的模式，采取前店后厂的个体经营形式，先走一步，飞速发展起来，这本是好事。即使存在一些问题，也可以在实践中不断完善。但是，在相当长的一段时间里，不少同志对此现象大惑不解，总感到农民做生意不是正道，更认为赚这么多钱，总是个问题，甚至形成了“在柳市，随便一抓就可以抓到投机倒把分子”的看法，出现了“柳市是资本主义典型”的错误定论。这批“大王”案件就是在这样的“左”的错误思想认识基础上查出来的。现在看来，这种认识显然不符合党的十一届三中全会和中央1

号文件的精神，应该加以纠正。

2. 必须正确对待经营商品生产（包括流通）致富的专业户

长期以来，由于搞“穷光荣”“穷过渡”，“富”字被作为一个贬义词来理解，“暴发”和“致富”之间似乎存在着因果关系，“为富不仁”似乎成为必然。这种“左”的思想对司法工作干扰也是很大的。因此，往往对经营商品生产和商品流通而致富的专业户，不加分析地加上“暴发”两字，对其中拔尖者冠以“大王”的头衔，予以打击，而没有实事求是地分析致富是合法的还是非法的，是基本合法的，还是基本非法的。

乐清致富的“八大王”案件中，首富当推胡金林。他年轻体壮，脑子灵活，胆量大，开业早（1980 年 4 月即挂户柳市向阳机械电器厂），短短两年多一点的时间，他先后从上海、宁波、温州等地大量购入电器产品，然后再批发或零售出去，总销售额达到 1038000 元，补税 58700 余元，上交管理费 2550 元，净盈利达 11 万多元（按平均利润率推算）。当时认为这是条“大鱼”，非抓不可。其实，胡金林经营国家二类电器产品是政策允许的，已经纳过税金，交过管理费，利润率达 18.57%，也并未超过国家规定的标准。定他犯罪，前提应该看是否违法，而不是获利多少，只要赚得合法合理，即使获利再多也应允许，不能剥夺，更不能法办。

3. 对专业户、供销户要加以引导和管理，使之在合法的范围内活动

合法与否，某种程度上是由主管部门决定的。

如无证营业问题，是这几个“大王”不合法的共同点，就是说他们经营的项目，未经工商行政部门正式批准就擅自开业。其实，这类个体营业户，有的是经过公社、大队批准的，他们自以为已经合法，就开业了；另外，当时由于对农村商品生产问题看不准，对这些个体营业户，特别是对办工业的，工商部门一般都不批，怕犯错误，采取睁一眼，闭一眼，由其自生自灭，而管理费却照收不误。有的专业户本身无营业户头，迫于业务的需要，只得采取“挂户”的办法解决经济往来问题。如程步清，就是挂户于“向阳机械电器厂”账户，并且还将自己的账号，提供给其他专业户使用，从中收取“手续费”。结果被认为是“非法经营”“提供账户”，而定为投机倒把罪。事实上，类似程步清挂户的做法，比比皆是。

对此问题，市委曾听过农委同志多次汇报，认为在目前情况下，是变通的好办法，是群众的创造，市委是同意的。

4. 要正确对待产品价格问题

商品进入市场调节的范畴，就必然允许价格的浮动。因为零散的个体经济和部分集体经济的生产还不能纳入国家计划，它处于自发运动之中，因而会有自发性的供求不平衡及产品价格的自发性涨跌的现象出现，这是价值规律自发调节的结果，也是政策所允许的。但在处理几个“大王”案件时，往往抓住价格问题，套用“加价出售”，定为投机倒把。

事实上，他们的大部分产品是买来零配件自己组织装搭、生产的，当然可以议价，自行定价，随着市场调节而自行涨落。而且并非所有的商品都高于国家牌价出售。如王迈仟经营的产品，有 14 种与国家经营的型号、规格相同，价格却低于国家同类产品价格，大部分产品的售价均为国家牌价的 55%—68%，原判认定“高价出售”，是缺乏根据的。这种情况说明，随着产品的增多、竞争的加剧，价格自然会下降，最终围绕着价值的轴线上下浮动，以薄利多销取胜。即使一时价格较高，也应予允许。否则，市场调节就不可能实现。

5. 要正确对待扩大经营范围问题

对叶建华的定罪处刑，主要理由之一是抓了他扩大经营范围问题。

叶原是柳市镇个体照相户，有摄影特长。他发现柳市一些供销员因为缺乏有关电器产品的专业知识，不利于产品的销售和流通，就动脑筋收集柳市市场上所有不同规格型号的电器产品样品，拍成照片，又先后持介绍信到上海、江苏、温州等地联系制版、印刷、装订，制成《产品样本》和《产品价目表》，在柳市等地销售，大受供销户欢迎，纷纷抢购，供不应求。总销售额达 37000 余元，获利 10000 多元。

叶建华原先搞人物照相，此时又搞产品目录，似乎超出了“经营范围”。其实，搞产品目录主要依靠他照相的特长，可以视为原经营范围的自然延伸。即使按照规定，他是搞人物照相的，是否就绝对不允许他扩大经营范围搞一搞产品照相呢？他搞产品目录，便利了供销户，促进了柳市商品的流通，发挥了自己的聪明才智，投入了自己的劳动，就是超越了经营范围，也应该支持。商品生产随时处在变动之中，经营者总是趋向于有利可图的行业，经营项目的转向，也需要灵活的管理手段与之相适应，并在法律上给予保护。

6. 要从总体上看行为人的行为到底有无社会危害性

行为的社会危害性是犯罪的本质特征。首先必须有社会危害性，才能谈得上违法性和刑罚处罚。离开行为的社会危害性，单从赚钱多少、批准与否来衡量，往往出偏差，把不应打击的当作投机倒把打击了。

如王迈仟投机倒把案，王定罪是“旧货大王”，他到外地买来废旧电器产品，夫妻为主，间歇性雇工五人，进行拆洗、加工、拼配、装搭，搞出成品，低价销售，为社会创造了财富，自己也富了起来（推算得利 30000 余元，本人承认得利 15000 余元），非但没有社会危害，而且还对社会有利，根本不符合投机倒把罪的本质特征。

总之，我们要实事求是，错了就改。市委依法给“八大王”案件公开宣布平反以后，进一步消除了群众的思想顾虑，有力地推动了温州自营经济迅猛发展。如乐清柳市南存辉就是在 1984 年给柳市“八大王”平反后才敢正式申请创办了求精开关厂（即现在的正泰集团前身）。

（三）尊重实际，给挂户经营和供销员开绿灯

挂户经营，是在党的十一届三中全会精神传达贯彻后，农村经济体制改革刚刚开始，温州的农民群众和长期处于农村工作的各级干部，在 20 世纪 70 年代末和 80 年代初，我国仍处在单一的公有制计划经济年代，不允许工业进入私人家庭领域的情况下，群众为了生活，为了摆脱农村长期贫困的状况，在实践中创造

了家庭工业经营者与公有制企业单位挂户经营的变通办法。对此，市农委领导同志曾多次向我和市委作过汇报，认为符合温州的实际，我们都同意和支持这一办法，使成千上万的家庭工商业经营者取得了变相合法的生存地位，有力地促进了温州农村经济的发展。

所谓挂户经营，主要是指没有取得政府工商行政部门登记注册的经济法人资格的家庭工业，挂靠在集体或国有企业的名下，以被挂靠单位的名义从事经营活动。被挂靠单位为挂靠经营者提供一定的服务，并收取一定数额的管理费，实际对双方都是有利的。被挂靠单位为挂户经营者服务，一般的是“三代”“三借”，即：代开发票、代为记账、代征收国家税收；挂户经营者借用被挂靠单位的介绍信、银行账户、空白合同书，以便到全国各地去进行签订合同、采购原材料、推销产品等业务活动。如苍南金乡镇20世纪80年代一个村办金星文具厂，因集体经营不善，没有利润，村里决定采取分散生产、集中管理的办法。在坚持集体名义前提下，对外实行统一厂名，统一银行账号，统一纳税，统一提成，统一上交管理费；对内则实行经济独立核算。他们把这种办法叫作挂户经营。实际上是农业联产承包生产责任制形式在乡村工业上的运用。在不长的时间，全镇农民都竞相模仿，很快发展到2500多个家庭工业户。该镇1985年挂户企业有61个，占全镇工业企业的一半以上，挂户企业的工业总产值3760万元，占全镇工业总产值的91.5%。因为有了挂户经营这个变通办法，金乡镇农民家庭工业生产的“四小商品”即铝质证章、塑片券票、塑料证册、涤纶商标等产品，在4000多名供销员穿梭于全国各地努力下，迅速地占领了全国市场。该镇早在1978年工业产值就成为温州市第一个超亿元的乡镇。在当时的历史条件下，农民群众创造的挂户经营，得到我们市委和各级的认可和大力支持，它对温州农村家庭自营经济的形成与发展起到十分重要的作用。

供销员，是在20世纪70年代末和80年代初，农村改革逐步深入，农业联产承包生产责任制逐步完善，农村生产力得到进一步的解放，专业户、重点户不断涌现，生产开始向商品化、专业化、社会化发展中，农民群众在实践中创造的又一可喜新生事物。到 1985 年，全市农村拥有一支 101700 多名农民购销员的队伍。其中有不少是农村生产大队和生产队的干部、会计、退伍军人和上山下乡知识青年，政治文化素质一般较好。他们从生产过程中分离出来，成为专业从事采购和销售的层次。这些人不辞艰辛地走遍全国各地，采购原材料，推销产品，签订合同，传递信息。他们既是生产销售之间的中介人，又是生产实际的组织者和指挥者。如乐清柳市马仁桥农民陈庆瑶，70 年代初在安徽煤矿访友时，获悉该矿“交流接触器动静触头”供货十分短缺，他一面答应组织供货，一面带回产品实样，回到温州立即请永久锁厂技术员作指导，在家中把第一批产品仿制成功。从此，在柳市他点燃了低压电器的星星之火。苍南宜山区再生腈纶纺织产销基地有 10000 多名供销员，1983 年采购腈纶边角料 2000 万斤，推销再生棉布 300 多万匹、再生腈纶衣裤 1.5 亿多件、塑料编织袋 7000 多万米。

如何正确看待从事商品购销活动的农民群众，充分发挥农民购销员队伍在发展商品经济的作用，决定着温州农村发展商品经济整个形势。

在长期单一的公有制计划经济年代和“左”的思想影响下，有些人常常把农民供销员看成是“不三不四”“不清不白”的人，说他们搞的是歪门邪道，发的是不义之财，是买空卖空投机倒把分子。针对上述情况，市委在 1984 年初召开传达学习中央〔1984〕1 号文件的农村工作会议上，强调学习中要联系温州农村实际，在思想和行动上进一步划清了发展商品经济与搞资本主义、搞耕地经营与不务正业、搞家庭经营与小农经济、搞长途贩运与搞投机倒把、允许一部分人先富起来与两极分化等五个方面的政策界限。确认供销员、购销户也是专业户，应同其他的专业户一视同仁。在某种意义上说，温州农村家庭自营经济的兴起是靠农民供销员起家的。

（四）敢于创新，支持信用社存贷利率改革

在 20 世纪 80 年代初温州农村改革逐步深入，农村家庭工业蓬勃兴起，商品市场空前活跃、发展，银行资金投放大量增加，1983 年全市净投放货币 7.1 亿元，

占全省货币投放量总额的70%左右，其中十大商品市场投放4.54亿元。1984年上半年又投放6.2亿元，比上年同期增加1.25倍。

但是，农业银行和信用社因体制和管理办法不适应发展了的形势，既不能大量吸收民间闲散资金，又不能满足家庭工商业户贷款需要。1983年全市农村家庭工商户和乡镇企业需要7亿多元，农业银行和信用社只能满足需要资金的20%，供需矛盾突出。

市委和市政府正在为此着急之时，1983年春天我到苍南金乡区了解工作情况，区委同志向我汇报工作，汇报到金乡信用社搞了存贷利率浮动改革，效果很好。第二天，我去金乡信用社，主任陈礼钊向我汇报说："金乡信用社是1953年办起来的，这里群众穷，基本上没有存款，每年只靠国家给一点贷款，用不了几天就折腾完了。说是贷款，因为基本上都是贷给集体的，贷出去就根本收不回来，连信用社自己都很困难，信用社自己没有房子办公，只好同镇文书挤在一间房子里办公，有时连工资都发不了。"陈礼钊主任接着说："农村搞了联产承包以后，商品生产发展很快，金乡镇有几千户人家都在办厂经商，资金需求直线上升，信用社资金根本无法满足需求。另一方面，农村有些先富起来的专业户，手头上存着不少闲散资金，他们对只有三四厘利息的银行存款不感兴趣，有的搞盖房造墓，有的放高利贷，也有的乱花钱，提早搞起了高消费。我考虑了很久，信用社再想办下去，并真正担负起融通农村生产资金的重担，老路是走不下去了，应该改革，新的路子只有一条：'试行利率浮动'。"为了支持群众发展商品生产，陈礼钊决定冒险试一试，并把他的想法向镇委书记和营业所长做了汇报，他们都很支持。经研究他们确定存息：存期一年，月息一分；贷息：月息一分五。这种存贷利率浮动被群众称为"议价"贷款，深受群众欢迎。

自1980年10月开始到年底，仅两个月，存贷资金有30余万元。1981年县支行向总行写了报告并经总行派人实地考察认为是好的，同意金乡信用社搞利率浮动试验。在不到两年时间（其中因认识不同有两次停办），累计吸收个人存款817户，金额171万元；累计发放贷款252户，有217万元，信用社盈利86000

元，从而摘掉了办社以来 26 年亏损的帽子。

我听完陈礼钊同志的汇报介绍以后，连声说好，鼓励他要继续坚持下去，认为此经验在温州有普遍意义，应组织推广金乡信用社的好经验。我回到温州当即找农业银行行长，跟他谈了金乡信用社的情况，建议他要认真总结推广金乡信用社的经验。他说他了解金乡信用社的情况，并说好是好，但推广不行，总行不允许。经商量，我说我们不叫推广，我们继续试验，可以扩大一些。行长同意，我说最好一年搞 1/3，三年可以搞完。我同行长说，这是市委向你们提出的任务，如果有什么问题，万一上级怪罪下来的时候，你们就说这是市委的决定，有问题市委承担。经过几年的努力，到 1986 年 6 月，全市有 387 个信用社实行了浮动利率，占信用社总数的 78%，有力地支持了农村经济发展。

如沐春风，来自领导的关怀与支持

在 20 世纪 80 年代初，单一的公有制计划经济体制仍占主导地位的条件下，温州农村经济体制改革能从实际出发，农村自营经济得以形成和发展，除市委认真贯彻执行了党的十一届三中全会的路线、方针、政策外，还同中央和省委领导对温州农村改革的亲切关怀和指导分不开。

1984 年 3 月，国务委员、国家经委主任张劲夫同志到温州考察。他考察了永嘉桥头纽扣市场、温州港和乐清柳市低压电器产销基地。劲夫同志在柳市兴致勃勃地逐一考察了群众沿街开设的前店后厂生产经营的电器产品，向他们详细地询问了生产经营情况后对我说：“老袁，你们这里搞得很好，要好好地总结经验。”我说：“我们工作中还存在很多问题，产品质量还有问题，许多管理问题还没有跟上。”劲夫同志说，“产品质量不好可以提高”，并指了指他手上的手表，“谁说街道弄堂工厂生产的产品质量就一定不好，瑞士手表都是些街道弄堂工厂生产的，质量不是很好么？”又说：“我们国家发展工业的路子不对啊！你们这里不是很好么？要好好地总结经验。”对温州农村走发展家庭户办工业的路子给予了充分肯定。

1985年3月，中共中央农村政策研究室杜润生主任和吴象同志来温州考察。

在考察了桥头、塘下、北白象、柳市等地，了解农村商品生产情况后，杜老风趣地对我说："我向往了一辈子的东西，为什么在别的地方很少看到，而在你这个温州到处都是啊？我们两个要建立热线联系。"我说："请杜老多多指导。"杜老说："万里同志很想到温州看看，这次到上海病了，来不了。"他问我怎么办？我说："我派人去上海带上《温州农村商品产销基地》的录像向万里同志汇报。"杜老同意说："好主意。"市委派农委副主任李仁续去上海向万里同志汇报。

3月23日上午，万里同志在上海兴国宾馆看了《温州农村商品产销基地》录像，向李仁续同志询问了温州经济发展情况，作了很重要的讲话。万里同志说："请我去，我愿意去啊！但不行了。我今天在这里什么人也不见，就是因为你来了，又这么远，而且成绩那么大，你们的录像我看了，我准备送给小平同志看一看。"

万里同志问："市委书记是谁？"李仁续说："是袁芳烈，中央候补委员，浙江省委常委。"

万里同志说："我记得。那是长治久安之计，需要省里面最强的干部去，温州才能安定。回去问他们好！工作嘛，一个叫继续大胆创新；一个及时总结经验，纠正一些这个那个不可避免的缺点。任何人只要革命，只要前进，总得要走步。画个圈就这样大，这个圈谁给画啊，总得走出来才对呀，这不走歪径，那不走歪径，哪能就走到四个现代化！？"

万里同志很关心温州，早在1983年11月全国农村工作会议上就高度评价苍南宜山区再生纺织业，指出："宜山区利用工厂腈纶边角料，发展再生纺织业，使单一的农业生产开始变为农工商综合经营，变为包括科技、流通等多方面经济网络，展现出农村生产力充满生机的发展前景。"

1986年4月，万里同志和郝建秀同志亲临温州考察了桥头纽扣市场、柳市低压电器市场、北白象建筑材料市场和永嘉、乐清、苍南、瑞安、平阳等县家庭工业，以及苍南龙港镇和温州港。在市委领导干部会议上，万里同志在讲话中充分肯定了温州近几年来大力发展农村商品生产的做法和取得的成绩，同时要求各级干部进一步为繁荣农村经济服务，促进商品生产发展，并提出“总结、完善、发展”的要求。

在 20 世纪 80 年代初，温州市委在党的十一届三中全会实事求是的思想路线指引下，坚持从温州的实际出发，在农村选择了以家庭自营经济为基础、以户办工业和联户工业为支柱、以专业市场为依托、以农民供销员为骨干的发展经济的新路子，在很短的时间内取得了显著成效。

但是走这条道路并不像现在人们想象的那么轻松和简单，因为过去长期受根深蒂固“左”的思想影响，来自上下左右的压力是很大的，在省委常委内部认识也不一致。有些领导干部在背后指指点点，说三道四，说我在温州搞的是“资本主义”。最可怕的是当面不说，暗暗地在你背上打上一块“政治方向有问题”的印记。

因此，在 1985 年 1 月安徽省委书记黄璜同志（第一位来温州考察的省委书记）来温州考察后对我说：“学南容易学北难（学南指学温州，学北指学苏南）。”他决定叫安徽的县委书记分批到温州考察。我说：“学南也不容易，搞不好恐怕会有政治代价。”当时省里的口号是“工业学兰溪”，对来自全省到温州参观考察的大批干部群众，我从不出面接待和讲话，我只是对金华地区的义乌、永康两县的县委书记就如何学习温州经验问题提过具体建议。鉴于历史的经验和教训，市委在 1985 年 4 月向省委写了《关于温州农村发展商品经济情况的报告》，但对这个报告省委没有反应。

于是，在 1985 年春我回省委参加常委会期间，有一天早晨在 84 号遇见王芳书记。我说：“我在温州的时间差不多了吧？（原来省委定一年）”王芳同志说：“是差不多了。”我接着又说：“温州现在的干法到底行不行？省内外全国各地到温州参观考察的一年有两三万人，省委要不要向中央报告一下？不报告的话，万一有一天说温州搞的是‘资本主义’，省委不向中央汇报，那省委是要有责任的。”王芳同志深思了一会儿，点点头说：“你说得有道理。”在这不久，由省委办公室、政策研究室等先行派了10多位同志到温州进行了较长时间的细致调查。8月20日，王芳同志又亲自到温州，先后在永嘉、瑞安、平阳、苍南等县的乡镇和基层单位及市级部门进行调查后，以王芳同志的名义向中央写了《关于温州农村经济发展情况的调查报告》。这个调查报告充分肯定了温州市在发展农村商品经济所走的道路和成绩，在1986年《红旗》杂志第三期全文刊登，为温州广大农村干部群众发展商品经济正了名，壮了胆，鼓了气。不过，我的预感还是有些灵验的。

（作者时任浙江省委常委、副省长兼温州市委书记）

黎子流　敢想敢干的广州市改革*

在改革开放初期，打破统购统销、放开价格、开展流通体制改革是从广州开始的，五星级宾馆也是在广州最先出现的，广州一直以来都是祖国的南大门，有光荣的历史和革命传统，各方面的基础都很好。但由于20世纪80年代末开始的治理整顿到了后期有些过头，把自己的手脚都束缚起来了，改革开放有被治理整顿所代替的趋势。

小平同志南行前，广州的局面是比较沉闷的，困难也比较多，虽然工业基础不错，但亏损企业也不少，都不知道该怎么办，手脚也放不开，仿佛找不到前途和出路。当时，整个广州的GDP才357亿，国企亏损面近30%，明亏40多亿，暗亏100个亿，各个企业都在讲治理整顿，缺乏锐意改革的决心和勇气，因此在思想和政策上都需要给大家指一条继续发展的路子。当时广州的一个国企老总跟我讲，我们就像玻璃罩住的苍蝇，前途光明，没有出路。所以，广州当时改革的环境是比较保守的，许多干部感觉到困惑，怎么继续改革？接下来的路该怎么走？

* 节选自《敢为人先　大胆改革——我在广州工作的片断回顾》，收入本书时文章内容略有调整。

敢想：大胆解放思想

我来到广州后，对广州的情况可谓是一无所知。我当时考虑得最多的是：如何把局面打开，希望能够找到一条出路。

我认为，治理整顿是完全必要的，但到了 20 世纪 90 年代初期，治理整顿明显有些矫枉过正了，不能以治理整顿代替改革开放。我一直讲，在大城市进行改革非常不容易，广州当时的干部，思想包袱很多，既有自满的一面，也有故步自封的一面，看不到特区、珠江三角洲其他城市甚至外省的发展，看不到别人的进步。我在顺德时就很清楚，顺德的家用电器，包括美的等一批全国有影响、知名度高的电器品牌，开一时风气之先，而广州的万宝等品牌，却日渐衰落。而且，广州对外服务机构机关化作风浓厚，办事死按程序，不懂变通，有些权力过于集中，如当时摩托车上牌全部要到市公安局，其实完全可以授权给各区公安分局来办，我想这里面有利益的成分，也有事事集权的思想倾向，而这些现象其实只是冰山一角。

所以，我到广州不久，即 1990 年底到 1991 年初，就与市委、市政府相关领导一起，提出要进行思想解放，放胆往前闯。在当时能这么提的省、市并不多，因为在小平南行以前，社会上的思想普遍比较保守。

我提出，广州要大胆解放思想，我曾经说过，放下架子之时，就是广州发展腾飞之日。同时，我们对机关干部提出了“三要三不要”，即要守法，不要守旧；要自豪，不要自满；要革命化，不要机关化。为此，市委、市政府组织各级领导到外地考察学习，高祀仁书记和我都亲自带队，与广州市各局领导、各区、县干部先后到了珠三角城市、经济特区、上海、山东、江苏去取经参观，学习外地发展经济、招商引资、城市建设等诸多方面的先进经验。比如到顺德，我们学习顺德财政“放水养鱼”的办法，即财政主动扶持有困难的企业和农业的发展，通过培植企业、培植税源，增加财政收入。后来，由高祀仁书记带队，我们还到了东莞，考察当地城市化建设、城乡一体化发展等方面的建设经验。

1992 年，小平同志南行后，思想解放的热潮迅速在全国各地兴起，广州的思想解放工作很快就上了一个新台阶。实际上，广州的人才是非常多的，关键是有各种各样的束缚，能量无法真正发挥出来。我曾经说过，只要思想解放了，这些人才就会变成推动广州发展的千军万马。之后，由于解放了思想，改革开放开始向更深和更广的层面不断推进，广州的经济社会取得了快速的发展，至 1996 年，广州市的 GDP 已达 1600 多亿元，从 1990 年起，GDP 的年平均增长率达 19%。

敢干：简政放权、招商引资

在发展经济方面，政府努力按照经济规律办事，从大力打破姓“资”姓“社”的界限入手，大力发展社会主义市场经济。

我认为，在计划经济向市场经济转轨的过程中，如不转向市场经济，广州越“守法”，就会越守旧。所以，在经济发展中必须遵循市场规律，大胆创新，要有敢闯、敢干的精神，不敢越雷池一步，是干不成事的。正因为那段时间冲破了计划经济的束缚，将发展转移到市场经济的轨道，才有了此后广州经济的快速发展。在市场经济体制下，我们主要从两方面入手，带动广州经济社会的改革与发展，一是努力做到简政放权，二是加大招商引资的力度。

关于简政放权，我认为，不管权力大小，权力越集中，就越容易滋生腐败，工作效率越低。因此，我们主要是加大区、县管理经济的权力，尽量放权，比如前面讲到的摩托车上牌、审牌的问题，我们就将这项业务下放到了各区、县的公安分局。在简政放权方面，我们做到举一反三，督促有关部门进行改革。我认为，部门之间的权与利的争夺会影响到市场经济的发展。我来广州不久，番禺有几个老同志写信给我，说番禺各方面的条件，无论资源、交通、人才等方面都比顺德要好得多，但为什么番禺的 GDP 只有顺德的一半呢？我认为，当时广州的一系列呆板的规章制度束缚了下面区、县的发展，如果市政府事无巨细都要过问，就不能发挥区、县发展经济的主观能动性，就容易导致僵化的行政管理机制，这不符合市场经济的要求和特点。因为市场是瞬息万变的，如果什么事都要请示汇报，然后等上级拍板，许多机会就错过了。所以，我们简政放权的一个重点就是给区、县放权，在招商引资方面，给予区、县很大自主权，让他们放开手脚、各显神通，自寻出路。

到广州后，我总感觉大家缺一个“敢”字，我认为机关干部必须树立全心全意为人民服务的思想，保持党的优良传统，即进行深入的调查研究、密切联系群众、将艰苦奋斗的精神与现代科技相结合，只有这样，才能如虎添翼，否则，只会事倍功半。这一点在对外招商引资方面表现得尤为突出，凡事都局限在政策的条条框框里，不敢越雷池一步，有时会错过许多机会。因此，我认为，在对外招商的过程中，也同样需要解放思想，要有敢闯、敢干、敢负责的精神才行。

改革开放初期，广州利用外资才20亿美元，到20世纪90年代，已经超过100亿美元了。为什么呢？主要是我们采取了许多办法吸引外商来广州投资，比如，1993年我们到国外进行招商时，曾提出了三条原则，加大对外商政策优惠的幅度，吸引他们来广州投资。一是只要特区、沿海开放城市能做到的，广州一定做到，特区、沿海开放城市做不到的，只要不违背法律，广州也敢于试验；二是外商在投资中遇到困难和障碍的，由当地领导负责，及时解决，我们认为，为人民服务也包括为外商服务，只要他们遵纪守法，依法纳税，我们就保护他们的利益；三是生意不成朋友在，留得青山在，不怕没柴烧，即使谈不成生意，也可以交朋友，为以后做准备。我感觉，只要有一个投资者在广州感觉创业环境良好，就会带动一批投资者来广州创业。通过采取这些方法，我们在对外招商中取得了一些成绩。当年，我们曾经定期到香港去招商，香港的富豪和知名人士几乎每年都来，可谓盛况空前。

这其中，还有我亲身参与的一件招商引资轶事，现在回想起来也很有意思。台湾塑胶工业集团公司（台塑集团）创始人王永庆的长子王文洋先生，当时他在台塑集团南亚公司任职，很希望能在大陆投资，但是由于当时台湾当局对台湾商人到大陆投资有诸多限制，因此多次努力都未能如愿。1996 年，有一天我在香港启德机场转机，准备出国，当时随行的市外经贸委一名干部在机场看到了王文洋，就把他引荐给我。由于我们都忙着赶飞机，于是我们就在启德机场匆匆聊了几十分钟，我真诚地邀请他来广州投资，他很爽快地答应了，之后我们就告别了。不久，王文洋到广州与我和高祀仁书记会面，经过几次商谈，我们初步达成协议，在黄埔开发区留出 1500 亩左右的土地，让王文洋的南亚塑胶公司在电子、塑料等领域进行投资，投资额达 20 亿港元。经过艰苦的谈判，大部分问题都谈妥了，最后卡在了一个地方，即环保问题。因为黄埔开发区靠近流溪河，而流溪河是广州市民的饮用水源地之一，当时市环保局认为塑料项目可能会造成流溪河的污染，因此对于这个项目坚决不批。

我当时就想，这些塑胶项目在台湾都能做，他们肯定有一套自己的治污方法，难道台湾会允许污染吗？而且这个项目引进时，已经明确要达到环保要求，绝对保证流溪河水质不被污染，我与环保局多次协商，要求他们提出污染的具体标准，但他们也提不出来，一时间这项目就卡在了这个地方。

当时我身体有病，正在中山一院住院，王文洋跟我讲，他已经在珠海把合作项目谈好了，如果广州在一周内不给他答复，他就去珠海投资。我很着急，把白云区区长陈耀光、环保局的领导和王文洋都请到我的病床边，我要求陈耀光，在一周内把王文洋投资办厂的其他手续全部办好，并请环保局的领导亲自到台湾去，考察台塑在台湾的排污情况，这一系列的举措让王文洋为我们的办事效率和真诚所感动，同意再等待一段时间。环保局的领导到了台湾后，看到了台塑集团的治污设备，工厂里的废水经过三次消毒过滤后，排放后的废水都可以养鱼了。他回来后对我说，我们对外部世界真是不了解，这次出去真是开了眼界了，只要黄埔的工厂能达到台湾的治污标准，就没有问题。

之后，我将所有办事部门的领导请到我的病房里开会，迅速召开一次带上公章的联席会议。很快，这个项目在 7 天之内引进成功，并办好了全部手续。后来，王文洋在广州的投资额前后达 8 亿多美元，我和他也成了朋友。我们与台塑集团的合作情况并没有在报纸上透露，因为当时台湾对商人在大陆投资有限制，因此他在广州的投资是暂时不宜公开的，做了说，这也算是广州招商引资过程中的一个小故事。

通过这件事情，我感觉在招商引资过程中，也要像战争年代一样，抓住瞬间即逝的机会，努力为广州的发展引进更多的外资，同时可引申出，要注意简化手续，减少办事程序，提高办事效率，真正为外商提供方便，因为只有外商肯到广州投资，广州的经济才有可能更快发展，才能为广州争取到更多的利税。所以，我一直讲，在对外开放中要讲诚信，不但要把人留住，更要把心留住。正是由于我坚持这种态度，许多外商后来都和我们成了无话不谈的好朋友。

（口述者时任广州市市长　卢玉华/整理）

朱森林　广州经济体制改革点滴*

以放开物价为突破口的经济体制改革

广州的价格改革有个过程，有一些是前任搞的，从梁灵光到许士杰、叶选平，后来才是我。习仲勋一到广州，就知道广州供应匮乏，“四季如春没菜吃，鱼米之乡没鱼吃”，怎么得了？所以很自然就想从供应问题上做文章。当时有一件事对习仲勋同志刺激很大：市民把兑现不了的鱼票（五角钱）寄到他那里，仲勋同志很有体会，就从副食品、蔬菜开始放开价格，蔬菜价格放开牵连到其他价格。所谓价格放开就是要利用价格杠杆调节农副产品价格，解决物资供应不足的问题，当时广州虽没有把它放在价值规律这个高层面上来认识，但是实际的操作是按价值规律来办的。当时蔬菜是统购统销，每亩种多少，多少上市，完不成任务受处罚。农民为了完成任务，拼命增产，讲数量不讲质量。如通心菜只有三分之一能吃，“可食率”一时成为专有名词。

价格放开，与群众关系非常密切。我在从化县任革委会副主任时，对此深有

---

* 本文根据朱森林访谈文章《广州改革开放若干问题的回顾》整理，收入本书时内容略有调整。

体会。广州当时要求过年供应每户一只鸡，各级供销社要保证负责把鸡收上来，上交到市里，然后供应市民。为完成任务，我与供销社人员一起拿着秤和鸡笼，跑到农户家去收购。因为收购价低，农民不愿卖，卖也是卖瘦鸡。两者因此关系紧张，闹得“鸡飞狗走”。

价格改革是逐步推进的，当时还没有上升到理论上。广东经济学家卓炯特别提倡价值规律，我们在操作时注重实际，慢慢地形成一套办法，这办法在广东是最早的。

广东改革不是先从农村改革开始而是先从城市价格放开开始的。1978 年芳村最先放开河鲜、蔬菜、塘鱼价格，此时党的十一届三中全会正召开，这是广东最早的改革。1981—1983 年，全市蔬菜、塘鱼、水果等价格陆续放开。到放开猪肉价格时，政府采用补贴方式，把市民因价格上涨造成的损失补回一些。

为什么说广东是价格放开最早的省份呢？国务院领导在广州流花宾馆主持召开会议，出席会议的有李鹏副总理和全国各地的代表。广州市在会上介绍价格改革情况，当谈到放开蔬菜价格时，李鹏同志说，这个方法在广州看来是成功的，但要在全国推广很难。我在会上有个汇报材料，提出不是所有品种都放开，先是塘鱼价格放开，接着放开部分蔬菜价格。

1984 年 11 月，广州蔬菜价格全面放开，价格上浮，加上天气影响，菜价上涨较大。市民情绪波动，反映强烈。有人说怪话：“形势大好，白菜三毛（原来 5 分钱一斤）。”有些人甚至写信告到中央，震动了中南海。我听许士杰讲，中央领导曾亲自打电话来广东询问情况。

但长痛不如短痛，广东和广州不顾“阵痛”，顶着来自各方面的压力，成功实现了价格“闯关”。经过一段时间放开价格之后，价值规律发挥了杠杆作用，调动了农民的生产积极性，农副产品普遍增多，价格逐步回落，并日趋稳定。不仅农民增加了收入，市民也得到实惠。广州价格改革取得了明显成效，在全国反响很大。

1983 年后，我分工管经济工作部、统战、宣传、工青妇和政策研究室，兼了一段时间的市委党校校长。1984 年下半年，兼广州经济技术开发区管委会主任。经济工作部也是从思想工作、干部管理方面管。具体经济工作由叶选平负责，我主要管开发区。

刚才讲的关于蔬菜价格改革，农民有自主权等方面，我曾带市委政策研究室一些人到芳村做了调查，认为应该给农民种植自主权，否则农民就不能发挥生产积极性。调查后，我向许士杰同志汇报过。后来，市委在这方面特别是生产自主权方面让农民放开经营。主要是三放开："放开任务，放开价格，放开流通渠道。"

刚搞价格改革时，由于物价上涨，部分市民难免会有反应，中央也关注此事。但我们领导班子里面没什么问题，思想也比较一致，就是要改善群众生活，一心一意搞好经济。

……

调整产业结构，进行技术改造

结构调整上，要求轻工业做大做强，发挥原有的优势；重工业也摆到一定的位置，老的进一步改造，新的打基础。把推进改革和调整结构结合起来。我直接抓的是广州国有企业改革，企业承包责任制，激活企业活力。几个大厂逐个开会落实，如广州钢铁厂、广州重型机器厂、广州纸厂等。我亲自带队组织工业管理部门、财税部门去落实经营承包责任制，特别是广钢，引进粤海资金，享受中外合资企业的待遇，使企业活起来。这几个厂后来发展很快。

结构调整中，如何把广州轻工业企业优势发挥出来是关键。具体来讲有"三大件"：手表厂引进瑞士技术，自行车是"五羊"，缝纫机是"华南"，作为当时的"三大件"有一定的优势。

纺织方面，除了第一棉纺织厂是老厂，第二棉纺织厂是新厂，在上海市委书记任上的江泽民同志到广州参观时曾专门到二棉参观。广州纺织业特别是针织业在全国领先。此外我们特别关注珠江钢琴厂的发展，鼓励他们把这个"独生子"

发展好，现在已经成为全国最大的钢琴企业。一度成为广州旗帜的是广州味精厂，该厂落实岗位责任制，加强企业内部管理，降低企业成本，是当时广为宣传的一个突出典型。

广州白云山制药厂也很好，中央领导和许士杰同志都到厂视察过，白云山制药厂还一度成为农工商企业旗帜。

新的珠江啤酒厂搞得很好。在我任期内时它开始建厂，投产时我参加了，现在啤酒厂产量规模很大，达60万吨，投产时才15万吨。北有青（岛）啤，南有珠（江）啤，可见珠啤在全国影响很大。

重工业方面，除抓好广州钢铁厂的技术改造外，另一个是广州石油化工总厂的扩大规模和上乙烯工程。广州最早提出上乙烯，茂名也提出上。当时我们提出依托原来的广石化上乙烯，国务院也表示同意。上了以后，以广石化为依托，广州与中石化联合投资。我调省里工作后，广州市提出石化由广州办，广州乙烯变成自己投资，但因为融资困难，建设周期长，加上市场不太景气，这样乙烯一投产就出现亏损。

汽车工业方面，广州引进了法国标致汽车。但标致存在先天不足、后天失调的情况。先天是：国务院批准兴办三大、三小汽车工业。广州是三小之一，原是搞农用车，带拖斗，开始组装时还不错，后来国产化拖延，发动机过时。在经营思想上，标致公司要求省政府下命令，全省所有出租车都用标致车，这办不到。因为市场经济，要讲竞争，它没办法，就退出了。到后来，由于有了五羊本田摩托车的成功，在黄华华、林树森同志进一步促进下，广州与日本本田公司合作生产汽车获得成功。本田提供最新技术和设备，在广州投资建厂。目前本田在海外的企业中最好的是广州本田。广州市把汽车工业作为支柱产业是对的，汽车工业不能放弃。标致作为一个失败的典型，但也是广州的一个起点，这为后来的成功积累了经验教训。

从叶选平同志决策到我接手继续，广州把花都的珠江水泥厂作为建材业的一大项目（120万吨水泥厂）搞了起来。原来广东高标号的水泥厂除了西村水泥厂外产量都不大，不适应发展需要，省里在云浮建了60万吨水泥厂，广州也下决心搞大型水泥厂，这个路子是对的。

发展轻工业没有重工业做基础不行，轻工业的装备要靠重工业。广州轻工业生产里速食面生产线在全国领先，开始是引进生产线，到后来自己制成了生产线，做得也可以。

如何评价80年代广州经济发展速度

这是较难回答的一个问题。“六五”“七五”期间，从统计数字来看，广州经济增速低于珠三角其他地区。“六五”期间，广东GDP年平均增长15%以上，广州增长13.68%；“七五”期间，广东GDP年平均增长12.3%，广州增长10.83%。对这个问题可从两个方面来看：一是从纵向来看，广州和省相比。一是从横向来看，广州与全国其他大城市相比。

先从横向看：与全国十大城市相比，大城市之间有许多相似之处。1980年，广州经济实力综合指数在全国十大城市中排第六，居中下水平。1992年，广州综合实力跃居第三位，仅次于北京、上海，超过了天津，人均国民生产总值第一。我从1987年下半年到1988年，提出了一个口号，内部做工作，对外不宣传，即“超天津”。当时市委常委召开扩大会议时，发了有关天津的一些材料。经过几年努力，1992年终于超过天津。横向之间有许多可比之处，这样比较有说服力，因为体制、机制和财政负担等方面有许多相同之处。

从纵向方面来看，广州在发展速度上低于珠三角其他地区，落后于全省，原因有以下几个：

一是计划经济的影响，改革难度比较大。广州国有企业数量多、比重大，改革难度也比较大，因此受计划经济的影响也大。

二是财政负担重。在投入上资金紧张。广州财政收入分配是三分之二上交，三分之一留下。财力用于扩大投资规模等方面受到限制。以1980年为例，全市财政收入15.53亿元，是新中国成立以来收入最多的，上交10亿元后，留下才5

亿多元；到1990年，上交60%。从90年代起，市财政可支配收入减少6亿多元，连续出现财政赤字。老城市负担比较重，但还要上交给省，支持其他地方。当年全国搞计划单列市时，广州提出财政上搞单列，但省里没有同意。全国单列市财政都单列，唯独广州不是单列。

三是城市建设中基础设施欠账多，影响城市发展。电、气、学校、医院、居民生活等制约经济发展的因素很多，城市气化率不到7%，电力供应开三停四，开四停三，电力严重不足。

四是在信贷资金管理上不灵活，管得较死。省内连续几年都是贷款大于存款，特别是珠三角其他地区，而广州正相反。一方面管得死，另一方面思想不解放，所以对广州的评价是“守法”。有报纸专门登载15个城市交流信贷经验，说广州是个“守法户”。珠三角其他地区的领导则采取“既不当守法户，也不当违法户”，专打“擦边球”。“六五”“七五”期间，广州在利用外资上落后于珠三角其他地区。它们利用外资，搞“负债经营”，加快了经济的发展，但是也留下了后遗症，不良信贷资金多。信贷资金要形成“借用还机制”。不良资产多，是一个大问题。

另外，1989年春夏之交的政治风波多少影响了广州，虽然影响不太严重，但还是有，广州作为省会城市，受冲击比珠三角其他城市大。相比之下，珠三角其他城市发展有以下优势：计划经济影响小，思想解放程度高，对外开放程度高，经济结构灵活性、机动性比广州强。珠三角这些城市用“三来一补”形式引进外资，负债经营规模大。1990年贷款1265.7亿元，多于存款600多亿元。地缘方面，珠三角周边土地广阔，使用率高，成本低，地区优势明显。

针对广州发展速度落后于珠三角其他地区，广州采取了以下措施：一是强调“敢”字当头，水路不通走陆路，陆路不通走山路。二是对广州进行再认识，通过全市干部大讨论，认识广州的特点、优势，制定经济、文化、科技发展战略，这是对广州再认识的产物，对广州发展起了导向作用。三是学习珠三角其他城市，如利用外资的八个方法，合厂合资，厂房租赁，易地改造，一步到位等。

（作者时任广州市委常委、副书记　陈俊风等/整理）

王葆华 “自学成才”的石家庄城市改革

20世纪80年代城市改革开放初期，我市大胆探索，以企业承包为突破口，创造了“撞击反射式”城市综合配套改革经验，成为全国瞩目的城市，被誉为“自学成才”不是试点的改革试点城市，为全国城市改革做出了贡献。我有幸参与了这段改革历程。

以企业承包为突破口，全面推进城市改革

我是1983年5月来石家庄工作，任市长。当时农村已经普遍实行了联产承包责任制，并取得了明显的成效。而城市改革则尚在探索之中。城市的经济活动基础是企业，当时在计划经济的体制下，政府和主管部门在人、财、物等方面把企业控制得很死，分配上搞“平均主义”，吃“大锅饭”，企业没有经营自主权，职工缺乏积极性，经济增长缓慢。1978年至1982年全市工农业总产值年均增长2%—3%，年财政收入6亿元。

十一届三中全会开启了我国改革开放的进程。邓小平同志强调指出“改革是一场革命”，不改革中国就没有希望，是死路一条。他亲自倡议创造了经济特区，号召各级干部要解放思想、大胆改革，“摸着石头过河”。国家也提出了实行“利

改税”和“简政放权”等搞活企业的要求和措施。但是仅仅这些改革措施，尚不能打破旧体制的条条框框，难以充分调动企业和职工的积极性。当时大家都渴望改革，但具体采用什么方法都不清楚。因为 1982 年以前，有些企业效仿农村办法曾搞过各种形式的承包或“包干”，后来因为上面不让搞而夭折，奖励也未能兑现，挫伤了探索的积极性，所以当时人们也希望上面能拿出具体办法来。

为了探索城市改革的路子，市委、市政府多次由主要领导带队组团到深圳、珠海、成都等地调研考察。对见之于报刊的各种城市改革意见认真地进行学习研究。通过外出学习考察，解放了思想，开拓了眼界，但人家的具体做法，我们不完全适用。至于当时流行的各种改革建议，有的不现实，有的缺乏可操作性。但是流行的提法就是改革必须要给企业让利。“让利”这种做法，使得财政本来很困难的地方政府望而却步。后来成都市提出“自费改革”的思路，我立即带队去该市学习。他们从理论上讲得非常有道理，具体办法也还在研究中。这样就使我们逐步认识到，这场改革是史无前例的，现成的经验和办法是没有的。必须遵照改革就是要革除旧体制中不利于生产发展的规定和环节，解放生产力这个总的精神，结合实际自己探索。

于是我们组织力量对我市 1982 年前改革情况进行调查研究，广泛征询企业对改革的要求和意见。调研中发现，有 18 个小企业把承包暗中坚持下来了，效果是好的。石家庄交通局汽车一队，进行过单车核算、超利分成的试点，第二个月单车利润提高 4 倍，不少单车利润一年超过万元，汽车完好率也相应提高。尽管一些奖励措施后来没有兑现，但事实证明，“承包”这种形式对城市企业也是有效的，能够充分调动企业和职工的积极性，有利于政企之间的权责界定，是解放生产力的关键。且体制上妨碍生产发展的规定和环节也只有在实践中才能发现。因此我们逐渐形成了一个思路，即用企业承包作为突破口，通过承包的过程发现阻碍生产发展的问题，用改革的方法逐步解决，把改革引向深入。对这个思路，市委认真进行了讨论，最后一致通过，决定在全市推行承包制，使全市改革逐步全面展开。

完善企业承包制，推动各方面改革

开始实行企业承包并不顺利，因为签订承包合同是政企互提要求的过程，有的企业讨价还价，要求降低承包基数。有些企业承包不下去。戏剧性的变化是1984年3月马胜利自荐承包石家庄造纸厂。该厂是一个拥有800多名职工的中型企业，生产高中低档各种纸张，1981年到1983年连续三年没向国家交一分钱。1984年主管局提出造纸厂承包利润指标是盈利17万元，厂长对市政府讨价还价，开始是亏损，最后是勉强接受。马胜利在厂门口贴出的“向领导表决心”的小字报上说：“让我承包不是17万是70万，我承包3年每年翻一番。”小字报贴出来以后，议论纷纷，有些人认为马胜利是“抢班夺权”“野心大暴露”，要撤销他的职务。但绝大多数工人赞成这种做法，说“老马是好样的”。主管部门领导连夜向市政府汇报。市政府连夜进行了研究，决定支持马胜利，同意把自荐承包作为一种形式进行试验。大家认为，这样做有一定风险，但经济风险不大，政治风险由市政府来承担，以打破当时承包沉寂的局面，争取能闯出一条新路子来。为慎重起见，当时提出了三项措施，一是要马胜利提出承包方案，要经过专家论证；二是要帮助他组织一个班子集体承包；三是承包方案一定要组织专家论证最后交职工大会讨论。

结果马胜利提出的承包方案，得到了专家和职代会的一致通过。4月18日召开了隆重的承包合同签订大会。在会上我代表市委、市政府讲了话，表示支持和鼓励，当时把这种承包形式取名为“自荐组阁承包”，在会上我代表市政府宣布：凡我市企业职工，都可以对本企业申请自荐承包，原企业领导不参加承包的，就地免职。这个会议震动很大，厂长经理们不再“讨价还价”了，主动组班子、搞调查研究、提出方案申请承包。先后有万人大厂棉四张佑斌、无线电一厂彭占果和长征鞋厂等企业自荐组阁，全市大多数企业由原来班子进行了承包。形势发展很快，在企业内部又创造了纵横承包、专业承包等不少形式。通过层层承包，使企业增加了活力，获得了经营自主权，调动了职工积极性。从此，全市大部分企业都实行了承包制。

企业的承包也同时推动了政府多次放权，促进了各方面的改革。企业和广大职工积极性被调动起来以后，都主动谋划企业的进一步发展。这样许多新问题显现出来，例如用工制度过死影响企业的发展；内部承包中涉及企业机构设置和干部任免、奖金的提取和分配；企业对外协作和联营；企业技术改造和设备更新，以及原材料供应和产品销售等等。这些问题既涉及一系列规章制度，也涉及财政、税收、银行、劳动、商业、物资等部门。市政府先后多次组织有关各部门研究讨论，出台了十几个政策、文件、规定，向企业进一步放权，支持企业的发展。有些则作为专项进行改革，如奖金的提取和发放、技术改造和设备更新等问题、物资体制的问题等。这些改革不断深入，向综合配套发展。

石家庄的改革引起了媒体和中央高层的关注。新华社记者王文杰把我市改革情况写了一份内参，起名叫作“撞击反射式”，引起了中央领导的重视，迅速做出批示，派国家体改委的专家来调查研究，国务院主要领导及田纪云、李铁映、朱镕基等先后来调查研究。国家体改委在我市召开了现场会，推广我们的经验，石家庄被称为“自学成才”、不是试点的试点城市，后来被列入综合改革试点城市名单。《人民日报》头版头条和中央电视台的专题节目都先后介绍了我市“撞击反射式”的改革经验。1987 年 3 月，国务院政府工作报告肯定了石家庄等地的经验，称这些城市对城市改革起了带头示范作用。

探索企业自我更新持续发展的道路

企业承包以后，职工积极性提高了，促进了生产的快速发展。1984 年，石家庄市工农业总产值增加了 7.4 亿元，增长 17%，利税增长超过了产值增长。

随着企业的快速发展，大部分企业面临设备陈旧落后、需要投入大量资金进行更新改造的问题更加突出。当时财政体制对市和企业卡得都很死。1980 年以后，虽实行了财政包干，但核定给我市的一年财政支出仅 7600 万，基本上是人头费。能支持企业技术更新改造的资金有限，企业自留的资金也很少。请求省拨款，省财政也很困难。因为没有还贷能力，银行业不给企业贷款，缺乏技改资金成为当时阻碍企业发展的突出问题。

市政府组织财政、税收、银行等有关部门，多次进行研究，认为关键是提高企业的还贷能力，这样银行则可放心贷款，企业搞了更新改造，就可增加收入。具体办法就是允许企业用新增利润归还贷款。只要这步能突破，则全局皆“活”了，既不影响财政收入，又使企业走上自我更新改造、可持续发展的道路。但是当时这样做违反税法，也不符合财政规定，必须经省批准才能实行。市政府和财税等部门分别向省请示，详细述说理由，并郑重保证绝不会影响财税上交任务。省里在研究后同意我们试行。

于是市政府正式发出文件，规定：经市政府审查批准，在不低于上年上缴指标情况下，允许企业用增收部分“税前还贷”。市政府每年投资的技措也改为有偿循环使用。这些政策为企业提供了很大的支持，激发了企业自我更新改造的积极性，为企业的发展创造了有利条件。比如棉纺二厂新上车间设备、“人百”一期改造工程的资金，都是采用“税前还贷”方法解决的。石家庄 1985 年技术改造投入了 3 亿元，1987 年达到 4.9 亿元，为企业注入了活力，设备状况有所好转，生产、利润快速增加。到 1987 年工农业总产值达到了 74.8 亿元，比 1982 年增加了 87%，工业企业实现利税增长 50%，财政收入不仅没有减少，反而增长了 67%。这项改革，后来被省里命名为“滚雪球式的企业改造模式”，并在全省普遍实行。

改革物资管理体制，探索由统配向市场过渡的路子

物资和重要商品由国家统一分配是计划经济的重要特征。当时我们认为生产资料不是商品，称为“物资”，并将其分为“统配”“部管”和“省管”三部分。

企业需要则由下而上按隶属关系申请，再由国家和省向下分配。生产资料品种繁多、规格复杂，完全摒弃市场的调节功能，采取人为的由上而下的方法按计划分配，势必造成供产销脱节、产非所需和积压浪费。以钢材为例，品种规格有几千种，国家计划却只按管、板、型、圆、线和大中小型安排生产和组织分配，致使用料企业虽有指标，却订不到适用的，企业怕丢掉指标，不合适也要，结果导致货到地头死，积压起来。

虽然年年搞骡马大会式的订货会，进行产需衔接，但不能从根本上解决物资供需矛盾。一方面全国上下到处喊钢材紧张，甚至影响到了用材不多的小商品生产；另一方面，钢材大量积压，各行各业仓库里的几百万吨新增钢材却在仓库里“睡大觉”，大量钢材库存，1982 年以前就超过了当年的产量，浪费是十分惊人的。为解决这个问题，中央和各级地方政府都成立了清仓利库办公室，采取了开调剂会、调度会、下利库任务，谁库存大就扣分配指标等办法，但效果却不明显，库存反而越清越多。

为了向市场调节过渡，国家实行了“双轨制”，即在维持原来分配数量的前提下，对新增产钢材不再进行分配，直接投向市场按市场价销售。这虽然为企业急需钢材解决了不少问题，但由于供需失衡，引起钢材价格猛涨，市场价高于计划价一倍以上，拉关系、走后门，利用差价倒买倒卖成风，市场相当混乱。

我们考虑，如何既利用市场机制优点，又克服“双轨制”弊端的方法，应该摸索出一条新路子来。根据当时物资运行情况和多年经验分析认为，企业离不开分配物资，实际上是一个差价问题。可不可以改为按指标给企业价格补偿？即对企业不再分配物资，把“双轨”合成“单轨”，允许企业到市场自行采购原材料，物资部门不管是计划内还是计划外物资一律按市场价销售，多余货款作为补偿返还给企业。这样就在国家分配体制不变的情况下，在石家庄市创造了市场调节的小环境。既可以解决品种不对路的问题，又可以防止利用差价倒买倒卖。实际上是提前把物资部门和企业推向市场，有利于逐步转轨。

1984 年 8 月，经市政府批准，放开了大部分生产材料的价格。1985 年开始实行“同一销价，价差返还”。对计划内外钢材、木材、生铁等生产资料，实行同一市场价销售，然后把价差返还给企业。

国家体改委高度评价我们的这一做法，认为我们的做法很有创意，他们说如果全国城市都这样做了，就自下而上地帮助国家解决了一个大问题。在国家体改委和物资部的支持下，我们继续深入推动了这项改革，率先建立了全国第一个生产资料市场。1986 年 1 月以后，先后建立了 7 个物资贸易中心，后经国家有关部门批准建立了钢材市场和木材市场。1986 年 12 月 19 日，国家经委等五部门下发文件，批准石家庄市建立第一批物资部门钢材市场。在建立生产资料市场的同时，我们还在强化物资企业服务上下功夫，实行了以定时、定量、定点和送货上门为主要内容的“三定一送”服务，成为全国物资部门服务生产企业的样板。

石家庄物资体制改革，不仅为生产企业创造了良好的外部环境，方便了企业，压缩了库存，加速了资金周转，而且使物资部门提前适应了市场机制，理顺了物资供应体制，杜绝了利用差价倒买倒卖现象，保护了不少干部。

石家庄物资改革的成功尝试在全国引起了巨大反响，受到了中央领导同志的肯定和赞扬。1987 年 3 月，六届人大五次会议的政府工作报告中，提出有条件的地方可以有步骤地推广石家庄等地开办生产资料市场的经验。《人民日报》等主流媒体纷纷发表文章介绍和推荐“石家庄物资体制改革经验”。1988 年 4 月 20 日，国务院物资体制改革领导小组颁布《关于深化物资体制改革的方案》，部署了深化物资体制改革的工作，这一《方案》中也明确提出“要全面推广石家庄市的经验”。

在整个中国改革开放的大潮中，石家庄在改革初期的探索，只是浪花而已，但是在改革过程中所体现的勇于改革创新、敢为天下先、实事求是、不怕困难的精神是非常可贵的。这种改革精神，在整个建设中国特色社会主义的进程中都是不可缺少的。

（作者时任石家庄市市长）

叶承垣　回忆宁波经济体制改革*

1984 年 4 月国务院先后批准宁波为全国 14 个进一步对外开放城市之一，和全国 23 个城市综合经济体制改革的试点城市之一。市委、市政府立即采取了许多相应的措施。决定成立经济体制改革和对外开放两个领导小组，并分别设立办公室。我在完成市委交办的上述三件事以后，被调到市委任副秘书长兼政策研究室主任。同时公布我为体改领导小组副组长兼办公室主任，金义琳、谢智毅、王松泉、孙玲花同志任副主任，共配十二三名干部。当年邵占维同志刚从县里调来，他在经济理论、改革思路和文字功底上有一定的基础，是我们开展工作的重要助手。体改办和政研室两块牌子，一套班子。1984 年 10 月，我任市委常委、秘书长，市委明确仍然负责城市体改，不过问市委办公厅工作。

由于自己长期从事农村方面工作，对城市经济比较陌生，在体改办熟悉城市经济工作的同志支持下，边干边学，实际负责体改办工作三年时间。这段时间正是十二届三中全会《关于经济体制改革的决定》全面贯彻，由高度集中的计划经济向有计划的商品经济体制转变的关键性三年。正如当年邓小平同志曾经指出的："'七五'计划的中心是改革，如果改革成功了，它将为今后几十年中国长期稳定

* 节选自《对宁波改革开放若干问题的回忆》，标题为编者加。

发展打下好的基础。”30 年的经济持续快速发展，完全证实了他的科学预见。

1984 年 5 月市委提出的方针是“改革开放双管齐下，外引内联同步进行”。体改办的主要任务是对工业、建筑业、商业及综合部门开展各项改革，会同各主管部门分别组织各类试点，提出改革方案，供市委决策后在全市推广。

由于城市经济体制改革涉及面广，是一项探索性工作，所以市委主要领导葛洪升同志抓得很紧，经常听取汇报并作具体指导。我们根据十二届三中全会《关于经济体制改革的决定》和小平同志“改革要摸着石头过河”的精神，以建筑业为突破口，以搞活企业为中心环节，以建立多渠道、少环节的流通体制为重要内容，重点是打破两个“大锅饭”（即：企业吃国家的大锅饭，职工吃企业的大锅饭）。我们经过反复考虑和实践，在改革中坚持“看不准的搞试点、看准了的大胆干”，“面上的问题点上探索、点上的经验面上推广”，“试点要大胆、推广要谨慎”的工作方针。在工作方法上，有的“只斩不奏”，大胆突破；有的只要方向正确“先斩后奏”，干起来再说；有的“边斩边奏”，主要指涉及原则的改革办法和政策。在工作步骤上，先易后难，先小后大，先急（紧迫问题）后缓（一般问题），逐步探索，开拓前进。把握的总原则是，微观先搞活，宏观要调控；职工工资增长率，不得超过税利增长率和全员劳动生产率的增长；不论采用何种改革办法解放生产力，提高经济效益，必须确保国家得大头，确保财政稳定增长。按照上述精神，我们广泛开展各种试点，采用多样改革模式，大胆进行探索，始终坚持渐进式的改革方略。改革的重点在市区，同时也指导和带动各县（区）的经济体制改革。

以建筑业为突破口，敞开城门，全面实行招标承包制

因为建筑业与开放吸引外资和大规模开发建设有直接关系，当年正是小港开发区破土动工，新建宁波大学要保质、保量、限时建成。如果一个项目拖上几年不能投产，不仅加重利息负担、贻误商机，直接影响投资效益，也影响宁波声誉，

制约宁波改革开放的步伐。改革开放前东门口一座建筑面积为1.3万平方米的交邮大楼，前后拖了八年，实际施工时间42个月才交付使用，人称“八年抗战”，这对外商投资企业来说是不可思议的。

因此，我们坚决打破画地为牢，不准外地各类建筑队伍进城的封闭式传统观念，打开城门，对施工、勘探、设计、建筑安装全面向国内市场开放（其中设计还向境外市场开放），积极引入竞争机制，实行优胜劣汰，从而为全市建筑市场注入了新的活力。

我们还在第二建筑公司试点的基础上，全面推行建筑行业招标承包制，打破“四只大锅饭”。一是新建项目试行投资包干制，打破建设单位吃国家大锅饭；推行招标承包制，打破施工单位吃建设单位的大锅饭；实行百元产值单位工资含量包干，打破施工队伍吃业主的大锅饭；施工企业内部实行栋号、工号、项目承包制，打破施工企业内部的大锅饭。这些措施都登报公开宣布，这样，是大大增强了建筑行业的竞争机制，几个月内就有北京、杭州、绍兴等外地建筑企业61家，2万多人的队伍进入宁波，大大加快了新区开发和旧城改造。

二是改变了投资“无底洞”、工期“马拉松”的状况，工程造价降低14%，工期比国家规定定额缩短40%。

中山路丝绸大楼工程建筑面积5700平方米，按国家规定标准工期28个月完工，实行承包制后，19个月交付使用了。新建宁波大学第一期校舍工程2.1万平方米，15个月保质保量完工，1986年秋季如期开学，使海内外参加开学典礼的来宾对宁波的“效率”刮目相看。

三是竞争使建筑企业的素质和经济效益大大提高，全员劳动生产率突破了万元大关，比改革前提高42.5%。我市建筑行业的配套全面改革经验，省体改办、国家体改委向全省、全国作了系统的介绍，1985年化工部还到宁波召开了化工企业建设、安装建筑项目招标投标现场会。

积极搞活流通体制，增强城市的辐射功能

改革商业企业经营机制和经营方代，大胆放手发展多种经济成分，建立各种自由市场，逐步打破国有、大集体企业的一统天下，不断提高城市为公众服务的能力。对市内 6 个国营商业二级站，采用站批零合一的形式，先后建立 8 个贸易中心，减少了环节，搞活了经营，促进了流通。放手大力新建、改建、扩建农产品、副食品、工业品等 29 个交易市场，拓展了经营方式，搞活城乡之间和宁波与外地的流通。对国营商业小企业，积极探索经营方式和产权制度改革。

让当今许多年轻人想不到的是，由于长期受“左”的影响，当年个体工商户是受到严格限制的，像理发、照相、餐饮、洗染、洗浴等行业都是吃着“大锅饭”的国营或大集体企业。

东门口修理钟表眼镜的商店，由私营店转为公私合营，最终在 1960 年也变成了国营企业。所以，我们对市区 70 户商业小企业，在中马副食品商店试点的基础上，采取转（转股份制）、改（由国营改为集体经营）、租（租赁给个人经营）等形式，全面放开。

与此同时，还大力发展个体商业、服务业，放宽批准权限、经营范围和经营方式，简化登记审批手续，一年内，各种个体工商户如雨后春笋涌现出来，全市发展到 78000 户，其中市区共 5000 多户，这样集中解决了当时吃饭难、住宿难、修理难、买针线日用小商品难等社会问题，还大大缓解了一大批回城知识青年的就业问题，从而极大地促进了微观经济的活力和城市的服务能力。

敞开城门，放开市场，大力开展内联协作

突破传统模式对生产要素通过国家调拨、纵向分配的僵化模式，积极推动企业之间、地区之间开展横向经济技术合作。市政府下达了推进经济横向联合的 20

条意见，打破了原来对工商企业销售对象固定、销售区域固定、作价方式固定的传统模式，对企业实行购销对象、经营范围、经营形式、作价方式、服务领域的五个开放，建立起多渠道、多种所有制、多种形式的横向经济技术合作和联合，使城市逐步由封闭型向开放型、辐射型、网络型和多功能转变，开始打破地区分割、条块分割和“大而全”“小而全”的传统生产格局，各种经济体应运而生。

条例实施第一年，全市与 25 个省、市建立了跨地区、跨所有制的多种经济技术协作关系。其中，以骨干企业为主体（如洗衣机厂、水表厂），以名牌优质产品为龙头，不同地区、不同所有制企业之间采取定点加工，零部件外协配套、产品下放等形式，建立各种联合体 65 个，参加联合的企业近千家，它成为后来组建各种企业集团的雏形。发展横向经济联合，是一条投资省、见效快、收益高的发展路子，它给许多企业带来巨大利益。正如雅戈尔集团董事长李如成同志所说，我们当年青春服装厂一无资金、二无技术、三缺管理，与上海一个企业横向联营后，缩短了创业周期，请来上海 8 个师傅把关生产流水线，只花两三年时间就赶上了上海那些有二三十年历史的工厂水平。

1986 年 12 月，我任市委副书记，开始分管党群、政法、农村方面的工作，体改办公室与政研室分开，办公移到市政府，但是市委明确我仍参与体改方面重要事项研究，于是我一直参与这项工作到 1987 年底为止。

（作者时任宁波市委常委、秘书长等）

廖伯康　热闹的重庆市企业改革*

企业改革是试点半年后开始的。相对于城市改革，企业改革难度更大，风险更大，头绪更多。但我们没有因为困难而退缩。企业改革一启动就大胆通天。事情发生在 1983 年国庆第二天，王谦和我联名写信，直呈总理。

下放的"肥肉"

半年来，驻渝中央和省属企业陆续下放，重庆经济部门笑声不断。原市属工业企业 600 余家，固定资产原值总共才 31 个亿冒点头，而接收的 130 多家下放企业，其固定资产原值就将近 26 个亿，几乎一半对一半，重庆对这些高科技集聚和人才集聚的骨干企业眼馋了几十年，如今梦想成真，能不高兴？当然，重庆不会只是偷着乐，随着这批企业下放，市委、市政府关于打破常规，搞活企业，增强城市实力的工作迈出了实质性步子，但一旦零距离接触，我们发现情况非常严峻。

无论原市属企业还是下放企业都有些年头，这些企业有个共同特点：欠账

* 节选自《城市改革中的"第一个吃螃蟹者"——重庆经济体制综合改革试点回忆》，标题为编者加。

多。原市属工业企业情况尤甚，设备陈旧、工艺落后、厂房破烂成了它们一道独特“风景线”。在全市轻纺业中举足轻重的重棉一厂，乍看，1000多台织布机、64000多纱锭、5000多职工，不可谓不辉煌，但仔细了解后有些情况让人匪夷所思，他们许多厂房竟还是抗战时期的简易结构！为了工人安全，有的车间专门派人瞭望，发现险情就吹哨子，工人听到哨音赶快跑。而全国赫赫有名的老企业重庆钢铁公司，正在用的轧钢机中，竟然还有文物级的清朝张之洞时代的外国产品，放在发达地区，这些老牙货早进了博物馆。

问题还是出在体制，企业在老体制中无力自我改造。从新中国成立到十一届三中全会，30年间全市轻纺行业共上缴税利21.35亿元，而同期得到的投资只有1.35亿元。那时实行收支两条线，企业一只手上缴利润，另一只手又伸着要钱，所有开销都得上级拨付。有这样一个让人哭笑不得的事情：有家大型工厂，其生产的精密机床曾多次在国际博览会展出，有一定国际知名度。有次外宾来厂里参观，有位客人想上厕所，他非马桶不用，可厂里却只有蹲坑，场面一度尴尬。幸亏厂办主任灵活，让小车司机飞车送客人去了小泉宾馆。那时小泉宾馆是定点涉外宾馆，有的房间安了抽水马桶。这一趟，汽车来回跑了十几公里。厂长一脸难堪地向外事部门陪同人员解释：“原来计划修个有抽水马桶的厕所，报告打了几次，始终没有批文。”

还说那个重棉一厂，1983年计划利润近500万元，除去上缴，尚余60多万元，这笔钱得支付政策规定的国库券、国家能源集资、省统筹建厂集资等等，最后厂里不但落不下一分钱，反而负债21万元！哪还谈得上技术改造？企业即使有心负债搞改造，银行也不会轻易接招，因为那时原市属国营工业企业贷款欠账已达2.8个亿，按约定当年应还贷1.3个亿，而实际还款能力却不超过0.6亿元。没有还款能力银行当然不愿贷款给你。

寻求政策支持

旧体制使重庆企业和在渝的中央及省属企业陷于不能自拔的境地。面对企业困难，市委、市政府几乎无计可施，因为我们只得到改革授权并没得到资金支持，况且全市企业大规模技术改造的巨额资金也不是短时间就能筹集来的，而改革是需要成本的。于是，权衡再三，经过市委集体讨论后，我们在信中请求国家给政策，以便对企业进行技术改造，使其恢复活力。在信的末尾，王谦书记和我分别签上自己的名字。

我们在信中要两个政策。一是从当年起三年内，用减税的办法，每年从全市工业企业销售额中提取 1%，专项用于技改。粗算下来，每年约可得 4400 万元。二是贷款，涉及两方面：一方面，对市属轻纺行业在 1981 年特大洪灾中所发生的恢复生产性贷款，允许首先用实现利润还贷，不足部分再申请减免税金，并给予无息或低息照顾；另一方面，对企业结合危房改造及迁建的技改贷款，允许用改造后增长的利润、折旧、税金来还贷，利息从低，并延长还贷期三至五年。初步匡算，这两项政策基本上能满足 124 项技改项目的资金需求，这些项目每年可增加 39 个亿的产能，国家的让利仅用三年即可全部收回。我们在信中用了句老话：“舍得金弹子，打得凤凰来。”

国务院领导很重视我们的意见。三天后，总理批示就到了国务委员张劲夫手中。总理强调：“重庆应适当予以支持”，并要张劲夫“约经委、财政、体改委一议”提出解决方案。两周后，张劲夫请来田纪云以及相关部门负责同志，就我们的建议进行专题研究。田纪云曾任四川省财政厅长，1981 年调到北京，那时任国务院副总理兼国务院秘书长，还是中央财经领导小组负责人，对重庆对财经，他既熟悉又有发言权，所以张劲夫特别邀请他参加。

与会者都表示支持重庆的改革试点，但毕竟站的角度不同，他们在关照重庆的同时，还得统揽全国大局，所以，他们用另一种方法拼“七巧板”。他们拟定了几项特殊政策，包括部分贷款适当延长还款时间、适当增加重庆军工企业的自筹基建指标等等。其中关键的有两条：其一，允许重庆企业当年提高固定资产折旧率 0.5%，1984 年再提高 1%，增提部分全部留给重庆用于设备更新和技术改造。算下来，从 1984 年起，重庆每年将因此增加不少于 5000 万元的技改专项资金。其二，上交的折旧提留全部返还。原来规定，企业折旧 30% 上交中央财政集中使用，会议提出，以后重庆该交的照交，但由国家经委按项目戴帽下达，全部返还给重庆。

这些政策后来都一一兑现，有力地推动了全市企业技术改造。在这件事中，我们深刻体会到党中央、国务院对重庆改革的关怀和重视，全市各级组织以及企业界则对搞好改革试点更加有信心。随着政策逐步到位，重庆的企业改革在更深入的领域、更广阔的范围拉开场面。

走向深化

这一轮改革侧重于生产组织形式和产品结构调整，说到底，就是“由城市按照客观经济规律组织生产”，让市场引导企业进行生产。这是蒋一苇和林凌的研究论文中特别强调的城市功能。

过去企业归部门所有，各在各的“条条”中运行，与其所处的地区和社会联系不多，并且产品统购统销，基本上不用考虑市场。随着商品经济的发展，这种机制的弊端日渐明显：一方面市场上消费品尤其高科技民用商品紧缺，群众拿钱买不到东西；另一方面大量骨干企业尤其军工企业生产不饱和，经济效益低下，甚至亏损连连。国家“大三线”建设投入 1000 多个亿，其中 1/3 在四川，对四川的投入又主要在重庆，却没有很好发挥作用。国家让重庆搞改革试点，一个重要考虑就是为这批重要生产资料及其所在企业另辟蹊径，让闲置的产能充分调动起来，服务经济，服务社会。重庆对此非常欢迎。企业也想摆脱困境，转产愿望很强烈，各家都以热情的态度对待改革。有个现成模式，也让他们对改革前景充满信心，那就是重庆钟表工业。

新中国成立初，重庆南纪门河边有个乐器厂，手巧的工人在泥巴和篾片糊成的吊脚楼里做出了手风琴，其质量敢与世界名牌叫板。1969 年，厂址搬到石桥铺，工人的巧手又造出了手表。那时实行低工资，国产表因价格便宜销路很好，重庆的“山城”牌手表在市场上十分抢手，连省、市领导都来走“后门”。重庆钟表厂费尽九牛二虎之力，把年产量从几万只提到 20 万只，还供不应求。该厂换了个思路，找了 14 家单位，其中有国营的、集体的，甚至还有农村社队企业，把一些技术含量不高的配件交他们做，自己专心生产核心部件。这样，没增加一分钱投入，很快就达到 50 万只产量，重庆钟表厂也成了重庆钟表工业公司。以后成都、贵州、昆明也想在手表市场分一杯羹，昆明甚至花几百万元进口了一批瑞士设备，效果却不尽如人意。他们慕名来重庆求助，重庆钟表工业公司就又同这些城市的同行搞合作，其他城市各自生产有个性的机壳，然后装上重庆机芯，牌子也同重庆的“山城”牌沾边，分别叫“蓉城”“筑城”和“春城”，四城手表总产量 140 万只，西南钟表业于是异军突起。这个一“城”带三“城”的故事，一度在国内传扬，中央充分给予肯定。

重庆钟表这个案例给重庆企业界两点启迪：其一，要选择市场看好的产品；其二，要打开山门面向社会。对前一条，大家似乎不太在意，因为早有共识，只不过从此印象更深刻而已；而后一条，则让企业界人士尤其军工企业的老总们恍然大悟。此前他们无一例外都强调保密纪律而将大门紧闭，高墙内医院、学校、商场以至公安应有尽有，俨然大社会之外的一个小社会，专业化程度倒是高，但企业发展空间小，同时包袱背得重，产品成本高。他们早就想“军转民”却迟迟没“转”成，为什么？就是没把山门打开，而有些产品他们还没有足够的技术力量和设备能力对其全部包揽，比如嘉陵机器厂，它能生产世界第一流的子弹，却从未造过发动机，想上摩托车，就明显缺一条腿；再有，嘉陵厂主要是冲压设备，如果生产摩托车弹簧就必须进行技术改造，而把技改投入摊进产品，一个摩托车弹簧成本价就得 20 多元钱，而利用重庆的专业弹簧厂家与这配套，只需 2 元多。

如果没有外力相助，嘉陵摩托这个项目很难做成、做好。

思路打开，又拆除了条、块篱笆，局面就活泼了。军工企业和重庆老企业，不论其规模大小，争着组织人力搞市场调查，哇哇叫着要同这个合作同那个合作，要搞这要搞那。市委、市政府比较冷静，让计委牵头，先搞出规划，以便上下互动，稳中求准。这里所说的“互动”，有其特别含义：一则因为所有项目都必须通过市里向国家申请立项，二则因为好多项目需要市里统筹规划。比如，嘉陵厂和建设厂都打算上摩托，市里为避免重复，就得协调。曾建议建设厂上空调，不要大家争走独木桥。再比如长安厂领导层看好微型车，并同日本铃木谈了意向，但厂里中层有阻力，厂长田基兆打电话向市计委副主任陈之惠求助：“老陈，你来给我们中干动员一下吧。”陈之惠就去了长安厂。因为身份不同，有些话从他嘴里说出来效果不一样。那天，面对全厂500多位处长和车间主任，陈之惠说：“长安厂造汽车是有历史的，‘大跃进’中，重庆产的第一台吉普车就是长安厂生产的，那时设备还没现在好，工人用榔头一锤锤敲出来的车壳，不简单。”说得大家心头热乎乎的。

经过酝酿、磨合，好项目渐渐成熟，有摩托车项目、汽车项目、电视机项目、冰箱项目、空调项目、洗衣机项目，等等，几乎涵盖当时国内最前卫、市场潜力最大的民用家电和机电产品。包括一些国外少见国内没有的家庭用品，比如望江机器厂打算上的家用热水器，当时重庆普通市民不但没见过，想也没想过。齐家企业积极性高涨，面对市场跃跃欲试，但是，真落脚到实际干，却并不那么容易，嘉陵摩托就是一例。

那时，已有一部分人成了“万元户”，他们对生活质量有了更高要求，开始有了拥有代步工具的念头，他们中的多数还不敢奢望汽车，只盯着便宜得多的摩托，国内市场上摩托车需求量很大。市计委给于汉卿市长汇报说，嘉陵厂已同日商谈好，上本田摩托，但因工艺复杂，嘉陵厂一家做有困难。于汉卿认为这个项目很好，当即表态：“我们组织地方厂给他们配合。”

不久，一批企业成了嘉陵厂的协作伙伴，浦陵机器厂生产发动机，綦江农机厂生产辐条，重庆灯具厂生产车灯，重庆弹簧厂生产车用弹簧，长江橡胶厂生产轮胎等等，高峰时有 110 余家大小工厂与嘉陵厂配套。嘉陵厂作为项目“龙头”，集中搞科技含量更高的事，如总体设计、车架生产以及总装等。几个月后，首批车就出来了。

这还不能就算成功，因为产品还没有“准入证”，不能上市。出于安全考虑，那时国家对摩托车实行准入制度，控制很严。一次，陈之惠在北京参加国家机械委的会议，会场上中国机械行业的各方面专家、官员济济一堂，陈之惠灵机一动，打电话回重庆：“赶快送四五辆摩托来，表演一下。”真应了那句老话“眼见为实”，一看嘉陵摩托演示，专家和官员脸上肌肉就松了。之前国内市场主要是南昌摩托，用的是苏联技术，刹车拖带长，安全性能差，久而久之，人们对摩托就有了成见，民间流传：“要想死得快，买个一脚踹”，把摩托等同于事故。嘉陵摩托用的日本技术，轻轻一点就稳稳刹住，当场赢来一片赞许声。以后就算柳暗花明了，重庆摩托不但获准批量生产，而且一上市就博得一片喝彩，很快风靡全国，一度占据全国市场 80% 份额，甚至远销到东南亚。在市场刺激下，三年内重庆摩托年产量就达到近 20 万台。

如果新建一个同等生产能力的厂，当时需要 1 个亿，而重庆实际只花了 1000 万元。改革使这 1000 万元产生奇效，一个支柱产业冰山浮出，还带活了重庆机械行业，把一盘棋走活了。

嘉陵摩托艰难创业期间，其他项目也在国家支持下相继立项并批量生产。“五洲阿里斯顿”冰箱、“将军”冰箱、“金雀”电视机、“红岩”电视机以及“三峡”洗衣机和“峡江”热水器等，上市后也很抢手，甚至凭票供应、一票难求。一度拿着市长批条买“五洲阿里斯顿”冰箱，也不能立马提货，要先交钱开好票，然后等待卖方的提货通知。

重庆企业渐渐有些扬眉吐气。改革试点前三年，全市盖的职工宿舍，相当于过去 30 年的总量。那时节，嘉陵厂的工人进出厂门都是昂着头的，游走于厂门前的众多“倒车族”卑微的追逐，让他们特别自豪。

回过头来，有件事必须提到，因为它对促成这次大规模调整起了很大作用。市委、市政府认为应当通过技术引进，让重庆工业的技术装备和整体实力上升一个台阶，积极向国家经委争取到 5000 万美元技改资金。市计委副主任李义和经委副主任金烈负责落实这件事。他们带一批技术人员到日本订购设备，谈得非常艰难，对方要 7600 万美元。回来汇报，超了 2600 万，怎么办？最后是朱镕基帮忙解决的。

企业技改资金归国家经委管，具体负责是当时的国家经委副主任朱镕基。市政府一位领导给朱镕基秘书打电话，问朱副主任何时在京？秘书回说朱镕基时在天津，当晚回京，第二天上班就能见。这位副市长当晚飞到北京，翌早 8 点半，他就坐到了朱镕基面前。朱镕基曾随国务院主要领导到重庆视察改革工作，知道重庆的情况及其难处。他笑嘻嘻地听完汇报，直接问："报告带来没有？"赓即就在重庆的报告上批示同意。于是，重庆的产品结构调整得以步入快车道。

最后还得说明，此次重庆企业的产品结构调整走在了全国前头，彩电比"长虹"上得早，洗衣机比"荣事达"上得早，冰箱比"海尔"上得早，重庆的"将军"冰箱还是全国首批从国外引进的同类产品，无论怎样看，当时决策都是对的，改革方向也对。后来这些产品为什么在竞争中落败？问题出在企业的后期经营管理，比如"五洲阿里斯顿"冰箱，由于企业领导层对市场风云把握不准，盲目扩张，造成资金链断裂，引发崩盘，被后来者无情 PK 掉，等等，都是一些深刻教训。

奖金风波

在重庆进行试点改革之前，我国在企业改革上已有些动作，比如扩大企业自主权改革等。在观念上有了三个方面的重要转变：一是承认产品是商品，二是承认商品必须有利润，三是承认企业是独立的商品生产者。尽管改革涉及的内容在范围和深度上还极其有限，但毕竟打开了思路，迈开了步子，市场格局有了些微变化。

我们在全国率先完成了“利改税”。“利改税”改革的最大好处，是分清了企业和国家包括地方政府的关系，落实了利益、责任和权力，从而让企业在面对市场时有了创新空间，当然也给企业增添了压力。改革以后，每家企业的机会与风险同在。

走到这一步，全市企业发展路上诸般矛盾的轻重排序起了变化，分配上的问题逐渐显得突出，成了企业能否成功参与市场竞争的、亟待破解的关键环节。因为这个问题直接关系劳动生产率能否持续提高，进而企业的市场竞争力能否持续提高。当时有个很具中国特色的现象：国营斗不过集体，集体斗不过个体，越是投入多、规模大、有机构成高的，反而越没有竞争力，资本市场的普遍规律在这里转了向。个中原因很多，但最关键的是平均主义作祟，越大的企业“大锅饭”越沉重，分配上的矛盾越集中，职工生产积极性越难调动。

“利改税”为扭转这种局面创造了一定机会，因为企业终于有了留利。“利改税”第一年，全市直属企业账面上就多了 5000 多万。这笔钱原则上由企业自主支配。不过国家也有规定，只准用于自我积累和内部分配，并且确定了比例。这在当时已经算很大的突破了。

在国家的大原则下，市里推出三项地方政策：其一，允许企业在奖金总额限度内，对个人奖金分配拉开差距，奖勤罚懒；其二，调资实行浮动升级，也就是今年调上了，明年如果工作不好又要调下来；其三，工资“二八”开，80% 固定，20% 拿出来建立奖励基金。在当时环境条件下，这三项政策较好地演绎了“多劳多得”的分配原则，“大锅饭”的坚冰至此开始迸裂。

但是，坚冰终归是坚冰，即使迸裂它仍然有棱有角，并且坚硬锋利。重庆的企业分配制度改革很快遇到挑战。那时国家对奖金是封了顶的，规定全年奖金总量最高不得超过工资总额的 20%，即大约两个半月平均工资。

鉴于重庆正在进行改革试点，给重庆开了一道口子，重庆的奖金总额增加 10 个百分点，即最高可达工资总额的 30%，而且以全市为单位计算。他想让重庆的改革步子比全国其他地区快一些。

下来我们就传达下去了。那是在一个大会上，会场就在重庆人民大礼堂，到会 3000 多人。由我代表市委传达了总理讲话精神，下面响起一片嗡嗡声，音调中透着喜气。我坐在台上，也是喜气洋洋。那时我绝没想到，一场风波就将来临。

由于全市控制奖金总额，当市里再按照各企业效益高低进行二次分配时，各企业的绝对数就难免有高低，高的突破了 30% 的国家规定。不久《人民日报》刊出一篇评论文章，严厉抨击“某大城市”越权发奖金，尽管没点名，但全市上下都明白所指为谁。

《人民日报》的批评并非空穴来风。一位著名经济学家带领一个研究小组向中央提交了一份报告，认为国内出现经济过热苗头，建议在金融方面加强宏观控制。这份报告在国家最高层获得较高支持率，中央为此连续召开三次省长会议，要求各地严格控制信贷和工资奖金的发放，实行财政、信贷“双紧”政策，以避免投资需求和消费需求“双膨胀”。我们正好撞到了枪口上。《人民日报》那篇文章让全市上下感受到压力，有人因此主张改回去，我不断接到下面打来的请示电话：“书记，改不改？”《人民日报》显然不了解或忽略了一个事实，即重庆的做法经过特批。我们也自恃有“尚方宝剑”，此外，市委、市政府还考虑到，新的奖金政策刚刚开始执行，转过身就收回成命，容易让人觉得政策不稳，而政策不稳定最易引发群众情绪波动，直接干扰群众对改革的信心。因此，对那些咨询我一律答复：“不能改，一改就乱套了。”《人民日报》也不依不饶，不久在第三版又发表一篇文章，还加了框，强化了分量，而且直接署上了作者姓名，那竟然是一位国务院副总理！副总理在文中毫不客气地点了重庆的名。

眼见娄子捅大了，市里有人架不住了，各种议论纷至沓来，直接针对市委的批评也出现了。但市委、市政府没有软，决定超出 20% 部分先由财政垫付，兑现企业奖金。我叫来财政局长雷振南，要他准备 800 万元备用。我说：“一定要兑现承诺，否则改革走不下去！”话是这么说，我还是在心里做好了最坏的打算。说来也怪，北京以后再没起波澜。也许总理给那位副总理通了气，也许还有别的原因，反正没有人追究重庆，最后不了了之。

这场风波渐渐平息后，重庆各企业的生产积极性保持了旺盛的势头，一批国内知名企业和知名品牌，如嘉陵摩托、长安汽车等，白手起家迅速崛起，并逐渐成为重庆支柱产业。1990 年，国家有关部门曾搞过一次“全国最受用户欢迎汽车”海选，由驾驶员自由投票，结果重庆拿到三个“金牌”，分别是“微型车第一名长安”“重型车第一名铁马”“载重车第一名红岩”，而那次一共就只有五块“金牌”。

雷振南可能是那些年笑得最甜的人之一，因为那些年重庆财政收入年年增长，1987 年时在 1978 年基础上翻了一番。重庆每年上缴国家近 10 个亿，是试点前的两倍。每次到北京开会，他这个财政局长都很有面子。

（作者时任重庆市委副书记、书记）

廖伯康　**重建民生公司的故事***

民生公司重建，其意义在两方面：对全国，它是在中央直接指导下扶持民营企业，改变市场所有制结构的示范；对重庆，则是动员更多社会力量参与市场竞争，壮大城市经济实力，推动经济快速发展的探索。

那时候，中国还是“有计划的商品生产”，人们对私营经济的认识极其有限，仅限于赚取地区差价或批零差价的个体商贩，顶多也就是科技含量不高的生产作坊，很少将它同有规模的现代实业联系起来。民生公司重出江湖，不光在重庆，在全国甚至海外也极具爆炸性。有外国记者惊呼：“这是 1984 年中国经济改革的一件大事。”纽约《北美日报》的一篇文章写道：“最能说明当前中共允许甚或鼓励发展企业的例子，莫过于四川省重庆民营的轮船公司‘民生公司’的复业。”

“新民生”是在中央领导的直接关怀下搞起来的。胡耀邦在视察湖北、四川途中谈到完善市场、搞活企业的问题，陪同的王谦感叹一些百年老店如今辉煌不再。耀邦说，可以采取一些特殊政策帮助他们重振雄风，为国内企业树立榜样，话语中流露出打破常规，鼓励民营经济发展的战略考虑。那时尽管已允许“个体户”合法存在，但社会对公有制仍然一往情深，民营经济凤毛麟角。

* 节选自《城市改革中“第一个吃螃蟹者”——重庆经济体制综合改革试点回忆》，标题为编者加。

王谦提到了民生公司，说那是重庆最大的“百年老店”，耀邦就问：“卢作孚还有后人在重庆吗？问问他们愿意不愿意再把民生公司搞起来？”还说，如果卢家后代愿意重建“民生”，国务院可以给予支持。1984年元旦后，市委把卢作孚的儿子卢国纪请来，问他“愿不愿意重新把民生公司搞起来？”3月8日，王谦、我、于汉卿又专门将卢家三兄弟（老大卢国维、老二卢国纪、老三卢国纶），请到市委一号楼，再次商量重建民生的事。

为了扶持民生重建，市委、市政府费了不少心血，最初的造船贷款和造船钢材是市里为其解决的，开办经费也是市政府主动借的，组建方案、公司宗旨、经营方向等大政方针，也是市顾委副主任马力和市经委主任刘志忠帮助搞起来的。马力和市委副书记崔连胜甚至陪同卢国纪挨家借船。为了能尽快开业，民生先搞合营船队，后办了自营船队。合营则需要向有船单位借运力，运输利润两家对分。当时部分沿江企业有自己的船队，但一般不外借，由市领导亲自出面，情况就不同了。才筹备几个月，第一个船队就发出了。到这年春夏之交，民生公司的发展达到高潮。

5月初，市财政局长雷振南亲自到公司筹备处，安排市政府的一笔440万元无息贷款的拨款进度和还款时间，那可是从市政府有限的能源交通基金中挤出来的，本来要到第四季度才能收齐的钱，为了支持办“民生”，市政府提前支取了。

但民生公司计划建两个船队，这笔贷款仅够让船厂开工，远不足付清全部造船费用。一个月前，卢国纪把困难向市经委交通处长胡自永说了，胡自永鼓励他大胆向胡耀邦求助。因为没有直通渠道，这封信是以平信直接从邮局寄出的，有没有结果，卢国纪不抱指望。哪知5月14日那天，卢国纪突然接到市委通知，称中央决定给民生公司1100万元贷款和1500吨钢材指标！初听到消息，卢国纪几乎不敢相信这是真的。6月，又从北京传来一条好消息，商业部决定给民生公司1000吨平价柴油。市里也决定，在商业部这批油用完后，民生公司用油由市计委在计划内继续按平价供应。交通部也通知长江沿线各港口码头，免费对民生轮船开放。

到了7月盛夏时，另一件事不但让卢国纪感动，更引起了社会震惊。那时民生公司的两艘拖轮正在船厂加班加点地赶工建造，预计9月就将出厂，卢国纪正为组建船员队伍，尤其招募高级船员四处奔波。7月30日，市人事局长王松美打电话给卢国纪，说中央书记处的工作组到了重庆，住在潘家坪招待所，让他第二天上午去汇报调人的问题。这次卢国纪真的惊呆了！

川江航道非常复杂，古诗云："三峡滩如竹节稠，滩滩都是鬼见愁。"川江航运对驾引人员要求很高，不仅要会看水操舵，还必须背熟600多公里航道的水下礁石分布。一般说来，培养一名成熟的水手需要三至五年，培养一名成熟的舵工需要五至八年，而要想成为合格的引水、船长则往往得花上大半辈子时间，还得悟性很好才行。刚刚创办的民生公司显然没有条件完成任何一个周期，只能捡现成，可是拥有人才的单位就是不愿放人。

当时打破人才壁垒非常不容易。市长于汉卿前后两次亲自主持会议，同国营航运企业协商调人问题，最终也没能把人调来，只借到不足10位高级船员。一转眼，借期临近，新船又将下水，卢国纪心急火燎。这事被一位新华社记者知道了，写了文章，发表在《国内动态清样》上。胡耀邦在上面作了重要批示："民生公司是在我国经济体制改革中重建的。民生公司的困难，各个部门必须主动帮助解决。"于是书记处就派出了这个特殊的工作组。组长是刚成立不久的劳动人事部的一位局长，副组长分别是交通部的组织部部长范仰澜及中组部经济干部局一位处长。工作组拿到民生公司拟调人员名单后，分别找相关单位负责人谈话。一个大难题，于是冰消雪融。

这件事引发了社会许多议论，通过这件事，人们更加深切认识到中央的改革意图。紧跟着，川江沿线相继冒起许多轮船公司，集体的、个体的，大者上十条船，小的不过几条船，也有一条船的，长江上下一下子有了大大小小、五花八门的800多家航运企业，一条江终于变得热闹起来，"一江春水白白向东流"的局面被彻底扭转。

民生公司的故事至此还没讲完。

多年来，我国一直不允许地方航运企业经营海运业务。海运比内河运输复杂，一则海洋的变数更多，对船舶和船员的技术要求更高，再说还有疫检、换汇以及国家安全等一大堆事。所以尽管经常有沿海省份申请开展海运业务，但国家有关部门一直未批。

民生大旗重举，港、澳、台一带的民生遗老和故旧，旧情难忘，纷纷摇起了橄榄枝，愿同新民生携手，抢抓商机。新民生本就计划开展海运业务，有他们介入，新民生多了推手。于是新民生顺理成章成为改革开放中大陆首家具有海运资格的地方企业，而且是民营企业。一扇紧闭多年的大门就这样哐地一下打开了。

打开了就再不能关上。道理再简单不过：民生能走，为何大家不能走？于是，各省纷纷开航海运，后来还开航远洋，中国海洋运输业由此万马奔腾、一片繁荣，为改革开放注入蓬蓬勃勃的活力。

在重庆，一批航运企业紧随民生公司足迹，先走江海联运，后直接走海运，大家效益上去了，亏损帽子丢掉了，高高兴兴提回来一桶桶金，其中一部分后来成了别的项目的资本，比如三峡客运、移民新城房地产等等，给重庆经济带来新气象。

民生公司的故事仍没有完。

民生公司雄心勃勃，打算向海外更大领域发展，但总经理卢国纪年届花甲，公司待处理的事情也多，为了帮民生公司培养接班人，我们采取了一些特殊措施。

卢国纪的儿子卢晓钟那时20多岁，在重庆师院当老师，教数学，我将他调出来，交给市外贸局局长况浩文，让况浩文带徒弟。我给况浩文交代："局里处长参加的会都让卢晓钟参加，处长看的文件都让卢晓钟看，局党组会议只要不涉及人事问题也让卢晓钟列席。"必须说明，卢晓钟在外贸局不拿工资，他的工资关系在民生公司。他在市外贸局所经历的一切，是特殊环境下的特殊处置，那也是一项改革措施。我交代给况浩文的事，况浩文不折不扣地执行，卢晓钟学习得也勤奋，不到一年就熟悉了外贸业务。他临走前，况浩文问他："还有什么要求？"他提出来要几个干部，况浩文就让他选，最后他带走了两位处长。

后来卢晓钟被派到了香港，主持香港分公司工作。再后来，他独闯台湾，又打出一片天地。现在，卢晓钟已经是民生实业集团总裁和民生轮船公司总经理，成了“民生”第三代掌门人。

（作者时任重庆市委副书记、书记）

杨金镜　回忆烟台国企改革

邓小平同志南方重要谈话公开发表后，烟台市委、市政府坚持以开放促改革、以改革助开放，在对外开放中打了一场国企改革攻坚战，使国有大中型企业焕发活力，成为推动对外开放深入发展的生力军。

1993 年 11 月，中共十四届三中全会通过了《中共中央关于建立社会主义市场经济体制若干问题的决定》，指出要进一步转换国有企业经营机制，建立适应市场经济要求，产权清晰、权责明确、政企分开、管理科学的现代企业制度。

当时，烟台的对外开放正处于快速推进时期，大批新兴的“三资”企业生机勃勃。然而，我们的国企却包袱沉重、机制不活、步履蹒跚。特别是市属工业企业，传统产业比重较大，轻工、食品、钟表、纺织等劳动密集型产业构成全市工业经济支柱。这些传统产业，在由计划经济向市场经济转制时大都陷入市场萎缩、过度竞争的恶性循环。当国家宏观经济政策收紧时，这种工业经济结构更是四面楚歌：自行车厂破产了，第二棉纺厂倒闭了……市属工业亏损面急剧扩大，让烟台人备感痛心。

构筑“大高外”的经济格局

烟台的工业何去何从？怎样走出困境、涅槃重生？

1994年我分管工业后，首先用45天时间挨家走访108户市属企业，边调查研究边思考对策。在科学分析烟台企业和经济结构现状的基础上，市委、市政府确定了构筑“大高外”经济格局的战略思路：一是将“抓大与培强”作为国企改革扭亏解困、实现突围、重振雄风的重点；二是引进国外高新技术，打造拳头产业。

国企改革如何进行？如何“抓大与培强”？

可以说，1994年国庆节是重要的历史节点。那几天，我亲自动手利用三个晚上起草了《烟台市工业发展意见》。10月4日召开了全市工业系统工作会议。会后，印发了《烟台市工业发展意见》。《意见》提出实施工业系统“1351”增效益工程，即把市属工业企业年利税实现1000万元、3000万元、5000万元、1亿元的增效任务落实到每户企业、具体到负责人。我亲自组织实施“1351”工程，明确由市政府对完成利税指标的企业一把手进行重奖。并强调：“烟台市属工业企业能否走出困境，步入良性循环，关键看分管市长、经委主任和十位工业局长的工作。”要求大家明确分工、落实责任，全力打造“1351”工程。我让十位工业主管局局长靠在企业帮助解决实际困难和问题，为企业服务好。并对他们讲：“你们有解决不了的问题要直接找我，我不怕你们天天找。”“1351”工程完成后，市政府兑现对一把手奖励政策，极大调动了企业扭亏增盈的积极性。

按照扭亏解困与抓大扶强相结合的思路，烟台市积极争取成为全国优化资本结构试点城市。当时各省市竞争激烈，时不我待。1995年春天的一个下午，我和市经委主任柳君华（他当时因下楼不慎摔断了胳膊，打着石膏用木板吊着胳膊）到国家经贸委副主任陈清泰家做争取工作。因陈主任岳母病重，他忙到晚上11点半才回家。我们一直在楼下等候，等到他回来时在楼下向他作了汇报。陈主任非常感动，当场表示同意将烟台市列为全国优化资本结构试点城市。凌晨1点半了，我们才赶回宾馆吃饭休息。烟台市被列为全国优化资本结构试点城市后，我多次召开全市协调会，银企结合，与国家优化资本结构政策对接；理解掌握并实施利用国家相关政策，优化资本结构。我们按照国家政策规定，先后为全市企业注销了呆坏账资金24亿元，帮助企业甩掉了沉重包袱，使企业得以轻装上阵。

可以说，“1351”增效益工程的实施，和烟台成为全国优化资本结构试点城市、甩掉呆坏账资金包袱，扭转了烟台国企的困难局面，对改变烟台工业结构和现状，促进全市工业发展起到至关重要的作用。经过四年奋战，1998年全市工业系统实现利税28亿元，是1994年市属工业利税7亿元的四倍，圆满完成了1994年烟台市属工业发展的计划目标。

按照市委、市政府构筑“大高外”经济格局的工作思路，我在多次会议、多个场合反复强调：“解决烟台经济发展问题的当务之急，是尽快培育几个能抗风浪的大型企业集团。这是一个事关烟台能否实现由经济大市向经济强市跨越的战略任务。”

1997年9月，党的十五大提出对国有资产进行战略性重组，赋予了国企改革崭新内涵。贯彻落实十五大精神，推动国企改革向纵深发展，成为不可逆转的历史潮流。

1997年底，市委、市政府出台《关于进一步深化企业改革的试行意见》，提出要着力增强国有经济的控制力和竞争力，进一步巩固壮大公有制经济，市属工业领域重点培植以汽车和汽车零部件为主的汽车工业，以新型电子元器件、微电子工业为主体的如正海网目板、多纳勒透明导电玻璃、LG手机等电子信息产业，以机电一体化、动力机械、冷冻设备、造船等为主体的机械工业，以高科技化纤产品锦纶、氨纶、芳纶为主体的纺织工业，以聚氨醋化工基础原料MDI产品开发为主体的聚氨酯工业，以葡萄酒、海洋生物药品为主体的食品医药工业六大支柱产业。

1998年4月3日，《烟台日报》刊发题为《五大重点企业集团培植方案出台》

的消息显示，烟台张裕集团有限公司、烟台有色金属集团有限公司、山东省三环制锁集团公司、烟台氨纶股份公司、烟台万华合成革集团有限公司等五户市属国有大型企业成为首批企业集团培植重点，市里以资产为纽带，依托政策、资金、技术优势对相关企业进行调整改组。烟台工业企业抓大培强的序幕就此拉开。

立足于塑造大企业、大集团，我提出了“三铜合一”（烟台有色金属集团和铜材厂合并，兼并电子铜带厂）、“三酒合一”（张裕公司收并中药厂、兼并白酒厂和第二玻璃厂）、“三环统一”（把全市的锁厂与烟台三环锁厂联合，实行全行业的统一管理）方案。同时，让万华合成革厂兼并氯碱厂，实行了产业联合优势互补。企业兼并联合的方案使市属工业重组的浪潮一浪高过一浪，烟台工业史上调整力度最大的一个时期到来了。张裕、有色、三环、万华、氨纶等重点企业集团随之崛起，品牌优势急剧放大。我在企业管理上着重强调“产权清晰、政企分开、管理科学”。多次到张裕、万华、正海、氨纶等公司讲话，就企业的产品研发、市场销售和车间管理等工作进行具体部署。1998 年扩充组建的五大企业集团，当年销售收入和利税分别增长 56.7% 和 52.2%。到 2000 年底，全市共对 147 户市县属亏损、困难工业企业进行了调整改组，使 130 多户企业扭亏解困，基本实现了国企扭亏解困的四年目标。

如果说“重组”“培大”让国有企业实现了可贵的“突围”，那么随之进行的一系列“放小”与“收缩”，则让烟台的国有企业布局得到有序调整。当时的主要做法是“三放开”，即放开改制范围，放开改制形式，放开出让对象。做到“进”有据、“退”有序，引导国有资产从规模小、水平低、效益差的中小企业中退出来，向基础产业和优势企业、名牌产品聚集。

在这一国企改革思路的推动下，烟台传统工业进一步向有一定新技术、新产品的产业和市场过渡，全市大力引进国外高端技术与设备，增强国企的研发和竞争能力。烟台正海网目板厂和氨纶厂是我市引进、消化吸收、创新提高最成功的范例。

正海网目板厂引进德国先进技术和现代管理，消化吸收，创新提高，成为全世界最大的电子网目板厂。烟台氨纶厂当时从日本引进了300吨氨纶，经过消化吸收、创新提高和十几次的扩建改造，现发展到年产氨纶3.4万多吨、芳纶7000吨，规模扩大了100倍，是国内最大的氨纶厂和唯一的芳纶厂。

随着改革开放的推进，我市高端定位，加大招商引资力度，重视引进国外资金、设备、技术和管理。韩国大宇重工的挖土机、LG手机、新加坡莱佛士造船、首钢东星公司车用空调器等一批先进高端技术生产企业在烟台落户。汽车、造船、手机、电子、车用空调器等产品从无到有、从小到大，使烟台工业由传统的劳动密集型轻纺产业渐次向汽车、造船、机械制造、电子信息等新材料、新技术等产业转化，烟台成为国内为数不多的汽车生产基地、电子信息产业基地、高分子聚氨酯基础化工材料基地、钕铁硼永磁材料基地、氨纶生产基地……

改革出生机　开放出活力

从1994年到2002年，烟台国有企业1106户，改制898户。国企改革向纵深推进，企业发展因此获得蓬勃生机，烟台工业阔步前行：2002年，全市工业产品实现销售收入1229亿元，比1998年多出507亿元！

烟台的国企改革和构筑“大高外”经济格局的战略思路得到成功实施，培育了一批“大高外”企业和名牌产品。企业有了自己的核心技术、知识产权，日益壮大，活力四射，增强了其市场竞争力和烟台的经济实力。张裕集团、东岳汽车、万华合成革厂就是“大高外”的典型代表。

烟台万华合成革厂系国家“六五”期间重点工程项目，也是烟台历史上国家投入最大（4.5亿元）的项目，我参与并见证了其整个发展历程。建厂时，我们从日本引进1万吨异氰酸酯（MDI）生产线，为300万平方米的合成革配套。1981年投产至1994年，在掌握了十多年MDI运行规律的基础上建立了数学模型，形成软件包，经多年研发，利用每年大修期间对MDI原装置进行扩建改造，使原1万吨MD1生产能力扩大到2万吨—4万吨—8万吨。烟台万华合成革厂冲破了“巴统”的垄断，完全掌握了 MDI 生产工艺，成为全球第五家拥有自主知识产权 MDI 核心制造技术企业。2002 年，经国务院批准在宁波建设 MDI 新厂，现 MDI 生产能力达到 160 万吨，居全球第二。烟台成为国内最大的聚氨酯工业基地，为中华民族工业做出了巨大贡献。

烟台的汽车工业始于 1994 年。韩国大宇重工和 LG 手机在烟台的成功发展引起了韩国大宇集团的高度关注。

在充分论证的基础上，韩国大宇集团决定在胶东半岛发展汽车工业，并提出要有国内的汽车公司合资嫁接。国家确定由一汽公司与大宇合资。消息传开后，青岛、烟台、威海展开激烈竞争。我们既主动与韩国大宇集团联系，又积极与一汽公司沟通，靠上去做工作，终于争取国务院批复一汽公司与韩国大宇集团在烟台联合生产汽车零部件和整车项目立项。并确定烟台汽车工业分两步走：第一步是投资 57 亿元人民币建设以发动机、变速箱为主体的汽车零部件厂；第二步是生产汽车整车。2000 年，汽车零部件厂建成。没想到，这个企业建成之日，便是韩国大宇集团破产倒闭之时。此时一汽公司又坚决不到烟台生产汽车整车，烟台汽车工业面临何去何从的问题。

危难时刻，烟台决定自己上整车，但这需要国家目录。就在烟台汽车工业发展陷入困境时，2000 年 9 月，中共中央政治局常委、全国政协主席李瑞环同志在山东省委书记吴官正同志陪同下来烟视察。在参观了烟台的汽车零部件生产线和产品后，李瑞环主席非常高兴，认为这在国内处于领先地位，给予充分肯定。在车上，我向李瑞环主席提出了烟台汽车整车上国家目录的问题。李瑞环主席说：“老杨，现在上汽车还要目录吗？”吴官正书记接着问：“老杨，你明白了吗？”我立刻应声道：“吴书记，明白了。”李瑞环主席走后，烟台立即召开了市长办公会，决定投资 19 亿元上汽车整车四大生产工艺，引进世界一流汽车设备、技术，建一流的汽车生产线。随后，聘请到二汽公司总工程师来烟台当总监，就上汽车整车项目作技术指导。作为市长，我深知汽车整车厂建成后，烟台市没有生产管理人才和能力，必须转让给国际国内著名的汽车公司管理。用句俗话说：“养个好姑娘，嫁个好婆家。”烟台汽车项目按照我的思路，一边抓汽车厂建厂，一边联系、引进国外汽车公司到烟台来。经过一年努力，选定了美国通用上海汽车公司到烟台管理汽车整车。美方经理来烟考察后表示愿意接管汽车厂，说必须经上海市政府同意，他们才能到烟台来。2002 年春节前夕，腊月二十七了，我陪同山东省副省长林书香同志到上海市政府，找到常务副市长蒋以任全面汇报情况，商榷让美国通用上汽公司到烟台接管汽车厂事宜，获得了上海市政府的同意。2002 年，经过八年努力，总计投资 76 亿元人民币，烟台市建成投产了从汽车零部件到整车生产的现代汽车工业基地。12 月 20 日，第一辆别克赛欧车下线，圆了烟台人和山东人的造车梦想。

可以说，烟台的汽车工业几经曲折，道路坎坷，来之不易。一路走来历经千辛万苦，特别是中途韩国大宇集团的倒闭和一汽公司的撤离，给如火如荼的烟台汽车工业泼了冷水，让我们偃旗息鼓。举步维艰之时，我们坚定了自己上整车的信念。李瑞环主席的肯定与默许，给予我们勇往直前的动力。我们不畏艰辛，克服重重困难，终于建成全国重要的汽车工业基地。如今的东岳汽车年产整车 60 万辆，实现工业总产值 539 亿元，拉动了 70 家配套的一级供应商在烟落户。汽车工业决定着烟台的经济命脉，成为全市经济发展的龙头。

对外开放过程中的烟台国企改革，以开放的观念、开放的思路、开放的胆识和魄力，面向国际市场，高点定位，跨越发展，演奏出一部雄壮的开放与改革的交响曲！

（作者时任烟台市委副书记，烟台市副市长、市长　李迎春　渠敬伦 / 整理）

厉有为　深圳，全国高新技术产业的高地

夕阳工厂必须淘汰

我1991年来深圳的时候是任市人大常委会主任，回顾深圳发展的成就，深圳能有现在这样一个现代化城市的风貌，十分不易。因为，深圳是个历史情况比较特殊的地区，改革开放前，这里只有荒山和水田，深圳是在贫穷的小渔村基础上建设特区的。

小平同志曾经说过，国家没钱，你们自己杀出一条血路来。所以，深圳起初的发展，不能靠国家的投资，只有通过中央给的特殊优惠政策来吸引外资。一开始，我们发展的基础太差，能够吸引的只能是那些规模比较小的，生产工艺比较简单的，面向消费品市场的工厂，有的还是污染环境的小印染厂、小电镀厂，这些情况都是由当时的历史条件决定的。

改革开放初期，首先来深圳进行投资的是香港的一些小老板，他们抓住我们地价便宜、人工成本低的有利条件，就拿钱进行投资，开办规模有限的工厂，利用我们的政策，利用我们便宜的土地就搞起来了。当时的南头、蛇口港一带就有60多家印染厂。印染业是化学污染较严重的行业，生产过程中，非常污染生态环

境。深圳东部沿海当时就批准港资办了一个印染厂，厂房就建在了白色沙滩岸上，没过多久，污染得厉害，把沙滩都搞黑了。那时候，我们没办法，批准人家来办厂，按合同规定，是有年限的，不到期，投资方不走。你只能进行监管，不让它排放，但是它偷偷排放，监管效果是有限的。

我来深圳后，就碰到了这些非常头疼的问题。这是一个产业由结构低级形态决定的问题，如果一直维持这个状态，带来的后果只能是环境的破坏和生态的不断恶化，这是阻碍我们可持续发展的严重问题。深圳改革开放初期吸引的这些企业，大多数是夕阳工业，没有什么前途的，这是历史条件决定的，也是我们发展初期所必然要经历的。

随着我们的发展的逐渐积累，基础在不断地增强，以及全球科技浪潮的兴起，要顺应世界经济环境变化的趋势，产业结构的调整是我们迫切需要解决的课题。面对形势变化和时代的要求，深圳作为改革开放的试验城市，必须有所作为。我们好在什么地方呢？有两点非常值得宽慰。

第一，就是市委一班人齐心协力，市委、市政府一班人心往一处想，劲往一处使，方针政策大家都想调整，形成这样的普遍共识很难得，这是一个首要条件。如果大家七嘴八舌都不同意，说这是现实利益不能调整，不能撵他们走，不能关闭，调整结构进行特区的产业升级就很难办。市委、市政府班子的齐心协力，这是一个重要条件。

第二，还有一个好的地方是，全市的干部群众也是在朝这个方向走，当时淘汰这些夕阳工业，阻力比较大的是基层，为什么是基层呢？因为基层有利益，是来料加工，基层出厂房，基层收加工费。所以这个就损害了基层的利益，基层干部就有反映了，反映还很强烈。但我们不这样做，不调整结构不行啊，没有后劲儿、没有前途啊，所以市委还是下决心调整产业结构。所以，今天谈这个问题，首先是我们深圳市委、市政府这一班人齐心协力，要感谢大家，要感谢我们全市的干部群众。没有大家的共同努力，就没有今天的结果，这是一个先决条件。

产业结构调整先走一步的关键

深圳的产业结构调整先走一步，比全国来说都先走一步，而且调整得比较好，没有走岔路、没有走错路、没有走弯路，所以调整得比较好，这与我们主要做的以下几方面工作有较大关系。

第一，明确了纲领指导。

从战略的高度，提出未来的任务和目标及相关要求，是我们任何行动的前提。在深圳市第二次党代会上，我们就明确地提出要发展高新技术产业，以先进工业为主体，以高新技术产业为先导，进一步明确了战略方针。这个方针和目标提出来后，大家全都赞成，党代会当时是我作的报告，最后形成了党代会的决议。坚定了方向和行动方针，这是市委战略决策的第一步。

第二，抓人才战略。

这也是市委、市政府的具体决策。当时李灏书记就派我率团到美国，和人事局一起去招聘留学生，这在中国也是第一次。去美国招聘留学生的原则，我们宣布来去自由，你回国来了以后，想再回去搞研究也可以，来去自由，你把你的技术带来，在深圳创业我们更欢迎。我们走了美国的四五个城市，走了五六个大学，都是美国的著名大学，中国留学生就学多的几个大学我们都去了。当时驻美国大使馆、领事馆都协助我们，那次去美国招聘留学生的影响很大，之后，留学生也陆续来了不少。博士生、硕士生在美国也属科技尖子，研究人员一来，就把项目带来了，把技术带来了，把信息和关系网也带来了，有了人才就有了技术，有了项目，这是非常重要的一条。

我们重视人才，不是说说、讲讲就完了，是实实在在的行动和实践。可以说，市委、市政府一直到现在，都是非常重视人才的，要建设人才高地，给这些人才优惠的条件、优惠的政策，对人才的家属就业、子女上学、住房、创业补助等一系列的优惠政策，我们都是有文件规定的，写在纸上了，并且要求认真地去落实。

政府有了真诚的愿望和实际看得到的行动，我们陆续、不断地吸引了一大批优秀人才，这批人才对深圳的高新技术发展，经过几年下来的实践证明，是起了很大作用的。所以我们完全可以说：深圳高科技发展，没有人才是玩不转的。

第三，实行择优汰劣政策。

按照市委的决议精神，在具体的操作中，鼓励和支持发展高技术密集型的、有市场前景的产业，下决心淘汰落后的产能，把它挤出去，有的把它移出去。像劳动密集型的产业，我们采取措施，让它的总部留在深圳，把决策中心、出口接单都放在深圳，生产加工环节转移到外面去。我们的劳动力、土地费用都较周边地区要高，生产加工环节转移出去对企业来说能实现成本降低，可是总部还在深圳这个窗口，纳税在我们这里，出口基地在我们这里，不影响我们的经济增长。像我们的手表，零部件转移到梅州去后，梅州是我们的对口支援单位，成本就降低了 20%—30%，手表的零部件加工环节放在梅州，然后组装、出口环节还在我们这边。当时的自行车生产也是这样，中华自行车的配套也是在全国进行配套，但出口和组装都在深圳，我们采用的这个办法，符合了生产力发展的规律，见到了效果。像夕阳工业、污染环境的，我们干脆就设置门槛，用市场的严格监管及执法，进行市场淘汰。

第四，抓市场机制建设。

深圳鼓励发展高新技术产业，吸引科技人员来深圳办企业，技术人员来了，带来了项目、带来了技术，但这个项目、这个技术、这个软件值多少钱啊？怎么评估啊？我们建立一个无形资产评估事务所，科学地评估该技术能值多少钱，然后我们通过市场机制，通过科技市场机制帮他们找钱。你这个项目评估 100 万元，你要吸引资金、吸引投资者，市政府给你搭一个市场平台进行交易，有愿意投资的，投 100 万元，技术也评估 100 万元，就各占 50%。如果投资 200 万元，技术是 100 万元，技术就占 33%，突破国家当时规定的技术这类无形资产占比例多少的规定，深圳的改革较早地迈出了这一步。

科技市场当时形成的链条，包括无形资产评估，包括科技代理、市场交易等方面，以科技局为主管执行部门，具体的各项规定和运作程序这些事情主要是科技局运作，市委、市政府只是定一个意见，定一个方向，统筹运作的大量工作都具体交给市科技局运作。

我们的科技市场机制运行以后，逐渐成熟发育，后来就发展成高科技市场了。我们当时从第六届荔枝节就有高科技的交易内容，后来发展为专门从事高新技术成果交易的国家级的交易会。高交会作为我们吸引全国乃至世界的高科技交易的平台，至今已发展成了深圳的知名品牌。

高交会的宗旨是在向人才、资金、项目三位一体的方向全方位进行发展，有了这个市场的大环境，科技成果就可以交易了，可以流动了，技术、项目、资金、人才都可以进行融合，我们坚持了市场取向的原则，实践也再次证明这种取向是正确的，我们的高新技术的发展比较快，我们能把技术迅速变成产业。

第五，建立高新技术园区。

按照产业的聚集规律和高新技术产业发展的特点，我们划出一些地块区域，在上面完善基础设施的各项配套，同时集中优惠政策于该区域，园区的土地便宜，配套服务条件较好，政策又优惠，采取“筑巢引凤”策略，但是，要进园区的企业和项目必须是高科技水平的，我们组织专家鉴定，经过认定是属高技术的，就能进入园区，就可以给你优惠政策，促进你发展。我们最早是在南山区建立了高科技工业园区，当时我们是和中国科学院联合开发的，根据当时的情况，入园的企业还有为高科技企业配套的一些企业，这样科技园区内的企业就能进行产业链上的配套。

深圳高新技术产业为什么发展得较好？

深圳发展高新技术产业现在已经取得了很大的成效，得到了国家的肯定。深圳高新技术产业为什么能发展得较好，我总结得出有五大机制在起着重要作用。

第一个机制就是企业内部的动力机制。

该机制解决了企业、经营者、科技人员、职工内部的运行动力问题。我们的国有企业之所以要改制，为什么一定要改制啊？没有动力嘛！举例说，我这个钢厂今年生产 100 万吨，我这个经理一年拿 10 万元，我生产 200 万吨、300 万吨，我承担了风险，工资还是拿 10 万元，我何必冒这个风险呢？个人利益没有和国家利益挂钩，没有形成利益共同体，就没有内在的动力。如果政府主动去压他，给他下指标，只能解决一时的问题，长期是没用的，市长就等于隔靴搔痒。现在我们这些高科技企业不用市长操心，政府不用操心，他自己操心，连职工都操心。职工操什么心呢？我既希望我的工资高，我的现实利益要多拿一点，我也希望我的股权多，我的股权再增长，长远利益分红再拿一点。所以把这个眼前利益和长远利益紧密结合在了一块儿，这对本企业的发展有好处。企业发展好了，政府税收增多了，社会各项事业都发展了，全体社会大众也就受益了。

例如深圳的华为公司基本上就是全员持股，职工一股一块钱，有时候一年每股就分七八毛钱，职工拿这些钱来买车子、买房子，剩下的钱拿来买股权，华为就是靠这样的制度发展起来的企业，特点就是使企业的发展和职工的个人利益紧密地结合在了一起。

建立高科技企业的运行机制，这是非常重要的一条发展经验，要发展高科技企业，高科技企业用什么机制，还是用以前国有企业的老办法去做，你能发展得快吗？这个机制就是，我们让绝大多数企业都采用员工持股、经营者持股的激励办法，华为和中兴就是这方面的典型，两个不同类型的典型，既是企业的创新，也是我们用心培育的结果。

华为请来了中国人民大学的美国留学归国博士，请这批人帮助华为设计他们的经营理念和营运模式，华为将其叫作什么呢？叫“基本法”。我当时参加了这项设计，同人民大学的博士们一块儿讨论，核心议题就是实行职工持股、科技人员持股、经营者持股，使企业真正成为职工自己的企业。高科技企业中，几乎占 90% 以上的企业，全是发明者和科技人员持股。深圳当时有一个生产硬磁头的企业，有几个外方人员，他们有技术，有技术就要占有股权，他们要在深圳办企业的要求，就是要按照外国的办法来办，要搞技术股份制。但中国那时还没有这个先例，哪有技术人员有股权的？当时江泽民同志还在当电子部的部长，请示了江泽民同志后，江泽民同志同意技术人员持股的做法。我们就让这几个外方人员持30%左右的股权，从那以后，深圳就开始了凭技术等无形资产入股的办法来发展高科技产业。华为现在有10万职工，几乎有7万人持股，领导持股的股份每年的比例在递减，但绝对数在增加，任正非不过持1%左右。

高科技企业的这种运作机制，我认为是非常重要的，没有这个机制，就没有技术人员的积极性，就没有高科技迅速转化为产业，就没有经营者的积极性。把高科技企业都变为像自己的企业、自己的家一样，实际上，这个问题的实质就是一个利益机制，这种机制使经营者和员工真正成为企业的主人。

第二个机制是市场公平竞争的压力机制。

任何企业要生存、要发展，都必须到市场上走一圈、遛一遛，看你的产品行不行。成本高、费用高、售价高，质量还差，肯定要被淘汰，这是市场竞争的压力机制变成企业内部的动力机制，这两者之间是相互转化的。

第三个机制就是法制的强制力机制。

市场不是无政府的市场，市场的运行一定要有法律保证，市场的调控机制有时是用行政手段调控，但是市场经济多数是用法律手段调控，制定规章、法律，并且要按法律、法规的强制力行使。法律的特点就是有强制力，它是一种对企业行为、对市场行为都有强制力的机制。企业内部是一种利益动力，市场竞争是外部的压力，法律是环境的强制力。

深圳有立法权以后，我们就可以为高科技企业的健康发展自己进行立法，这对我们的高科技企业发展是非常有利的一个条件。对支持高科技企业的发展，企业内部的职工持股、技术及产权交易等，我们都进行立法，以法律形式来保护。关于高科技方面的立法，我们先后以政府规章和人大法律两种形式，先后立下十几个条例，深圳鼓励支持高新技术产业发展的“33条”“22条”都是从立法角度来促进高科技发展的。

没有法律保证不行，市场经济从一定意义上说就是法制经济，没有法制就没有市场，市场乱套了，什么都发展不了。所以法律就是一种强制力，是用来保护市场运作的。

第四个机制是风险投资的推动力机制。

关于这一条，在实际操作中，我们感到确实是很困难的一个问题。高科技企业没有退出机制，它就不能循环，所以我们的高科技企业进行融资很难，融了资不能退出，不能通过市场机制来退出。

所以当时没办法，科技部的副部长邓楠来的时候，我们跟她汇报说，我们要发展高科技企业，资金是一个问题。一方面，技术人员有技术、有项目，但是找不到资金，没有风险投资；另外一方面，有资金的不敢投，投了怕退不出来，这中间没有循环机制。我们想建立一个风险投资板块，是让高科技企业进入证券市场的板块。邓楠听取汇报后，她完全明白了，她说我完全赞成，表示回北京后要向主要领导汇报，做他们的工作。

但是，由于中国的证券市场发展还不成熟，我们当时的思路没有实现，事实就是直到今天，我们才见到创业板的正式开张，发展的每一步都很不容易。创业板在当时的条件下实现不了，我们也不能坐等，那么我们当时怎么办呢？当时就是把这种投资风险暂时转移到政府，政府拿钱，拿出几个亿建立了深圳创新投资公司和深圳高新技术产业投资公司，建立两个投资公司，目的就是给高新企业投资，风险在政府这边，凡是高新投认为这个项目可以的，就给你投资，促进你的发展。这样做，肯定是有风险的，个别项目做不成就垮掉了，垮了的政府承担。因为创新投、高新投的钱都是政府拿，风险暂时转移到政府，这是没办法的办法，当时没有风险投资机制，就用这个办法促进发展。

几年来的发展实践证明，我们的这两个高新投资公司发展不错，其中免不了有一些挫折，但是我们动用 1 个亿，让它发挥了 10 个亿、20 个亿的作用，来推动高科技企业的发展，支持的几个成功的项目赚了大钱，政府的钱收了回来。这是我们在全国进行的首创，这虽然不是一个市场经济的正常机制，正常机制不能什么都是政府承担风险，但那个时候采取的这个办法，在一定时期解决了高新技术产业发展的资金问题。

第五个机制是道德的自制力机制。

市场经济的发展仅靠法律还不充分，不讲道德不行，市场竞争讲公平、讲合理，不能玩猫儿腻，不能以次充好，坑害用户，这就要求必须有一个道德机制来进行规范。在市场机制中讲道德最重要的体现就是讲信用，建立起在市场经济条件下的一套道德规范机制。

这五个机制的作用，我认为就是高新技术产业的市场运行必须遵循的规律。

体制创新无止境

深圳的高新技术发展的短腿就是缺少关键的技术芯片这一块，当时我们想搞一个超大规模的集成电路项目，深圳赛格集团等几个国企想上这个项目，政府也准备花一些代价来搞这个事，但是，最终一个都没有搞成。深圳目前几个大的高新技术产业的成长，都是产权机制，是民营的企业发展起来的。国企这一块和高新技术没缘，高新技术最基础的东西，是产权机制在起作用，是市场机制在起作用。

所以企业的内部机制是非常关键的，也就是我说的企业内部的动力机制。企业要建成是技术人员的企业、管理人员的企业、员工自己的企业。只要是市场竞争性的行业，政府就不能为主，强势政府不能强在这儿，不能与民争利，得让民营去搞，政府就出政策、研究方向就可以了。让社会资本占有社会化，应该继续成为深圳高新技术产业发展的体制依托。

我为什么有这么大决心讨论这个问题呢？我研究了国际上其他发达国家的发展，国际的发展趋势是什么？实际上西方的资本主义也是按马克思这个路子走的，就是最后发展的结果是实现了生产资料占有的社会化，马克思在《资本论》里面有一句话是说，财产的占有方式，以后的发展方向是财产的个人占有。对这句话有不同的理解很正常，我们先来看看西方是怎么做的，最早是法国的戴高乐，20世纪40年代后期他就开始了这个实践，他怎么搞呢？他通过立法，法国在西方是财产占有社会化方面最早立法的国家之一，立了什么法呢？就是任何企业都应该把企业老板的利润的一部分给职工建立股权基金。

这个按照马克思的理论，劳动者所拿到的报酬只是劳动者劳动力价格的体现，我出卖劳动力，我拿到报酬，创造的利润就是剩余价值，归资本家所有，劳动者是不能分享剩余价值的，这在资本主义社会是天经地义的。但是资本主义国家的发展也在变化，为了缓和阶级矛盾，西方改了，最早是法国改的，资本所有者要拿出利润的一部分给职工建立股权基金，符合条件的职工，包括入厂五年的职工，包括退休的职工，你要给职工建立股权。拿这个基金给职工建立股权，使职工在这个企业里面拥有股权。实际上就缓解了矛盾冲突，大老板还是大老板，职工还有一点股权，分享一部分剩余价值，经营者的股份拿得多一点，一般职工拿得少一点，真正实现收益共享。

紧接着就是英国，英国撒切尔夫人执政时期提出的是私有化，英国那个时候国有企业的比例很多，但英国是个典型的资本主义国家。所以我们有一个传统观念是完全错误的，以国有的多少来划定是资本主义还是社会主义，这个是完全错误的概念。现在挪威的一个经济学家，当时是驻华大使，我和他谈过，他说挪威现在一半都还是国有企业，石油、天然气、铁路都是国有，不能以国有的比例多少来划分是不是社会主义。

我看了《撒切尔夫人传》，里面有一句话，她说19世纪的伟大工程是实现了普选权，20世纪我们要实现的伟大工程是实现财产的普有权。所以撒切尔夫人那个时候就把国有的资产私有化，国有财产变为私有，实际上就是财产占有社会化。有一个例子，英国有一个国有的船务公司，航行于英吉利海峡，往返于法国和英国之间。这个船务公司年年亏损，撒切尔夫人就拿这个当试点，把这个船务公司的股权全部都便宜地卖给职工，当年就实现了盈利。英国那个时候罢工很厉害的，撒切尔夫人这么一搞以后，英国就很少罢工了，劳资矛盾就缓和多了。

再看看美国，美国也实行职工持股制，也通过立法，现在美国有全国的职工持股会，美国现在全国职工持股会有3000万职工，这还是前几年的统计。在上市公司内，股份能占到3%—5%就不得了，财产占有非常分散。据美国前几年的调查，每个家庭的股票、证券平均达到10万美元以上，形成了一个强大的中产阶级。这个社会就稳定了，然后调控两头，最富的和最穷的，政府有能力来调控，用累进制的个人所得税和财产继承税，政府进行有力的调控。我们通过财产占有社会化、公众化、分散化，使我国形成强大的有产的劳动阶层，我们的社会就会日益稳定。

华为成为深圳高新技术产业发展的骄傲，华为的股份基本上是职工普遍占有的，所以机制决定了企业发展的劲头和未来。所以走这个路子是普遍的趋势，是一个真理，是一个规律，深圳要更好地发展高新技术产业，建设国家创新型城市，还需要进行体制的进一步创新，发展无止境，创新也要无止境。

（作者时任深圳市委书记、市长）

第四章

拾珠：难忘的城市记忆

周溪舞　从商品短缺到商品极大丰富*

市委书记抱怨，过年连吃饺子的醋都买不到

20 世纪 80 年代初，深圳经济特区初创时期，深圳市的人口急剧增长。

县改市的时候，全市有 35 万人左右，在深圳市区，即原宝安县政府所在地深圳镇这个地方，只有三四万人口。建市初期，常住人口（户籍）由于受到控制，所以增长不快。暂住人口和流动人口增加非常快。在深圳市暂住人口其实并不暂住，一住就是一二十年；流动人口并不流动，往往是一家人都流到了深圳。这里面有大量的建筑工人、打工者、求职者，还有跟随这些人来的家属。当然，也有一部分是来去匆匆的游客。

在 1981 年、1982 年的时候，大约有五六十万人在深圳市生活，而且每日每时都在增长。到 2005 年，深圳人口已经达到了 1000 多万人。

当时国家实行计划经济，商品分配基本上按照常住人口数量、消费水平、消费习惯来分配的。商品本来就短缺，深圳人口急剧增长之后，商品就更加短缺了。

* 节选自《我所经历的深圳发展的几件大事》，标题为编者加。

记得1981年秋天，市委书记开玩笑地跟我说："老周，中秋节，我吃饺子想买醋都买不到，你这财贸是怎么管的？"我心里想，在深圳何止是醋，买不到的东西多了。我也知道他是开玩笑，但我心头的压力还是很大的。

计划经济在商业方面主要表现为以下几个方面：

第一，全国所有的商品分为三类：一类商品由国家统一收购、统一销售，国家制定价格，销售时按常住人口凭证定量供应，如粮、棉、油；二类商品，国家按计划收购、计划销售，价格由国家制定，国家完成收购任务后，生产单位可以上市销售，价格由双方议定，国家实行监控，如猪、禽、蛋；三类商品，可以自由上市，价钱可以随行就市，但是也由国家监控。比如，农民自留地的农产品和农民完成收购任务后的农产品，还有一般的小商品和山货，等等。国家对这些商品的分类，会根据不同地区市场的供求情况随时调整。

第二，在商品流通方面，全国设有三级采购供应站：一级站设在省会和大城市，可按计划在全国范围内进行采购；二级站设在比较大的城市和历史上形成的商业流通枢纽的中等城市，可按计划在一定范围内采购；三级站设在中小城市，可在计划指定的范围内采购。

第三，在商品零售方面，主要由商业部系统的各专业公司，如百货公司、五金交电公司等门市部销售；在农村主要是由供销社系统的各个商店销售。当时，私营经济在商业领域中几乎被完全排除。

在这种体制下，深圳要想解决商品短缺的问题，只能靠改革开放和国家给特区的特殊政策，运用国家给特区的特殊政策，打破商业领域中计划经济的限制。

不断"惹麻烦"的进出口服务公司

当时深圳市成立了一个进出口服务公司，它既不属于商业部系统，也不属于外贸部系统。深圳成立这样一家公司，利用特殊政策、灵活措施在国内外采购商品。既为了解决特区商品供应，也为了特区积累资金。这家公司成立后，做了不少工作，也取得一定的成绩，但是由于特区的特殊政策和全国的计划经济体制发生碰撞，也遇到了很多困难。

1982 年上半年，国务院特区办公室转来一个信息，说四川省的商业部门投诉深圳市的商业部门去四川收购干辣椒，影响了四川的辣椒收购计划和供应计划。

我听了以后，暗骂了一句我们这个经理真是太窝囊了。谁都知道四川人没有辣椒过不了日子，而深圳人包括流动人口，并不一定天天吃辣椒，更何况，收购干辣椒，哪里不好去，偏偏要跑去四川收购呢？我在佛山地区工作的时候，军分区有一位副政委，他是经过长征的红军干部，老家在四川。70 年代初，他回家探亲后曾跟我闲聊，他说当时四川干辣椒是凭证供应的。我们的公司到一个凭证供应的地方去收购干辣椒，不是找死吗？

没多久，国务院特区办公室又转来一个信息，说山东省的商业部门投诉深圳市的商业部门到山东去收购大花生，影响了他们的收购计划和出口计划。

这一次，我打电话给进出口服务公司的经理叶振忠，说我要去公司看看。我到了他们公司仓库后，在一个角落看到堆着七八个麻袋包，打开来，抓起一把大花生，这种花生比深圳市面上卖的花生差不多大一倍，剥开外壳以后，里面露出了粉色的内衣、白白的果仁，煞是可爱。如果单从商业观点来说，这个收购是成功的，肯定价格和销路都会很好，但影响了人家的计划就不行了。

中国有句俗语：“屋漏偏逢连阴雨。”1982 年上半年，省商业厅在新会县召开商业局长会议。深圳市当时先行一步，进行机构改革，把经济性质的行政局都改成了公司，如商业局改成了商业总公司，外贸局改成了外贸总公司，工业部门也改成了电子工业公司、机械工业公司、轻工业公司……因此，召开商业局长会议的通知便不知往哪里送了。

深圳没人去参加这个会议，结果失去了在会上争取多分配商品的机会。直到会后，商业厅打电话来问：“为什么不派人去开会？”我们才知道这回事。

好在，当时省商业厅厅长鹿益三和我是老熟人，他来深圳检查工作的时候，我和他共进午餐，三杯茅台落肚之后，我便开口了，除了说明没去开会的原因外，希望他能支援特区，多调些畅销的商品来，如永久牌、凤凰牌自行车，蝴蝶牌缝纫机，茅台酒，大中华烟……他表示尽量支持。

过了不久，我问商业部门，是调拨来了一些畅销产品，但数量不多，不好销的产品却调了一些来，如五羊牌自行车、红棉牌缝纫机、大丰收烟（廉价烟），等等。

广交会：不知道怎样与深圳代表团打交道

深圳商品短缺的问题越来越严重，我们只好认真钻研改革开放和国家给特区的特殊政策。

我们找出的第一条路就是到广交会去采购出口商品。

当时中国的大、中城市有这么两种商店：一种叫友谊商店，它是专门给外国游客用外币买东西的商店。商品品种比较多、质量比较高、价格比较便宜，多数都是属于中国出口商品；另一种叫华侨商店，它是为了鼓励华侨汇外汇给国内的眷属而设立的。商业部门会根据华侨汇款多少发给一定的华侨购物票，华侨眷属可以拿着票到华侨商店购买商品。这里的商品也是品种比较多、质量比较高、价格比较便宜的出口商品。那时候在华侨比较多的县城都设有华侨商店。

当时国家给深圳的特殊政策，其中有一项是外汇收入全部留用，国家不分成。再加上深圳准备发行特区货币，可以和外币通用。我们想，深圳可以拿外汇采购出口商品来解决市场问题。这种想法得到了国务院有关领导的支持，我们便去找外贸部，找了当时分管中国广州出口商品交易会（简称“广交会”）的副部长王品清，还有进出口处处长戴杰（后来担任海关总署署长），和他们谈了我们的想法，他们都表示支持。

于是，我们就在1982年下半年，组团去参加广交会，由我任团长，由分管财贸工作的副秘书长李定任副团长，并通知有关商业公司，组成一个代表团，去参加广交会。

到了广交会后，当时王品清还没有来，戴杰出国了，只找到外贸部进出口处副处长曹蕴章。我们说明来意后，他表示事先不知道这件事。他说："各省代表团都是来销售出口商品的，你们深圳市代表团却来采购商品，我们还没有处理过，要研究研究，你们先回深圳等。"我听了便急了起来，表示我们不能回去，要等就在这里等。他见我这么坚决，就说："那你们等吧。"也是不打不相识，以后我们成了好朋友，他后来调到中国驻加拿大大使馆任商务参赞，我到加拿大的时候还找过他。

没过几天，戴杰、王品清都到广交会来了，他们对深圳代表团的到来表示支持，并由广交会发了一个通知，通知各省代表团：深圳市由副市长、副秘书长分别担任团长、副团长来参加广交会。

见到这个通知我很高兴，马上叫人通知各家公司的同志来开会，布置他们分别去各个代表团拜访，看看他们收到通知没有，有什么反应，并准备开展采购工作。

到了晚上，我让人通知他们回来碰头汇报情况，结果从反映情况来看，并不乐观。虽然各代表团都接到了通知，但普遍反映："各省代表团都是来出口商品的，只有你们是来采购商品的，不知道怎么和你们打交道？有些政策也需要进一步明确，如商品卖给你们算不算完成出口计划？怎么作价？用什么货币结算？"

我听了以后，认为外贸部同意我们来采购，当然应该算完成外贸计划，价钱我们坚持要按照给国外总代理的到岸批发价（即给香港华润公司的价钱），货币基本上用外汇。我考虑到政策的问题容易明确，但还要做宣传特区和建立感情的工作。于是，我提出来，邀请各代表团到深圳参观，进入特区和沙头角的通行证由我们负责办理，费用由我们负担，然后布置大家分头邀请。

结果到深圳参观这件事情反应很热烈，因为有些人过去没来过深圳；有些人虽然来过，也是在创办特区以前，大家都想到深圳去看看，中国办经济特区到底是怎么回事？

当时深圳已经有了东湖宾馆、竹园宾馆和与广州合作办的泮溪酒家，招待吃饭是不成问题的。深圳有些项目已经开始建设，有了一点大兴土木的气氛。还有两个亮点可以参观：一个是沙头角镇的中英街；另一个是到罗湖桥头，看对岸香港罗湖车站挂着的英国国旗，也算看到一点“异地风光”。

经过这次参观以后，大家也开始熟悉起来，我们便开始了采购工作。一般来说，凡是出口好销、创汇率高的商品不大容易成交；出口销路不好的产品比较容易成交；有些出口销路不好、创汇率又不高的商品，用人民币就可以成交。其实，国际市场畅销的商品，我们不一定都需要，国际市场不畅销的商品，我们可能很需要。利用这种需求互补关系，我们在采购商品上大有文章可做。

1982 年秋交会到 1983 年春交会前，我们采购了 1 亿元人民币的商品；春交会上又采购了 1 亿元的商品；春交会后又采购了 1 亿元的商品。一年左右的时间，我们采购了 3 亿元的商品，对解决深圳市商品短缺的问题起了一定作用。

实行内联，吸引内地商品入深圳

在深圳，只靠到广交会去采购出口商品，这一条是不够的。因为深圳外汇有限，发行特区货币也遥遥无期，因此还得运用国家给特区的特殊政策去想办法。

第二条路就是加强和内地商业部门的内部经济联合。

特区初创时期，深圳市就提出实行外引（对外引进外资）内联（对内地实行经济联合）政策。一开始，内部经济联合主要是和中央各部、各省的工业单位联合。要解决商品短缺问题，就必须和全国各地的商业单位联合，让它们到这里来开商店，把它们的商品带来。

我们用什么政策来吸引它们呢？

当时，深圳经济特区有权力批准设立收取人民币外币兑换券的商店。人民币外币兑换券是当时为了方便外国游客，在他们入境的时候，在口岸银行，根据当天的牌价汇率，用外币换取人民币兑换券。他们可以在指定的商店用这种货币购买商品，这里面主要是各种出口商品。一般来说，品种比较全、质量比较高、价格比较便宜；还有一部分是进口商品，比如，为了满足外国游客的需要，进口可口可乐、“555”牌香烟和万宝路香烟，等等。

这样外省把商品运到这里来，收取兑换券，差不多等于收取外币了。事实上，当时还可以直接收取港币。港币的国家外汇牌价，一元人民币可以换两三块港币，而在自由市场（黑市），港币的价格会高很多。在这么一个汇率差距比较大的情况下，港币在深圳市场上是很难禁止使用的。既不能公开允许它流通，又不能强行禁止，就形成了在自由市场上，港币在一定范围内自由流通使用。

有一些港澳同胞回来，或者有港币的人来买东西，他们嫌换兑换券太麻烦，因此就直接用港币来买，商店也愿意收，虽然不合法，但政府只能睁一只眼闭一只眼。这些商店不但可以收兑换券，也可以收港币，所以很多省的商业部门就和深圳的商业部门联合成立公司。

在这以后，山东和深圳的商业部门内部联合，运来了青岛啤酒、龙口粉丝；江西、湖南运来了莲子、腐竹；四川运来了腊肠、腊肉。这些东西都丰富了深圳的商品市场。

与此同时，中央有些部也到深圳来跟深圳搞内部经济联合。

有一次我到北京开会，商业部长刘毅找到了我，他说想到深圳来跟深圳联合办公司，我当即表示热烈欢迎。后来商业部就和深圳的友谊公司成立了一家合作公司，把商业部能够调拨的商品调到深圳来。

接着，纺织工业部也来这里成立作联公司，各省的纺织工业部门都到这里来内部经济联合。轻工业部、二轻工业部（即原手工业部）也进来，在这里办了兴华公司、振华公司，这些企业都有利于深圳的商品逐步丰富。

这种做法还带来了我们没有预想到的结果，各省在这里开的商店，多数是外贸部门或省直接管的商业部门来办的，后来有些省就在这个基础上成立了驻深圳办事处，而且他们为了建立窗口企业，利用特区开展进出口业务，在深圳都建了大厦、做自己的办公楼。比如，山东省和深圳商业部门内部经济联合建立了泰山大厦，陕西省建立了长安大厦，云南省建了金碧饭店，四川省建了四川大厦，上海建了上海宾馆，贵州省也想入股参与建设新都酒店，这些大厦都成了深圳市城市建设发展的一个重要组成部分。中央有些部也在这里建立大厦，比如电子大厦、格兰云天大酒店、华联大厦、华强大楼，等等。

现在你走在深圳的深南大道，就可以看到这条风景线。

合资企业部分产品内销

第三条路，当时我们有这么一个特殊政策，在深圳的合资企业，它们生产的产品，深圳市政府有权力批准一部分产品在深圳特区内销售。最典型的例子是百事可乐饮料，它在深圳建厂，投产后我们批准以 20% 的比例留在特区内销售，用人民币付款。而这些合资企业也需要收取一部分人民币作为在深圳的支出，如可以用人民币付水电费、工资。

这 20% 的百事可乐在深圳市场销售，就代替了原来深圳要到香港进口的可口可乐和百事可乐。而且有些商品很自然地通过游客流通到特区外去。还有其他的一些厂，像当时的家乐家具厂生产的床垫，这种弹簧床垫，当时在国内比较缺少，一部分内销，有的也卖到各地去了。

在国际市场收购国内紧缺商品

第四条路是利用国际市场，主要是香港市场跟内地市场的价格差距，从海外购进短缺的商品，在特区市场销售。最典型的例子是砂糖，当时砂糖在中国是按户籍人口凭证限量供应的。国家照顾广东人吃糖习惯，每人每月供应半斤，其他省就没有这么多，有的省甚至就没有。

在国际市场上砂糖有些年份畅销，价格比较高；有些年份滞销，价格比较低。我们就利用国际市场价格比较低的时候，把砂糖购进来，在市场不凭证不限量出售，价格比国家牌价高一点，这样不仅解决了深圳和附近人民的吃糖问题以及饮食服务业用糖的需要，有些游客还可以买了带出去。像这种生意做得好的话，可以用收回来的人民币在自由市场上换回港币，有的时候能够把花出去的港币完全换回来，还有人民币的利润，只要把这个掌握好也是很有商机的。

我们通过以上种种办法，使商品短缺的情况一天天好转，社会商品一天天丰富起来。

走向市场经济的先声

由于港币事实上在深圳市场自由流通，带来了当时我们没有预想到的结果，就是后来催生了在深圳市成立全国第一家外汇调剂中心。

对港币既不能禁止，又不能放任自流，便要研究一个适当的管理办法。市委书记、市长李灏和国务院有关部门研究，想通过中国银行加以适当控制和运作。经国家批准于 1985 年 11 月成立深圳外汇调剂中心。所谓外汇调剂中心，就是有外汇（主要是港币）的单位到这里来，需要外汇的单位也到这里来。有外汇的单位说明自己有多少外汇，用多少人民币来换；需要外汇的单位也提出来自己需要多少外汇，想用多少人民币来买，两家互相商量，在那里成交。这样，在当时港币不能合法公开流通的情况下，外汇调剂在中国银行深圳分行的监控下运作。

我们这种做法，很快引起外国的关注。当时美国驻广州领事馆商务领事叶莺女士来找我，她说，美国驻香港总领事馆总领事李文先生，想带香港和广州两个地方的外交人员来参观，其中指定要参观外汇调剂中心。

经外事部门批准，他们来了，我带他们去看了这个单位。当天，就有人在那里挂牌卖港币，也有人挂牌来买港币，他们看了很感兴趣。中国银行深圳分行行长罗显荣做了介绍，他们也提出了很多问题。他们对这个既不同于外国的外汇市场，又不同于中国当时外汇管制情况下的调剂中心感到新奇！因此，我们也知道外国各方面的人士都是从深圳的一举一动，来看中国改革开放的走向，看中国经济社会的发展趋势。

深圳运用国家给特区的特殊政策，来解决商品不足的问题，就必须按照供求关系和价值规律来调整价格。这种价格调整的做法，在全国还是实行计划经济体制的情况下是不允许的。当时还没有社会主义市场经济这个提法，也没有说经济特区可以实行市场经济。因此，深圳市调整价格的情况，很快就引起了上级物价部门的不安，他们来深圳检查，并且准备处分一些干部，后来由于种种原因而没有处分。

中国设置经济特区15周年的时候，中共广东省委拍了一部《中国特区》的长篇纪录片，其中有一段采访我，我介绍了当时解决商品短缺的情况。纪录片有一段旁白："当时的特区人可能还没有意识到，此一举动实际上已经打破了自50年代以来一直实行的三级采购、统购统销的流通体制，这一突破势必引起市场领域中的连锁反应。随着内地各省、市纷纷来深圳设立商品批发站，特区的领导突然发现，深圳的商品丰富了，但市场的价格却再也无法用行政命令来协调统一了。就是在这种情况下，深圳特区开始提出按市场经济规律办事，改革商业、物资体制和改革物价管理，这个日子距离1988年全国范围的价格闯关整整提前了5年。"

（作者时任深圳市委常委、副书记，副市长）

李　灏　从股份制改革到建立深圳证券交易所*

深圳是全国最早进行股份制试点的城市。我们率先成立了投资管理公司，解决政企不分的问题、有限与无限的问题，但还不能解决国有企业自身的问题，还必须进行股份制改革，营造一个按国际惯例打篮球的地方。

从股份制改革试点到证券市场的建立

1986年10月，我们出台了《深圳经济特区国营企业股份化试点暂行规定》，将赛格集团公司、建设集团公司、物资总公司等六家市属大型国营企业作为股份制改革试点单位，市政府向这六家企业派出董事长，实行董事会领导下的总经理负责制。大企业试，小企业也试。当时王石还在特发集团下面很小的公司——现代科教仪器展销中心当总经理，他对股份制改革很积极，我们也大力支持。1988年股份制改造发行股票才更名深圳万科。同时，筹备国内首家股份制银行——深圳发展银行。深圳发展银行一成立，公开发行股票，自然就有交易。那时谁也没想到搞证券市场。

* 节选自《有了改革权当市长才有点儿意思》。

1988 年，我去英国、法国、意大利三国考察，证券市场只是其中考察的一项。

在英国伦敦，香港新鸿基证券公司帮我们组织了一个投资座谈会，我代表市政府讲话，欢迎英国金融投资家到深圳投资。英国一家基金公司经理说，我们不能直接投资你们的工厂企业，只能买你们的股票。他提出的问题对我们来说，很新鲜。当时深圳发展银行股票还是柜台交易，交易量很大，但柜台交易是不行的。

回到香港，我就考虑深圳证券市场体系建设问题。最早想找日本大和证券当顾问，他们的老板叫宫崎永一，我们从 1980 年就开始交往，比较熟悉，关系也不错，但是考虑到日本太远，语言交流不方便，就请邻近的香港新鸿基证券公司当顾问，帮我们做三件事。第一，帮助我们起草一个建立证券市场的总体方案，一个证券市场要有上市公司、证券公司，还要有登记公司，还要有交易所，还要对股民宣传教育等，否则不成一个体系；第二，帮助起草证券市场各种法规制度，最好把世界各大证券市场的法规制度都找来作参考；第三，帮助我们培训证券方面的干部，分期培训骨干人才。

从香港回来后，我们马上就成立了资本市场领导小组，后来说赤裸裸地叫资本市场，不好听，就改为证券市场领导小组。深圳证券交易所就是从这时开始的，当时连个像样的地方都没有，租了国贸的几间仓库，当时临时筹建办公室。

到了 1990 年，场外交易泛滥起来，到了不可控制的地步，我们一切筹备工作基本就绪，到了 11 月下旬，我们所有的证券交易系统都搞好了。我说不能再拖了，就带着郑良玉、张鸿义几个市领导，还有几大银行的行长，一起参观了深圳证券交易所，在现场第一次看到黄马褂，计算机操作交易系统也都完善了。他们告诉说，准备工作早就做好了。我说为什么不开？他们说，没批下来。我说，批不批不管，政府会负责，你们一定要开，先试验嘛。就选个好日子 1990 年 12 月 1 日试营业。上海 12 月 15 日是正式开业，我们是试营业，也没搞个仪式，到第二年批下来，1991 年 7 月 9 日我们才补办了开业仪式。

现在还是提两个证券交易所，深圳是先生孩子后登记嘛。当时中央对证券市场有不同看法，没有把握。小平同志 1992 年来深圳还讲“可以先试，不行就关了嘛！”我们最大的困难是 1991 年，当时场外交易泛滥，暴涨暴跌，控制不住了，差一点就关掉了。所以说，有上海成立证交所好；否则我们是孤军奋战，1991 年可能就被关掉了。

惊心动魄的事件

深圳证券市场的建立，是事物发展的一种必然结果。搞了国有企业股份制改造，又成立了股份制企业，搞了场外交易，自然就引导到证券市场上来，开办正规的股票交易所，取代泛滥的场外交易。1990 年，深圳发展银行股票最高炒到每股 132 元。

这里还有一个故事。1987 年深发展股票发行时，公众股还有 80 万卖不出去，当时到机关推销，公务员可买 200 股，20 元一股，4000 元。万科也卖不出去，到蛇口摆地摊，就像现在卖彩票一样。

我那时的工资只有 200 多元，当时谣言满天飞，香港报纸说我买股票赚了 450 万，交了 150 万党费，搞得我一身不是，有口难辩。后来一清查，才知道家里子女集中资金买了 200 股。这事还惊动了中央，派调查组来调查。李鹏同志亲自给我打电话，说传你有多少多少股票，搞得我哭笑不得。我找到人民银行行长，要他把买发展银行原始股处长以上的名单给我开出来。一查，市委常委、副市长里面只有我、秦文俊，还有警备区政委三个人没有买。

我在市委常委会上讲，我们搞证券市场，不要从中得到什么好处，我们要坚守这条，大家把股票都交出来吧。后来，市里发了一个通知，处级干部不能买股票。当时市政府主要领导压了一个多月不签字。我就劝他，外面都有很多议论了，我们自己得失是次要的，关键要保住证券市场，要面对现实，不能因为这被关了。他最后签了，发了下来。

1992 年“8・10”事件，说实在的是领导上的疏忽，首先是我的疏忽，一个疏忽，竟酿成一个事件。

那时股票发行方式不像现在上网发行，而是采用拿身份证买表抽签。这种发行方式已经过两次，中间有很多争论，市长郑良玉也明白，他主张再冒一次险。这次有六家公司同时上市，还是采用抽签方式，发行1000万张表，就可以收回10个亿，用这笔钱来修马路，解决交通问题。当时规定每个人可以买10张表，中签率10%。没什么风险，中一张签就可以在二级市场赚一到两万元。因为赚钱效应，吸引全国各地百万股民南下深圳，有人甚至到农村收购身份证，多得拿麻袋装。

由于发行方式本身有问题，投机变成了疯狂，加上中间出现舞弊行为，导致发生“8·10”事件，的确后果比想象的要严重。最后中央追查，发了一个通报，副市长张鸿义负直接领导责任，市长郑良玉负主要领导责任，我作为市委书记负一定领导责任。后来郑良玉调走了，到江西当副省长，张鸿义去了香港中国银行。

8月10日那天晚上，正好宴请陈慕华副委员长，我和郑良玉作陪。吃饭中间不断有人来嘀嘀咕咕，饭没吃完郑良玉就被叫走了。吃完饭了，别人告诉我说出事了，股民上街游行了。我一听，来不及去办公室，急忙赶到传达室，与郑良玉、张鸿义、李海东几个市领导一起商量。游行队伍很快就到市政府，信号弹都打起来了。他们群情激奋，秩序相当混乱。事情到了千钧一发的紧急关头。怎么办？大家一时束手无策。我说，没什么别的办法，就是把明年500万股票额度提前到今年发行。因为股民都是冲着股票来的，不能满足他们的要求，即使没有出现舞弊行为，他们也不满意。为什么？因为我们决策有错误，股票发行本身有缺陷，买股票没有任何风险，稳赚不赔，利益使得他们急红了眼。有人怀疑，说这个办法行吗？但更好的办法又提不出来。我就说，这是最简便易行的办法，事不宜迟，就这样定了，全部责任压在我一人身上，撤职法办我一人承担。决定以后，连起草文件都来不及，草草写了几条，拿到广播车去广播：你们游行示威、冲击机关是不对的，要保持秩序，我们一定惩治腐败。市里决定增发500万张抽签表，明天还在原来地点卖。结果，游行队伍一听呼啦一下散去了，都去排队去了。事情就这样平息了。

当晚召开局级以上干部开会，安排所有的机关干部第二天都到销售点去维持秩序，再发生舞弊行为，追究领导责任。后来又想到一个环节，抽签表能赶印出来吗？赶快找人民银行行长来问，他了解一下说，恐怕印不出来。我下死命令，无论如何明天8点前必须印出来！他考虑一阵子说，那就减几道工序，早上8点前印一部分，12点前印一部分。一切部署完毕，大概凌晨1点钟左右。罗干同志来电话询问“8·10”情况，我把整个过程如实报告，说已经平息了。过了一会儿，丁关根同志也来电话询问，我又报告一番。又过了半小时，李鹏同志也打来电话，询问情况，我向他报告，我们动用明年股票发行额度，事情已经平息，股民都去排队去了。我告诉他，当时我们处在一种除了这个办法就是神仙也挽救不了的局面，挨什么处分都可以。李鹏说，你在第一线，你了解情况，就按你的意见办。凌晨2点多我回到家里，刚躺下，省委书记谢非来电话，我又报告一番。一夜就这样过去，一生中最惊心动魄的就是这件事了。事情发生在小平视察南方不久，如果冲击边检，冲击机关，出现重大冲突与流血事件，怎么向中央交代？事后想，如果当时犹豫不决，请示汇报，也死定了。现在看，那时只有这个办法，没有别的办法。第一，要有科学态度，准确地分析判断，按正常程序要请示，如上头一时不批，你也没有办法。第二，敢于负责任，当机立断，自己落处分就处分，国家不能出大事。

（作者时任深圳市委书记、市长）

葛洪升　宁波帮与改革开放初期的宁波建设*

动员全世界宁波帮建设宁波

14 个沿海城市进一步对外开放，将我国的对外开放推向了新的高潮。在这次高潮中，小平同志非常关注宁波，对加快宁波的对外开放与发展作出了一系列的重要指示。其中影响最大的是小平同志关于“把全世界的宁波帮都动员起来建设宁波”的伟大号召。

当时对外开放的目标有两个，一是吸引外资，二是吸收国外的技术和管理经验。那时最能动员起来的是华人华侨，其中宁波帮是一支重要的力量，虽然人数不多，但质量很高，所以小平同志提出“把全世界的宁波帮都动员起来建设宁波”的伟大号召是出于当时的实际考虑，决策非常英明。小平同志希望宁波加快发展，这一点中央的许多领导同志都十分清楚，并及时加以贯彻落实。

1984 年 8 月 1 日，宁波对外开放仅仅三个月，小平同志就亲自过问宁波的对外开放问题。8 月 27 日，谷牧同志专程来浙江，传达了小平同志的指示。听传达

* 节选自《宁波开放开发的几件大事》，标题为编者加。

的有宁波、温州两市和省级部门的领导。薛驹同志和我先去看望了谷牧同志。谷牧同志对我们说，今年“八一”建军节，中央领导在北戴河聚会时谈到对外开放问题，小平同志说，宁波的民用机场要解决，附近的军用机场可以拿出来交地方使用。要派卢绪章同志去宁波，帮助搞好那里的对外开放，把全世界的宁波帮都动员起来建设宁波。在场的中央领导都表示完全拥护小平同志的提议。中央随即作出了两项决定：一是宁波的军用机场通民航，军民两用。二是派卢绪章同志到宁波，担任宁波市政府顾问。小平同志还说，不要给卢绪章同志安排其他职务，只做政府顾问。我这次来，一是传达小平同志的指示，二是送卢老来赴任。传达完小平同志指示后，谷牧同志又对宁波和温州的对外开放工作讲了一些意见，他要求宁波要认真学习贯彻小平同志的重要指示，一定要把发动宁波帮的工作落到实处，希望宁波的对外开放尽快奏效。他还说，宁波可以办经济技术开发区，你们搞个方案上报国务院审批。

市委迅速召开常委会，县、区、部、委、办、局主要领导参加的领导干部会，认真学习小平同志的指示和中央的决定。大家一致认为，小平同志的指示，为宁波搞好对外开放指明了方向，对宁波的干部群众是极大的鼓舞，是推动宁波开发开放，加快建设的强大动力，一定要学习好、贯彻好、落实好。

在贯彻小平同志关于动员全世界宁波帮建设宁波指示中，市委主要抓了三项工作：一是向广大干部群众进行广泛深入的宣传教育，做到家喻户晓，老少皆知。二是认真抓好落实侨务政策、港澳台人员眷属政策，全面清理并归还了被错误没收的房产，“文革”中被查抄的文物，改正了一些冤假错案。为了彻底清除过去对一些有海外关系人员的不信任的流毒，市委决定从华侨及港澳台人员子弟中选拔一批干部，充实到侨务、统战及涉外经济部门。三是大力加强对海外宁波帮的宣传、联络工作。有计划、有针对性地邀请海外宁波帮中的知名人士、专家、学者回乡参观、讲学、考察、短期工作，洽谈经济贸易合作。市委还在海外宁波帮中物色了一批有影响的人士，担任市政府和市涉外经济机构的顾问、市政协委员。对帮助家乡建设有突出贡献的人士，由市人大授予荣誉市民称号。宁波市动员海外宁波帮的工作搞得比较好，曾受到谷牧同志的赞扬。

包玉刚——最早响应的宁波帮人物

小平同志关于把全世界宁波帮都动员起来建设宁波的指示，经过传达、广泛宣传，在国内外引起了强烈反响。广大海外宁波籍人士热烈响应小平同志的号召，纷纷回乡探亲访友，了解情况，洽谈投资，开展贸易，捐钱兴办公益事业。

在众多海外宁波帮的头面人物中，最早响应小平同志号召的是包玉刚先生。在宁波帮为家乡兴办的众多公益事业中，影响最大的是包玉刚先生捐资创办的宁波大学。

多少年来，宁波人梦想着有朝一日能有一所自己的大学。历史上一些有识之士，曾为之四处奔走呼吁。1983 年下半年，中国科技大学朱兆祥教授、浙江农业大学朱祖祥教授、我国前驻外大使秦加林同志、省科协离休干部徐朗等一批宁波籍的老同志又酝酿起办宁波大学的事。他们做了一个方案，由徐朗同志提交给了我。这个方案建议，宁波大学初期规模在校学生 2000 人，按当时国家办大学的基本建设投资标准每人 2000 元人民币，共需 4000 万元人民币。当时，市委、市政府的领导都认为宁波应当有大学，也必须有大学。但是，苦于没有钱，只好暂时搁起来了。

宁波对外开放后，办大学的机会来了。1984 年 8 月中旬，包玉刚先生来函邀请宁波的领导访问香港。自从 1949 年全国解放后，包玉刚先生没有回过宁波，也没有与家乡联系过。此次邀请我们出访，预示着他将有较大的动作。我们决定把这件事作为一件大事，认真做好。一是应邀出访的人员规格要高，书记、市长都去。二是出访是去做工作，不是游玩，要有具体的工作任务和分工：1. 广泛宣传中央、小平同志对外开放的指示，介绍宁波的情况，发动在港宁波帮。2. 邀请包玉刚先生在方便的时候访问宁波，争取请他捐资办宁波大学、投资办企业。3. 通过个别接触，争取一些有一定影响的宁波籍人士拟任市政府的顾问、市政协的委员。为此，市委专门请示了中央统战部。中央统战部答复：只要本人愿意就可以。上述三条意见报到省里后，主管对外开放的副省长不同意争取包玉刚先生捐资办宁波大学的意见。为此，我又专门赶到杭州找了薛驹省长，我说这只是我们内部的一个工作目标，我们会注意工作方式，除了当面邀请包玉刚先生在方便的时候访问宁波外，不会直接向他提什么要求。薛驹同志完全赞成、支持我们的意见，并找来这位副省长当面作了交代。这之后，我将市里研究的意见向卢老作了汇报，并将一份举办宁波大学的方案交给了卢老，请卢老视情况给包先生做做工作。这个建大学的方案，依然是朱兆祥教授等老同志那份建议，初期规模在校学生 2000 人，投资 4000 万元人民币。

9 月上旬，我们到香港。当天中午，包玉刚先生在他的香港大酒店会见并宴请我们。包先生谈笑风生，十分高兴。我们向包先生介绍了小平同志、中央、省委关心支持宁波开发开放的情况和宁波当时的经济社会发展的情况，特别突出介绍了宁波迫切需要发展教育，培养人才问题。我们告诉包先生，宁波是浙江第二大城市，人口近 500 万，但没有一所大学。卢老说，宁波的发展关键是一个“才（财）”字，一是无贝之才，人才问题；一是有贝之才，资金问题。

过了两天，包先生又宴请我们，这一次他把邵逸夫、王宽诚、安子介等宁波帮中的知名人士也请来了。这等于是包先生帮我们拉了场子，做发动宁波帮的工作。之后，宁波同乡会、甬港联谊会、上海总会也都举行大型欢迎酒会，还有一些宁波籍人士个别宴请我们。我们则利用这些机会，宣传中央对外开放政策，宣传宁波，欢迎他们回家乡看看。我们还分头拜会了宁波帮中的各界头面人物，并召开茶话会，请他们对宁波对外开放和开发建设献计献策。所有我们接触到的人，无论是上层人物还是普通人士，都对中央的开放政策和小平同志、中央关心支持宁波发展欢欣鼓舞，也对支持家乡发展表现了极高的积极性。这次我们在香港半个月的访问，是对中央对外开放和小平同志关心支持宁波发展的一次大宣传，也是对香港宁波籍人士的大动员、大发动，圆满完成了我们的工作目标，对宁波的对外开放起了很大的推动作用。

我们访港一个月后，包玉刚先生就率全家和包氏家族成员由新华社香港分社副社长李储文陪同回访宁波。他们乘坐包机先到杭州，当晚薛驹省长宴请包先生一行。宴会后，李伯忠先生（包先生的妹夫）私下对宁波市外办主任卢良宝说，这次包先生回宁波，要给家乡人民送一份厚礼，什么样的厚礼他没有说。良宝同志当即报告了我。因为当时的宁波庄桥机场是军用的，尚未通民航，包先生的包机是香港的，不能降落。所以第二天上午，我陪包先生一行乘中国民航包机飞往宁波。飞机降落时，包先生和包氏家族成员都很激动，欢呼：到家了，看到老家了。当天晚上，市里举行盛大欢迎宴会，包玉刚先生、耿典华市长发表热情洋溢的讲话，席间吃宁波菜，听宁波戏，说宁波话，气氛非常热烈。看得出，包先生和夫人都十分兴奋。第二天中午，我宴请包先生和夫人，只有卢绪章、李储文、徐起超、耿典华作陪。席间，包先生突然拉着我一同站起来，包先生笑容满面，非常高兴地说："我要宣布一件事，我决定出资创办宁波大学。"在座的同志都热烈鼓掌，表示感谢。我们坐下来后，包先生又对我说："建宁波大学，我出钱，您出地皮，我没有人民币，给 2000 万美元的外汇。"（当时汇率是 2.5 元人民币兑 1 美元）

事后，我们就包先生要我出地皮的含义作了研究，认为那就是征地费用由市里出。于是，我们决定这个地皮的数量定为 1000 亩。这 1000 亩土地征用之后，筹办宁波大学工作班子的同志向我汇报，说约有 300 亩地因水利设施被隔断不能种地了，农民要求也用作大学用地，我表示同意。这样，宁波大学的用地变为 1300 亩。还有两件事顺便说一下：1. 原来我和市里其他同志都主张把宁大的校址放在东钱湖附近，我也亲自去看过。但包先生要求放在他的老家附近，所以最后选定了现在的校址。2. 关于捐资 5000 万人民币和 2000 万美元问题。我们原来交给卢老的方案是 4000 万人民币。就在包先生宣布这件事的那天早饭后，包先生找卢老商量办大学的事。卢老说，市里 4000 万的方案，是按每人 2000 元的建设标准算出来的，这是国家对内地办大学的标准，您办的大学标准应高一些，再加 1000 万。包先生同意了，所以改为 5000 万人民币，这个情况是卢老告诉我的。正如包先生所说的，他付给我们的是外汇，而外汇当时的官方汇率和市场汇率有较大差距。所以，市里决定把这批外汇由开发区用，开发区在国家汇率基础上每美元再加一元人民币，所以实际用于宁波大学的投资，不算 1300 亩土地征用费，也大大超过 5000 万元人民币。

包玉刚先生创建宁波大学，得到了小平同志和中央领导的热烈赞扬和极大支持。1985 年初，小平同志对中央领导同志说，办宁波大学的事，包玉刚讲，大学归国家办，他出钱，这是件好事，我答应题校名，你们应督促有关方面把这件事办好。

1985 年 10 月 28 日，学校正式开工建设，万里副总理、薛驹省长和国家教委、计委、建委等中央部门的领导同志，包先生的亲朋好友参加了奠基典礼。

次日，包先生对我说，这次宁波大学采取分期付款的办法，一个季度结算一次，你干得快，我付款也快，希望宁波大学一年建成，第二年招生、开学。

那个时候建这样一所大学从开工算起，没有三五年是不行的，包先生要求一年建成，按常规，无论如何是办不到的。但如果达不到包先生的要求，出现的影响和后果也是很严重的。显然宁波大学的建设，直接关系宁波对外开放的全局，是落实小平同志指示的重大政治问题，必须办好，不能出现任何问题。我们决定把办好宁波大学作为头等大事，要通过办好宁波大学，创宁波品牌、宁波速度，为宁波争气。为此要求市里各部门、各方面都要大力支持，特事特办，紧密配合。凡是宁大建设需要的一律开绿灯，不扯皮、不拖延。我们要求各参建单位派精兵强将，严密组织、精细施工，高质量按时完成各自的承建任务。那个时候凡属建设宁波大学的事，不管大事小事我都关注，时常担心在哪个环节上出问题。刚开工不久，我发现施工单位之间配合不太好，进度不是太理想。我把市建委主任鲁彭年同志找来，要他蹲在宁大工地，必须保证宁大建设按 1986 年秋季招生、开学要求建成。还要求，不仅要按时完成建设任务，而且必须高质量，不光是教学楼等主体工程要搞好，配套项目也要搞好，宁大开学一定要漂漂亮亮、正正规规地开学，而不能披头散发。鲁彭年同志高兴地接受并出色地履行了自己的职责。

这之后，我仍然常到宁大工地转转，不实地查看心里总不踏实。

1986 年秋，在各参建单位的共同努力下，宁波大学建设胜利完工。

1986 年 9 月，我在北京参加党的全国代表会，会议结束的那天，小平同志到会发表重要讲话。会场是在大会堂宴会厅，我到前排找到时任国务院副总理兼国家教委主任的李鹏同志，请他要小平同志为宁波大学题校名，我说，这是小平同志答应包先生的，写好请告诉我们派人来取。出乎意料，第二天薛驹同志到中南海开会，李鹏同志把小平同志题写的宁波大学四个大字给了薛驹同志。李鹏写了一个便条："薛驹同志，请将小平同志为宁波大学写的校名转交洪升同志。"在便条的边上又加了一句："他是否已回去了？"我回宁波后，把题字与李鹏的便条一并交给了耿典华市长，请他转交宁波大学。

宁波大学建设工程的胜利完成，只是搞好宁波大学的硬件条件。学校的领导班子和教师队伍的组建则是办好宁大的另一重要环节。这件事从大学筹建工作一开始，市委就认真研究过，经过多次比较，最后决定请中国科技大学朱兆祥教授出任校长，张永祥任党委书记。张永祥同志任党委书记，是在大学开学前才定的，他是一位很耐心、很细心、很善于团结人的老同志，工作又很踏实。宁大刚建立，人员是四面八方凑起来的，党委首要的任务是做好人员的团结工作。虽然，他那时已过了离休年龄，我们仍然决定用他。国家教委、浙江省委从全国和浙江大学抽调了一批教学骨干，同时指定了一批著名的大学对口支援帮扶。

1986 年秋天，宁波大学按预期招生、开课，10 月 28 日举行了开学典礼。万里副总理、薛驹省长、国家教委领导同志、英国教育大臣、英国驻华大使及包先生的亲朋好友应邀出席了开学典礼。

包先生对宁波大学胜利建成赞不绝口，他说建设质量这么好，速度这么快是少有的，一再表示感谢。

宁波大学的创建，是宁波对外开放的第一个重大成果，在国内外，特别在宁波帮中产生了重大影响，也有力地推动了宁波的开发开放。

在创办宁大的同时，包先生还在海外大力宣传宁波港的优势，倡议搞好港口建设，发展港口大工业。他说，他自愿当宁波的大使，向全世界推销宁波。在包先生带领、影响下，他的哥哥包玉书先生捐资改建镇海中学，新建镇海医院住院大楼和宁波大学包玉书教学楼；包先生的弟弟包玉星先生与宁波合资购买了通往上海的高速客轮；包先生的夫人给他老家所在地捐建了卫生院，女儿捐了包玉刚图书馆，妹妹也捐资修缮了钟包村小学。为了支持家乡建设，包玉刚先生把全家都动员起来了。可以毫不夸张地讲，包玉刚先生是宁波帮中最早响应小平同志号召最热心的人物，对宁波的贡献是最大的，宁波人民应当感谢他。

邵逸夫的教育慈善事业

在响应小平同志号召的海外宁波帮的头面人物中，邵逸夫先生也作出了巨大贡献。邵逸夫先生与包先生一样，全国解放后没有回过宁波。由于他从事的影视业，很大的市场是在台湾与东南亚地区，因顾虑影响业务，很少公开与内地官员交往。1985 年 12 月 5 日，应包先生邀请，经中央批准，浙江代表团访问香港，出席宁兴公司开业典礼。省委书记王芳为团长，我为副团长，卢绪章、徐起超、朱兆祥为成员。12 月 8 日，包先生在上海餐馆宴请代表团。在港的宁波帮知名人士 40 多人应邀出席。席间，包先生把我和邵逸夫先生、香港宁波同乡会包从兴会长拉在一起。包先生说，我想把我们读书的中兴中学重新修建一下，花 1000 万港币，你们出多少，自己报，剩下的我出。你们看行不行？包从兴先生连声说，好的，好的。邵逸夫先生说，玉刚兄说好就好，我们听玉刚兄的。1986 年上半年，包先生来杭州参加港龙飞机飞杭州的首航仪式，约我到杭州饭店总统套房见面。包先生说，中兴中学 1000 万，邵逸夫、赵安中、包从兴、叶谋彰先生各出 100 万，不足的 600 万我出。请书记马上安排施工。当时，赵安中先生也在座。赵先生说，拜托书记了。那个时候我曾纳闷，为中兴中学的几百万港币，包先生为什么亲自找邵逸夫、包从兴呢？像邵逸夫先生这样的头面人物不要说 100 万，就是几千万又算得了什么呢？包先生亲自出面，邵先生他们每个人才出 100 万，包先生似乎有失面子。反过来又想，当时是包先生自己讲的，他们出多出少自己定，不足部分他包，为了这点钱包先生何必费这个劲呢？我后来猜想，包先生可能是用这种方式，做宁波帮的工作，让他们出力支持家乡建设。虽然只有区区 100 万港币，但据我所知，这是邵逸夫第一次出资帮助家乡建设，这也是他第一次向国内捐资，从此拉开了邵逸夫先生捐资事业的大幕，从这个结果来看，包先生的安排可以说是深谋远虑。

1987 年 3 月，根据国务院的安排，陈先、卢绪章、耿典华出访香港，主要是与包先生商谈宁波钢厂问题。由于种种原因，国务院决定放弃中外合资建设宁波钢厂的方案，派他们到香港与包先生商谈此事。他们在港期间，也拜会了邵逸夫先生，邀请邵先生回宁波看看，邵先生接受了访问宁波的邀请，但要求不要声张。4 月，邵先生决定访问故乡，徐起超得知后，立即从美国直飞香港，陪邵先生到杭州。邵先生飞临杭州当晚，薛驹、李丰平同志在刘庄国宾馆宴请邵先生，我在杭州参加省委常委会，也参加了宴请。邵先生到达刘庄后，说这里太漂亮了，要转一圈看看。在邵先生一行去观看时，徐起超对我们说，他是从王剑伟先生那里得知邵先生回乡访问的，邵先生这一次回乡，准备给教育界捐些钱，他一路做工作，邵逸夫先生已决定捐给浙师大 1000 万、浙农大 500 万，邵先生明天上午看西湖，下午到浙大，后天去宁波。薛驹同志说，明天上午由我陪邵先生。徐起超说，他也一起陪。那天上午，邵先生乘车游玩，徐起超一直紧随，我没有与邵先生说话的机会，到玉泉公园观鱼时，大家休息喝茶，安排我与邵先生一桌，我向邵先生简要介绍了宁波的情况，并请他到宁波大学、宁波师范学院看看。邵先生说办学校、培养人才，对国家建设最重要，表示愿去宁大、宁师院看看。当晚，我给项秉炎同志打电话，告诉邵在杭的情况，要宁大、宁师院准备迎接邵先生。邵先生到宁大后还没有看，徐起超就拉他到隔壁宁师院去了，邵先生给宁师院捐资 500 万元。

1988 年，邵先生第二次回浙江时，安子介先生陪同，我在宁波宴请过他和安子介先生。这一次他决定捐资建邵逸夫医院。这所医院至今仍是杭州最高水平的医院。这次也给浙大、宁波邵逸夫剧院捐了一些钱。

1992 年 10 月，浙江在香港举办招商会，邵逸夫先生应邀出席了开幕式。在我的记忆中，这是他第一次参加这样内地在港举办的大型活动，第二天，他又到宾馆看望我，并设家宴款待我们。

1999 年国庆 50 周年时，在天安门城楼观礼台上，我又遇见邵先生，我请他坐下来喝茶，我说很感谢邵先生对家乡和国家教育事业的支持。邵先生说，我做点小事，小事。我问邵先生在北京还住几天吗？他说，下午就赶回香港，晚上要出席香港的国庆活动。那时邵先生已 90 多岁了，显得很有精神，十分愉快，看来，他过去对与内地官员交往的一些疑虑已完全消除了。

邵先生捐资办教育不仅在浙江、宁波，主要是在全国，他每年都通过国家教育部向全国教育事业捐资，至 2000 年已达 31 亿元人民币。就捐献数量看，宁波帮中邵先生是最多的。他对国家教育和慈善事业的贡献，体现了中华民族的崇高品德。

董浩云与顾国华的贡献

董建华先生的父亲董浩云，是另一位宁波帮的头面人物，他是舟山人，历史上舟山很长时间属宁波管辖，董老先生一直称自己是宁波人，董建华先生的母亲是宁波北仑人。宁波对外开放时，董老先生已去世。20 世纪 70 年代董建华主持企业时，经营上遇到了一些困难，但他们热爱国家和家乡的热情仍然很高。

1984 年 8 月，宁波代表团访港时，董建华先生正在国外，他特意乘飞机 20 多小时赶回香港会见并宴请我们。

1986 年 12 月，他设家宴招待王芳同志和我。听了他经营的事业遇到一些困难后，王芳同志说，事情总会有成功有曲折，失败也并不都是坏事。王芳同志说，毛主席有一次问王芳同志有没有犯过错误，王芳说没有，毛主席说，光有成功不行，犯过错的人，既有成功的经验，又有犯错误的教训，才会更好成熟起来。

我们访问结束时，董建华先生的母亲要宴请我，但我们的护照已到期，经王芳同志同意后，请新华社香港分社给补办手续，我又留了两天。董建华先生的母亲和舅舅为什么特意要宴请我呢？事情的来由是这样的，1985年董建华的奶奶回家探亲访友时，病逝在宁波。当地政府将其送进殡仪馆准备火化，董建华的母亲坚决不同意火葬，一定要土葬。当时我在杭州开会，市里打电话请示我，我说按家属的要求办。但下边的工作人员思想不通，市民政局的领导又赶到杭州找我，说已送进殡仪馆再拉出来影响太大，他们很难办，仍要坚持火化。我明确地告诉他们，必须按家属的意见办，因为她是香港市民，可以不受我们规定的限制。你们回去做做下边的工作，夜间弄出殡仪馆。他们回宁波后，就这样办了。为了这件事，董建华的母亲特意请我吃饭表示感谢。与我同去赴宴的还有卢绪章同志。宴会由董建华先生的舅舅顾国华先生主持，董建华和他的母亲出席。

顾国华先生也是关心支持家乡建设的热心人。宁波对外开放后，他经常参加宁波的开发开放活动，带领、介绍外商来宁波投资办企业、搞经济贸易，并为家乡宁波北仑捐资办医院、敬老院，为宁波大学捐献了海洋教学、科研设施，曾被宁波市授予荣誉市民。

1991年5月初，香港董氏集团董事长董建华先生和夫人，副董事长董建明先生和夫人，顾国华先生和夫人及董氏家族成员访问浙江，我宴请了他们，向他们介绍了浙江国民经济和社会发展情况，省第八个五年计划的情况，希望董先生和董氏集团能与我们密切合作，为浙江的发展作出新贡献。这之后，董氏集团开始在浙江作了一些投资。

其他宁波籍人士的贡献

其他海外宁波籍知名人士，王宽诚、何兆丰、曹光彪、邵炎忠、李达三、赵安中和台湾的应昌期，在美国的应行久等也都积极响应小平同志号召，为宁波的对外开放与开发建设作出了积极贡献。王宽诚先生更是解放初期就积极投入爱国爱乡活动，抗美援朝期间他独自捐献一架飞机，20 世纪 50 年代就捐资在鄞县创建了东恩中学。20 世纪 80 年代，王宽诚先生任香港总商会会长时，仍十分关心宁波的发展，积极推动甬港经济合作与交流。王宽诚先生设立教育基金，专门资助学生出国留学，他的这一义举曾得到小平同志的积极支持与高度评价。

在大批热心帮助宁波建设的海外宁波帮中，有两位不很为人知的人士，令我十分感动。一位是李惠利先生，一位是闻儒根先生。他们都自称是“小本经营”，是小老板。自己的生活简朴，平时很节约，帮助家乡却很热心大方。李惠利先生投资创建了个惠利中学、李惠利医院。1988 年，我会见李惠利先生时，他说自己钱不多，但他捐的医院一定要建成宁波一流的大医院，设备也一定要最好的，他还说他身体不好，可能看不到医院建成了，但请书记放心，他会把建医院的钱安排好的。李惠利先生逝世后，我特意在杭州会见了他的子女，表达了对李先生的敬意和感谢。闻儒根先生，据说与包玉刚家族有远房亲戚关系，经常回宁波，包玉刚每次回宁波的活动，他都来参加，他在宁波和浙江好多地方都有捐资，虽然都是敬老院、希望小学之类的小项目，但关心家乡的热情十分感人。1984 年我们访问香港时，闻先生请我们吃早茶，吃完之后，闻先生送我们上车，他自己回餐馆结账。陪我们的甬港联谊会的工作人员告诉我们，闻先生哪里是去结账，他是回去收拾我们未吃完的早点带回家去自己吃，闻先生每次与别人一起在外边吃饭都是这样，凡是吃剩下的他都打包带回去，他平时一个铜钱都不舍得花。

有一次，闻先生找我，说他祖坟上的石狮被人偷走了，他很伤心。也就是这一次，他告诉我为了赚点钱老婆孩子起早摸黑的一些艰辛事，我很受感动，安慰了他，同时打电话给鄞县，要他们追查石狮的事。

海外宁波帮，对宁波的最大贡献是向海外宣传宁波，推销宁波，牵线搭桥，帮我们引进外资，发展经济、贸易。这也是我们发动宁波帮的主要目的。我们从对外开放之初就明确提出，靠捐资宁波是发展不起来的。海外宁波帮捐资办公益事业我们欢迎，但更重要的是希望他们带头投资，帮助我们发展经济贸易。同时，我们针对海外宁波帮一些人“赚家乡人的钱不光彩”的顾虑，大力宣传到家乡投资的典型事例，为他们提供优质服务。最早来宁波投资并取得成功的宁波帮知名人士是台湾的应昌期先生，他先后在宁波投资1亿多美元创办了陶瓷厂、亚洲最大的毛纺企业，也在他的老家慈城捐建了中学。1996年，项秉炎同志（时任市人大常委会主任）说，应老先生全家开会决定捐资在慈城办大学，但国家主管部门说，宁波已有宁波大学，没批。老项要我给中央领导说说，当时我已在北京工作，我让他先找浙江的领导汇报。最后，这件好事没办成。

台塑是较早想来宁波投资的台湾大企业。但真正行动是在21世纪之初。至今，台塑及关系企业在宁波投资已有22亿多美元。台湾的奇美电子企业2006年在宁波投资办厂，已投资5亿美元，加上相关配套的企业，总投资也有10亿美元。印尼爱国华侨黄奕聪先生和泰国谢国民先生也都是较早在宁波投资的世界性大企业。在美国的宁波人应行久先生，是宁波外经事业的倡议者、开拓者。我国参加世博会的展馆和许多在海外的大型展会，大多是他承办的。

1985年他回宁波时，我请他就对外开放的事帮助出主意，他说宁波可以搞劳务输出，到国外打工，这方面他可以先与宁波合作办起来。这之后，我们开始组织一批又一批青年，由干部带队，到应先生承办的展会和美国奥兰多迪斯尼乐园的中国馆工作，后来发展到在海外承包工程。宁波外经工作起步早，在全省处于领先地位，这与应先生的努力是分不开的。

据宁波侨办的资料，截至2013年底，全市累计批准外商投资企业13747家，投资总额923.71亿美元，合同外资509.36亿美元，实际外资270.83亿美元，其中华侨华人和港澳同胞投资企业和资金额均占一半以上。1984年至今，他们在全国各地捐助社会公益事业累计金额已超过70亿元人民币，向我市捐助2200多个公益项目，捐资额16亿多元人民币。海外侨胞为宁波的经济建设和社会发展作出了重要贡献。这些外资和由此带来的先进技术和先进管理经验，对促进宁波的发展起了极为重要的作用。正是因为有党的改革开放政策，有小平同志对宁波的关爱，才有海外宁波帮人士、海外华侨华人和外国公司的大量投资，才有今天宁波对外开放的丰硕成果。

2006年，我应邀参加宁波大学20周年校庆时，宁大在校学生已由建校时2000人规模，扩大到23000人，研究生1075人，当时占地1300亩的校园已经全部填满，又在对面开辟了一个新的校园。由海外宁波帮捐资建设的一座座大大小小的建筑，教学楼、实验楼、办公楼、图书馆标上了顾国华、邵炎忠、曹光彪、赵安中、包玉书等捐献者的名字。在这个校园看了一圈，我感觉就像一个实物展馆那样，展现了宁波籍海外人士爱国爱乡的伟大胸怀。这一切，使我更加深刻地体会到小平同志“把全世界宁波帮都动员起来建设宁波”号召的伟大而又深远的意义。小平同志不仅这样号召我们，更加难能可贵的是，他率先垂范，亲自与宁波帮的头面人物交朋友，做工作。他生前多次会见包玉刚、王宽诚先生等宁波帮头面人物，对他们的爱国爱乡的行动给予热情鼓励与支持。宁大10周年校庆时，我和包玉刚夫人看宁大展览，一位担任讲解员的学生介绍说，宁大的学生很感谢包先生，是包先生给了他们在宁大学习的机会。我告诉这位学生，还要感谢邓爷爷，感谢中央的改革开放政策。

我过去说过，小平同志关于“把全世界宁波帮都动员起来建设宁波”的伟大号召，其意义决不限于宁波，不仅适用于浙江省，也适用于全国。小平同志对宁波帮的号召，也是对全世界华侨、华人的号召，他老人家对海外的华侨、华人、港澳台人士，寄托着殷切期望。他希望全世界的炎黄子孙都动员起来，建设我们伟大的祖国，实现中华民族的伟大复兴。

（作者时任宁波市委书记）

彭世柽　改革开放初期福州市两次出访*

市长率团出访日本长崎缔结友城

长崎是日本的一个海港城市，“二战”遭原子弹轰炸，破坏惨重。长崎的华侨大多是福清县高山镇人，他们十分希望长崎与福州结成友好城市。恰好当时长崎市市长本岛等积极推动此事，亲自或派员前来福州磋商。

（1980 年）经国务院批准，福州市组成以游德馨市长为团长的政府代表团（顾问蔡良承，团员有宁家魁、田一民、邱永章、徐则勋、陈天观和一位翻译）和以尹光武为团长的经济代表团（团员有吴成松、刘会武、卓青、周怀松、盛鹤群和我），于 10 月 13 日由福州出发，14 日从上海乘机飞经日本大阪，转机到达长崎。

机场离市区大约有两小时以上的车程，沿途我们见到的都是一个町接一个町，基本看不见农田。

长崎市安排我们在一个旅馆住宿，除团长住套间外，其余成员均住单人间。

* 节选自《历福州改革开放初期十年》，标题为编者加。

房间很小，不到 8 平方米，设施却一应俱全。

因为签字仪式安排在 10 月 20 日，所以头几天都是组织市内参观。我们一共参观了和平公园（原子弹爆炸中心点）、荷兰人早期在长崎活动的遗址、中华街、崇福寺、孔子庙、眼镜桥、一览桥、冈正百货商店、滨屋百货商店和一所小学、一所幼儿园、居民社区活动点以及三菱造船厂、石材加工厂等。因为长崎是日本的重要渔业基地，应我们要求，特别安排吴成松同志和我专门参观了当地的水产码头、渔市场、冷库和一家著名的鱼糕加工厂，还访问了该厂主人住宅，和他一家人合影。

缔结友城的签字仪式十分隆重，长崎市的政府主要官员和议会议员都参加了。会后专门宴请了两个代表团。饭后，我们还到市政府（“市役所”）参观。其间，经济代表团还与长崎市有关部门进行了今后双方开展经济合作交流事宜的商谈。

一天夜晚，本岛市长的助选人米津傅一先生和他的两个朋友，还邀请邱永章、徐则勋、陈天观和我四位，到一处可以俯瞰长崎市夜景的小山上的风景点喝咖啡、聊天。

代表团于 10 月 2 日离开长崎。他们专门派了工商观光课课长陪同我们参观，访问了东京的皇宫周围以及银座、名古屋的丰田汽车厂、三都士啤酒厂、京都的寺庙、周恩来总理诗碑等。然后转神户，由当地华侨社团组织了一场盛大宴会欢迎代表团一行。日本佐藤明雄教授幼年时曾在福州生活，抗战爆发才随父母返日，对福州有深厚感情，也参加了当晚的欢迎会。活动结束后，游德馨市长应那霸市市长邀请，带两位同志顺访那霸，与该市洽谈有关两市缔结友城问题。其他成员经大阪返上海。

在日期间，日本陪同人员曾问过我，对长崎有什么印象？当时我的回答比较简单，只是说了你们城市很漂亮，很清洁，人们很有礼貌；还赞扬他们接待办事效率高，计划性强，活动安排得十分紧凑、准时、有条不紊。

其实，此行让我感慨万千。首先，我惊叹日本对传统文化和历史文物保护的重视。对传统产品不仅注重保留，而且不断用新的科学技术加以改造，提升品质和产量。如福州市常以传统工艺脱胎漆器为荣，可是看到他们的漆器工艺大量用于生活日用品，瓶、盘、碗等形式多样，外观很美。为什么福州生产的漆器不能出口到日本呢？原来他们是用钙塑代替了木材，用机械生产代替了手工操作，产量大。而且他们用的漆是无味漆，而我们的漆器气味就是难消除，只适用做陈列品。福州盛产花岗石，但当时都还是靠手工开凿、敲打，所以只能以荒料出口。而人家却可以把石料锯成 5 毫米左右的薄片，而且磨成玻璃光面用于建筑物装饰。市面上一般食用糕点，加工也都十分讲究，品相赏心悦目。日本商品重包装，但不奢华浪费。其次，他们很重视绿化，保护森林，山头看过去都是绿油油的。生活上需要大量消耗木材的用品，原材料都从中国进口。而我们却乱砍滥伐，造成水土流失，破坏环境。再就是群众自觉遵守公共秩序。一天，我们在东京游览，时间已经很晚了，马路上车辆稀少，当大家过斑马线时，对面是红灯但没有汽车通过，人们都在人行道边等待，绿灯亮后才过马路。30 年过去了，我们行人闯红灯仍很常见，有了隔离栏杆，交叉路口还得配备协警来管，甚至还要用绳子拦着。可见一个文明习惯的养成，不下猛药，何其难也！

这次出访，所有团员都是第一次出国，加上语言不通，难免行为拘谨，大洋相没出，小笑话可不少，细节就不赘述了。长期处于封闭状态，我们这些人都变成了缺乏常识的人。什么叫“长见识”？原来不懂的东西，你接触之后才懂得，这就叫作“长见识”。

日本也有送小礼品的习惯，不过是表示心意，或送具有一定纪念意义，或起广告作用的小玩意。如本岛市长送给代表团每人一支自来水笔，上面刻有“长崎市长本岛等赠”几个字；参观石材加工厂，送的就是刻上每个人姓名的小石块；许多参观点，都是送我们厚厚一册介绍情况的资料，或者有企业标志的钥匙扣、开瓶盖起子、遮阳帽等。不像我们好面子、讲大方，这一点也值得向人家学习。

福州与长崎结成友好城市之后，双方互相往来较密切。

我在进出口办任职期间，对方几度派经济考察团来福州，探讨经济合作和组织福州货源出口到日本。长崎市的副市长、议长也相继参访过福州。米津博一先生也屡次邀朋友来榕作商务考察。福州方面，也由进出口办主任冯世运带队，在长崎的冈政、滨屋两大百货商店举办过为期七天的福州工艺品和物产展销会。东街口百货商店负责人与冈政百货商店负责人互访、考察，东百派出 5 名研修生前往该店学习经营管理，为期三个月。1981 年 5 月，福州与日本冲绳县首府那霸市也缔结了友好城市。在那霸市山形屋百货商店，也举行过福州工艺及物产展销会。上面所说的各种活动，我有的参加陪同，有的参与洽谈，有的为出访同志安排有关事宜；这都为日后分管外事、外经工作提供了一定知识基础。

首访香港受到乡亲热烈欢迎

我首次出访香港是 1981 年夏天。应香港十邑旅港同乡会邀请，由尹光武副市长带领我和市华福陈桂宗赴港，受到了福州同乡的热烈欢迎和热情接待。当时该会比较活跃的人物，多是福州、闽侯一带乡亲，如马元琰、柯伯诚、邹应生、杨大钧、叶佑丞、郑维暖、林铭生、余德教、郑学正等，后来才陆续增添了赖庆辉、郑存汉等福清、长乐乡亲。他们大部分经商，从事生产性企业的很少，经济实力不是很强。

在港期间，我们也顺访了开放以来，曾与福州市洽谈投资、商贸合作项目的客户，参观了一些他们开办的工厂企业。那几天，除早餐在华闽招待所用餐外，几乎天天都要接受乡亲朋友们的宴请；有时，甚至一个晚上要跑两场。同乡会的骨干陪同我们参观了浅水湾、半山高级住宅区等景点。我们这次出访的主要任务是联络感情、考察招商。感到老一辈旅港同胞对家乡的感情都比较深，年青一代则由于长期受英国殖民地教育，对国家缺乏认同感，甚至蔑视大陆访港人员。有件事很让我感动。我们刚到香港与同乡会乡亲接触，一天，杨大钧委员与我私下谈话中，特别关照我们穿西装应该注意的地方：如在非正规场合，前襟可以只扣上部一个扣；上装口袋一般不要放东西，也不要插自来水笔；领带不要放在西装的外面；袖口的商标要剪掉等等。说的都是国人容易忽视，而会让人讥笑的地方。老一辈就是这样于细致处关爱来自家乡的政府人员。

我们参观工厂，看过一家手表厂的装配车间流水线，女工们目不斜视几乎一刻不停地劳作。还有把工厂设在高层建筑上，这也是第一次看到。一般车间机器都摆得很拥挤，总经理办公室也是在大车间的一个角落，设置一个小房间，基本可以看到车间的各个角落，里面也堆放着很多货物。这说明香港地价昂贵，劳动密集型生产企业就会在节约用地空间和强化劳动强度上做文章，以节约成本，获取更大的利润。而在离闹市稍远的一些地方，工厂的厂房安排则比较宽敞；职员使用大办公室，各人用板间隔，互不干扰；总经理房间摆设也很豪华，用监控器掌控全厂动态。这些在当时都觉得新奇。

我去探访过一位亲戚，应该说收获不少。他叫苏友龄，按辈分称呼他表叔，抗战期间在重庆当过陈纳德飞虎队翻译，以后到了香港，是著名英文报纸《南华早报》的资深记者；邓小平同志访美，他都随团报道，发表了多篇文章。他见到离别几十年的表侄当然很高兴。他领着我去拜访香港名流李嘉诚、王匡城和光大公司的王光英；还带我参观了野村证券交易所交易大厅，以及只有上流人士、大富翁才能参加的乡村俱乐部、高尔夫球场。他还向我提出两个问题：一是投资公司可以设法来香港上市、融资。二是内地高中毕业生很多，还找不到工作。其实有高中文化程度，只要有一支笔、一张纸，就可以赚外国人的钱。他说的就是指现代的“编电脑软件程序”“外包服务”。当时他带我看的和对我说的，都是市场经济带有核心性质的东西。但他的思路的确很有前瞻性。可是，在当时什么叫“上市”“融资”“电脑软件”“互联网”？我们根本不懂。大概到了 20 世纪 90 年代初，内地才开始发行股票。更不用说“外包服务”了。这也说明，我们自己的确太落后了。

出访香港，果然对招商有所促进，在港乡亲回榕城洽谈投资合作项目的日益增多。有位林发铿先生，是从事服装加工出口行业的，看到家乡出来的官员西装款式老旧，不合时代潮流，决定向市华南服装厂赠送一套西装加工生产线设备，并接受服装公司派工人到他的工厂学习培训。吴厚坤先生则到他的老家台江区合作办了一家卷尺加工厂。郑维暖、赖庆辉先生也着手与郊区商谈合资开发华盛大厦。还有一些项目，就不一一详述。

（作者时任福州市财贸办公室副主任）

周国丰　北海那段激情燃烧的岁月

在邓小平南方谈话的精神指引下，20 世纪 90 年代初期，北海人曾以惊人的胆识，构筑了跨世纪的“大北海”框架，创造了跨越式发展奇迹。

我是北海开发大潮起落全程的经历者。我在北海工作 13 年，先后与 4 名市委书记、6 名市长合作过，是当时市委领导班子中任职时间最长的一个。1998 年后，我人虽在外地工作，但始终心系北海。

回忆那一段激情燃烧的岁月，我的心情总是不能平静。北海的改革开放经历着潮起潮落，风风雨雨，是是非非，坎坎坷坷。如何评说当年，我认为应以辩证唯物主义的观点一分为二去看。当时北海的跨越式发展，主流应该肯定，功不可没，有目共睹，但也确有违规和“泡沫”现象。因为当时北海的快速发展是在特定历史条件下进行的，受全国大气候影响。当时有许多制度不健全，加之是摸着石头过河，无经验借鉴，难免有失误。我认为北海的成功经验诚可贵，失误教训价更高。其功过是非，当留后人评说。作为过来人，我们有责任有义务如实地把当时北海的情况记录下来，帮助后人了解当年的北海，以总结经验，吸取教训，再创辉煌。

我曾经写过一本比较全面记录当年潮起潮落的书——《北海现象》。现在选一些片段反映当时的情形。

一、引鸟筑巢

1991年，外地的游人踏上北海市郊那软绵绵的沙地，目力所及，一大片平坦而未开发的土地尚静静地沉睡在绿荫丛中或裸露在阳光之下。几个月后，这些土地就被列入了各经济开发区的蓝图之中。国内有35个省市（含计划单列市）到北海开发，全世界有18个国家和地区到北海投资，房地产公司由1992年年初的6家增到近800家。银行存款余额45亿元，同比增长1.8倍，贷款余额29亿元，同比增长37%，首次出现存大于贷的现象。1993年头两个月，在1992年新增内联企业1026家的基础上，又有434家内联企业在北海注册，注册资金16.87亿元，比1992年同期增长96.5倍和627倍。

当各路大商云集北海时，国内许多省份也把注意力转向北海。北京捷足先登拟在北海建乡镇企业城。四川省几次派大员前来，同北海签订一批意向性协议，大有安营扎寨之势。沈阳市派出124人的考察团，寻找南方立足点。中国旅行社及香港中旅集团有限公司负责人纷纷前来商讨合作途径。王光英率四通等20个产业集团官员南下，欲在北海建十几平方公里的科技开发区和现代产业城。时任深圳市委书记李灏率队考察后将北海列为深圳投资转移的首选地点，纷至沓来的投资商踏破了北海这“低矮”的门槛。

此期间召开的西南地区及华南部分地区经济区域规划会议上，国务院副总理邹家华提出了“发挥北海市优势，当好大西南龙头”这一富有前瞻性的意见。

1992年2月，北海市主要领导随广西投资项目介绍会代表团在香港招商引资，美、德、日、泰、澳大利亚等国及港台客商蜂拥而至，签订意向书和协议134项，投资总额27.7亿美元，在广西各地市中独占鳌头。

在后来的日子里，更是好戏连台。有130多个投资百万元以上的项目相继开工。

1991年春，李鹏总理派人来考察北海。考察结果令来人大为感慨：“北海条件之好意想不到；北海经济落后，还不如广东一个乡镇，也使人意想不到。”北海人却高兴了，有了这两个“意想不到”，想必能得到实惠了吧？北海马上拟了一个报告，要求中央每年拨给5000万元贷款，连拨5年。结果呢？中央仅一次性拨给贷款3000万元。不久，广西壮族自治区批准北海组建华侨投资开发区，大半年过去，才拨下来10万元。北海人不得不痛苦地意识到：中国太大了，需要办的事情很多，单靠国家给钱确实难啊！

在一间简朴的住房里，北海市政府领导向来自北京、天津等地的一批专家学者、经济界人士征求如何解决北海开发资金困难的意见。专家学者们提出了发挥北海土地优势、用足用活政策的设想。具体措施是实行土地市场化，搞土地成片开发，通过一个招商中心购下土地，面向企业招商，由投资者承担基础建设费用，变“筑巢引鸟”为“引鸟筑巢”。

这一大胆的思路令北海市的领导者兴奋不已。12月25日，时任副市长任玉岭与正在北海考察的北京企业家很快谈妥：通过土地补偿，在北海建立乡镇企业城、四维保税区。任玉岭连夜伏案起草两个协议，次日凌晨4点钟完成，上午打印成文本。北海市第一个土地市场化的协议诞生了。第二天，两份协议放到了市委书记的案头，书记马上批示：“此事事关重大，一定要抓住不放，争取能够办成。”

这是一次敢闯敢冒的行动。这一行动表现了北海市领导者强烈的超前意识，当时大家预感到，如果敢吃这口螃蟹，北海人可能会“吃”出一个里程碑。

土地市场化这一设想通过这两份协议具体化了。为了吸引更多的人来北海投资，北海派人急赴北京，召开各种报告会、座谈会、招商会，并通过各种渠道宣传，把这一信息迅速传到了全国各地。于是，就刮起了北海大开发“旋风”。

二、百鸟投林

北海开发骤然升温。“引鸟筑巢”政策马上引来“百鸟投林”。1992年的北海万商汇集，生意红火，车水马龙，高潮迭起，瞬息万变。

1992 年 3 月与 1993 年 3 月的一组对比数字是有力的佐证：内联企业由 140 家增到 1830 家，增长 13 倍；内联资金由 2.15 亿增到 92.15 亿，增长 42 倍；外引项目由 27 家增到 500 多家，增长 18 倍；外引资金由 0.19 亿美元增到 38.41 亿美元，增长 200 倍；房地产公司由 6 家增到 800 家，增长 132 倍。

北海变得热闹起来了。宽 50 米以上 14 条主干道全面动工，全长 147.4 公里。城市框架扩大，从原来的 14 平方公里扩大到 80 平方公里以上，相当于再造 6 个北海。宏伟壮观，气势磅礴。

北京企业家联谊会副会长、北海乡镇企业城总裁刘忠铁说：乡镇企业城选址在北海，是因为北海的政策好。他认为中国的乡镇企业发展到今天，需要上等级、上规模。再“离土不离乡”，会有许多难以解决的困难，因此需要探索一条新路子。应该把分散在各处的乡镇企业集中起来，组建乡镇企业城，实现农村剩余劳动力向城市转移，同时也能为他们提供良好的生产经营软硬环境，为乡镇企业参与国际竞争创造条件。乡镇企业城的中远期目标是产值达 25 亿元，促使北海成为广西重要生产基地之一和东南亚与我国经济贸易的最大商品集散地。刘忠铁说：“乡镇企业城建成功了，将是我国乃至世界的壮举。为建成它，我把后半辈子给搭进去了！”就这样，他们成了北海市 7 大经济开发区的最早投资者。

澳门 AA 公司的任全胜来北海、钦州、防城等北部湾城市考察后说，北海有两个出乎意料之处，一是在我国居然还有一块条件这样好的处女地。二是国家对北部湾地区投资之少，23 年来投入仅人均 1 元，导致北部湾地区的经济起步异常艰难。澳门 AA 公司决定在北海搞经济开发区——港澳经济开发区。开发区可享受独资企业待遇，国内来这儿投资的企业也可享受“三资”优惠，这样利于北海的资金引进。设想把开发区建成一个扎实的实业基地，把像一汽、二汽这样的大企业找来，建组装厂、部件加工厂等外向型企业。任全胜说：“此举利国、利民、利企业，要我来取名，就叫‘三得利’好了！”

这时的四川也看中北海，时任四川省委书记杨汝岱说“（四川）无海无边，借船出海”。四川计划在北海建一个国际经济开发区，拟建一个商业城，一个工业城，一个度假村。开发区第一批招来了诸如四川石油公司、四川省烟草公司、长江企业集团这样的大型企业。

继乡镇企业城、港澳经济开发区、四川国际经济开发区等获得批准后，北京四维公司申建四维国际招商中心。全国政协副主席王光英又带领四通集团等 20 个大产业集团来投资兴建 10 平方公里的现代产业城。泰国恒业投资有限公司也申请划地 5 平方公里建开发区……

时任湖南省委书记熊清泉、省长陈邦柱亲自来到北海考察。熊清泉书记在考察后说：“北海是西南各省走向世界的出海大通道，它也是湖南的出海大通道。多年来，湖南人民一直在寻找的那条通过沿海走向世界的‘丝绸之路’，应该就是北海。”

随着湖南国际信托投资公司投资 2 亿多元人民币与北海市合作开发建设北海疏港大道工程项目合同书的签订，“湘军”大规模挺进北海。

有人把以土地成片开发带动其他产业发展的模式称为“北海模式”，而湘军在北海的首项工程，又为这一模式增加了新的内容：修路—土地补偿—成片开发。

湖南国际信托投资公司斥资 2 亿多元人民币承建一条宽为 120 米、长约 15 公里的城市主干道（疏港大道，即现在的西南大道），北海划拨土地 2000 多亩给湖南国信作修路补偿，由湖南在北海成立开发区招商开发建设。为建好这条北海市投资最大、标准最高、功能最全、综合利用的城市快速大道，湖南、广西和北海市都给予了极高的重视。时任湖南省委书记熊清泉、时任广西区党委副书记丁廷模等亲自来北海参加合同签字仪式，时任湖南省委常委杨敏之等又专程赶来参加了开工典礼。

湖南经济开发区计划用 8 年时间开发，投资 80 亿元。充分利用湖南农副产品和轻工产业发达的优势，将北海开发区建设成为湖南出口产品的精加工和包装的前沿基地，发展成北海的“小湖南”。

“湘军”大动作震动了北海，很多省市纷纷效仿。

云南省是较早进入北海建立开发区的省份，云南经济开发区用地 200 亩。云南在北海投资主要项目有：云南烟草进出口公司投资 6000 万元建设北海银滩标志性建筑观海阁，云南烟草公司投资近亿元建设北海永丰花园，云南建工集团公司投资 6000 万元建设云南建工集团北海公司，云南省国际信托投资公司投资 1.2 亿元建石林大酒店和北海云南经济发展公司，云南玉溪外经贸集团投资 1.2 亿元建中玉大酒店和玉海花园。

贵州在北海成立了“贵州经济开发区”，占地 1500 亩，计划总建筑面积 250 万平方米，集商业、产业、金融、旅游服务、出口加工、产品展销、办公商住、房地产开发为一体，以现代化的建筑特色和民族风格屹立于北部湾畔。由北海贵州宏宇国际集团总公司全面负责，组织省内五大银行、三大军工基地及 50 家大中型企业进入开发区参与开发建设。

就在几个月的时间里，全国各路大军如同飞舞的“孔雀”齐下北海，有把北海这个小“巢”挤破之势。

占地不过 0.333 平方公里的屋仔村一时变成了公司村。当时居住着 600 多家公司的人员。按北海当时 2000 多家公司来算，在屋仔村这弹丸之地的公司几乎占了 1/3。屋仔村 900 多套（幢）房子 80% 以上由外来公司租用。他们来自全国各地，主要经营房地产，也有些搞贸易或规划设计。其中有海泰、万科、姚氏鑫龙、艺豪、新大地、马新、南光、弘达、金滇等大公司。

如果说北海在 1992 年年底 1993 年年初随着外来投资者和人员的不断增多，变成了一个移民城市的话，屋仔村展开的便是最初的移民生活画卷。屋仔村有五“最”。人均拥有的汽车最多、汽车档次最高、移动电话最多、电话覆盖率最高、人均文化水平最高。由于外来人员汹涌而至，很多住宅区供水供电跟不上。屋仔村二楼以上无水，一楼半夜 12 点至清晨 6 点才有水，这种状况维持了很长一段时间。

屋仔村成了北海开发形势的晴雨表，你可以从屋仔村的人多人少，人们脸上的喜怒哀乐感受到北海房地产的艳阳天或风雨夜，了解北海经济形势的起伏跌宕。

三、以地生财

北海的房地产开发大潮，靠的是北海人大胆改革土地使用制度，把土地推向市场，以地招商，以地生财带来的。仅1993年就办理国有土地使用权转让256宗，面积81.5公顷；合作开发手续43宗，面积52.7公顷；抵押手续9宗，面积10公顷。收取包括补交的土地出让金5880万元，土地增值费4914万元，手续费754万元，合计11548万元。1992年至1993年两年中，靠土地一项为国家回笼资金9.55亿元。

当时北海的决策者已明确意识到，必须以房地产业和开发区成片开发为龙头推动经济全局，实现以地聚财、以地引财、以地生财，使北海经济社会全面繁荣并迅速提高北海知名度。

北海各个经济开发区负责人不会忘记1992年，那一年他们是兴奋的。1992年6月26日，广西壮族自治区外经委颁发了《外商独资企业批准证书》。同时国家工商行政管理部门和税务部门分别颁发《营业执照》和《税务登记证书》。10月与北海市人民政府签署了《土地使用证转让合同》。1993年2月依照合同规定，缴纳了土地出让款，领取了土地使用证。至此，经济开发区完成了所有的法律手续，取得了完全合法的经营权、土地成片的开发权。

1993年5月，某经济开发区的最后一笔补偿费由政府交到了农民的手中。为了使开发区内农民能够有就业机会，减少社会不安定因素，这一家开发区斥资150万元，于1993年6月在区内翁山村建成了“翁山预制件厂”，同年8月投入生产，使征地农民消除了后顾之忧。

这一开发区注册资金为1亿港币，然而完成区内的基础设施投资就需要2.4亿元。市政府1992年第四季度有限制地开放土地期权二级市场后，这一家开发区在1993年第一季度立即放出144公顷土地使用期权，并运用法律手段和经济手段相结合的形式，对进入二级市场的土地期权进行必要的双向限制。即：卖方必须在规定的时间内完成对土地的开发，使出让方的土地具备“三通一平”（路通、水通、电通、场地平整）的建设条件；而买方必须在规定的时间内完成项目建设的报建，否则，卖方有权收回土地使用权。

这一做法既搞活了市场，又有效地避免了占地不开发，而在二级市场上无休止地“炒来炒去”的弊病，同时开发区又获得了开发资金。

由于有了开发资金，1993 年 6 月，这一经济开发区投资 2.4 亿多元的基础设施（包括 6 条市政干道）工程全面动工。

1993 年 2 月 19 日，《沿海时报》在第一版显著位置刊登了一则消息：由国家计委、体改委、建设部、土地局和国务院特区办等部门组成的联合调查组，在北海进行深入调查、研究之后指出：这一经济开发区采取了对历史和对北海人民负责的做法，他们的做法不失为可行的模式。

就这样，北海人抢在历史的前面，用自己的方式接受了“市场经济”，第一个打开了政府计划的笼子。“笼子”的门一打开，北海人和外来投资者如同困鸟一般，把自己“开发的翅膀”放飞到市场“极限”的天空。

北海现代产业城总经理孙文华说：“北海的开发首先是解决了土地问题，北海的土地从三无到三有是一个惊天动地的变化。也就是说，土地从无期、无偿、无流通，转为有期、有偿、有流通。这就把国有土地推向了市场。这种吸引力实在是太大了。”

1992 年 4 月到 12 月的短短 8 个月时间，国内外来到北海注册的公司达到 1300 多家，绝大部分冲着房地产而来。

北海迅速建立起包括国家级旅游度假区在内的十几个经济开发区，整个北海市就像一个巨大的建筑工地。各开发区与合作者的协议投资也有数百亿元。这里的土地以最快的速度变成了看得见与看不见的“战场”。土地的流通和转让不可避免地首先出现在开发区里，每一回合的交易都会产生巨大的利润，土地的价格直线上升。这个复杂而刺激的过程，就是人们传说中的“炒地”神话。

1993 年 7 月 19 日，由时任国务院经贸委主任王忠禹率领的中央调查组在广西壮族自治区党委副书记刘明祖和北海市长帅立国等领导参加的汇报会上，再度充分肯定了经济开发区的工作，称赞北海干得好。

四、北海速度

1992年的北海，三天一小变，十天一大变。外引内联盛况空前。在内联方面，区域协作范围之广、新办内联企业之多、投资数额之大前所未有。1992年国内各地到北海新办的内联企业共1026家，注册资金57.85亿元，均远远超过前8年的总和。全国各地在北海设立的办事处、联络处达189个。外引方面，实现了史无前例的重大突破，全市共审批外商投资项目246个，比上年增长9倍。合同投资总额8.6亿美元，其中外资额5.66亿美元，分别比上年增长28倍和45倍。实际利用外资1.13亿美元，是前8年总和的10.9倍。国外商业信贷3226万美元，国外政府贷款423万美元。在新加坡举办的北海经济技术洽谈会上，来自新加坡、马来西亚、泰国等国家及香港地区的客商对北海表现出浓厚的兴趣，共签订合同、协议项目100多项，投资额3亿多美元，意向投资额15亿美元。他们还要求在北海建立新加坡工业区、马来西亚工业区和泰国工业区。北海市根据市场需要变单方组织开发为多方组织开发，使四面八方的人才、资金、技术纷纷向北海涌来，使北海的开发建设局势发生重大突破。这时以成片开发和区域经济协作为主要特征的建设模式业已形成，“大北海”的格局已初具雏形。

开发大潮带动了各行各业，1992年北海的经济、社会发展成就令世人瞩目。一是国民经济运行进入快速增长阶段。国内生产总值增长40.9%，工业总产值增长49.16%。二是农业全面丰收，粮食产量突破历史最高纪录。农业总产值增长17.8%，粮食比历史最高丰产年产量增长4.4%，油料和甘蔗分别增长34.9%和31.8%，水产品增长13.9%。三是乡镇企业增长1.7倍，乡镇工业总产值增长1.2倍。四是城市基础设施建设取得突破性进展。年内投入交通、能源、通信和旅游设施建设的资金是北海自1984年对外开放以来最多的一年。五是外资出口创汇上新台阶。口岸进出口总值增长36%，其中本市自营出口创汇增长90%。六是金融市场宽松，存款大于贷款，存贷差率22%，为国内少有。七是市场繁荣，物价平稳。全社会零售物价指数为105.4%，低于全广西平均水平。八是人民生活显著提高。全市农民人均纯收入增长18%，城市居民人均生活费增长25.7%，城乡居民存款余额增长78%。

1993年北海外引内联，双向启动，快速增长。当年已有内联企业3672家，注册资金逾百亿元。三资企业达1000多家，合同投资额44亿美元，其中投资1000万美元以上的有64个。1993年实际利用外资5.14亿美元，同比增长315%，大大超过前10年的总和，占广西当年实际利用外资的57.1%。外资来源地域已扩展到美国、日本、德国、新加坡等23个国家和港、澳、台地区。一些大型的骨干工程，如600万吨的炼油厂，80万吨的钢厂，120万千瓦的火力发电厂，也蓄势待发。这是北海抓住国际游资向亚太地区汇流机遇，大力招商引资的结果。

1992年，全国14个沿海开放城市9项主要经济指标综合比较，增长最高的是北海。9项中，北海排位第一的有5项。其中工业总产值增49.4%，固定资产投资额超过40亿元，增160.8%，新签利用外资合同增1043.5%，合同外资额增5300.0%，地方财政收入增32.4%。北海排第二的有2项，其中实际利用外资增850.0%，旅游外汇收入增126.27%。其余2项，外贸收购总额增46.3%，排位第三。社会商品零售总额增20.7%，排位第五。9项综合增速北海为全国之冠。

这就是1992年的北海，这就是北海人的1992年。

1993年北海主要人均经济指标是广西6市（南宁、柳州、桂林、梧州、北海、防城）之冠。一是国内生产总值增长速度居6市之首，比1980年增长2.7倍，提前8年实现翻两番的任务，比1992年增47.2%。二是反映农业发展水平的三项人均指标居6市之首，人均粮食产量295公斤，人均农业总产值2001元，农民人均纯收入1445元。三是人均财政收入和增长速度在6市中名列前茅，人均财政收入463元，增长1.16倍，1993年财政收入比1992年增长1.2倍。四是人均固定资产投资额远远超过其他5市水平。1993年北海人均固定资产投资额是2835元，增长2.57倍，全社会固定资产投资总额36.58亿元，同比增长2.64倍。五是衡量居民生活水平的人均指标在6市夺得4个第一，即城镇居民生活费收入4103元，人均消费支出3483元，分别增长71%和66.6%。城镇居民人均居住面积7.5平方米，增长1.4%。居民人均储蓄2943元，增长1.18倍。四项指标均超过其他5市水平。

当年北海如同一个大工地，夜北海犹如一个灯花的海洋，而在市区西南处盛开得最耀眼、最灿烂的要算第二届北海国际珍珠节展览展销中心——新世纪精品广场工地。这个当时大西南规模最大、档次最高、功能最全的商业广场，肩负着为第二届北海国际珍珠节"经济唱戏"的重任。

这个集展览展销、洽谈、表演、饮食、娱乐于一体的面积5万平方米多功能现代化展览馆，拥有16个馆厅、80个洽谈室、商品一条街、食品一条街、5栋客房楼、3000平方米仓库、停车场、露天展馆等。

建设这个"广场"，从动员征地、拆迁、解决用水用电、施工队伍进场到完成内装修、灯光、空调、音响、电话安装，地毯铺设等，只用了88天！按常规，建筑面积超过25000平方米的展厅从设计到完工至少需要两年半时间，然而"新世纪"创造了奇迹，这就是当年的"北海速度"。

施工前，"新世纪"总经理林海就宣称：深圳人能创造"深圳速度"，北海人也一定能像深圳人一样创造"北海速度"。一支由15个施工队1800多人组成的庞大的施工队伍为此拼力奋战。

第二届北海国际珍珠节期间10万游客欢聚北海。来自美国、俄罗斯、法国、日本、澳大利亚等23个国家和香港、台湾地区的300多位客商，以及国内20多个省、市、自治区的5000多位客商云集新世纪精品广场。有600多家国内外工商企业参加了珍珠节举办的商品展销会，贸易成交额达10亿多元。签订经济技术合作合约197项，总投资27.47亿美元。作为珍珠节商品展销中心的新世纪精品广场，共接待观众、客商近2万人次。3天中商品成交额达到1.0878亿元，其中现金交易506万元，合同或协议成交额1.0372亿元，创造了北海经济、文化发展史上的一个奇迹。

五、十万大军

十万建筑大军闹北海，千名设计师为北海描绘发展蓝图。

有人说，要看北海的发展变化，一是看楼、二是看路。一条条宽阔笔直的大道在蓝天白云下展示着北海大开发、大建设的辉煌业绩，展示着跨世纪的气势磅礴的“大北海”框架。

按照北海制定的2010年城市发展规划，建设宽50米以上的城市主干道共16条，构成了北海162平方公里区域内的城市主框架。当时动工兴建的有14条，另外2条已完成了设计。这14条道路总长度为180多公里，纵横交错、交织如网。东西走向的有滨海路、银滩大道、新世纪大道、疏港大道、北海大道、机场西路、港澳一路共7条。南北走向的有云南路、四川南路、兴桂路、政法南路、黄海路、南北大道、晋海路，也是7条。

随着北海开发热潮的兴起，来自海内外各路投资者要求赶快修通道路的心情日益迫切。北海市为了加快开发建设的步伐，改善投资环境，在已动工兴建四川南路、兴桂路和进港一路的基础上，又全面组织展开了11条道路的施工建设。

于是，一支来自20个省、市、自治区240家市政建设公司，70多个建筑设计单位，280个施工队伍的建筑大军浩浩荡荡开进北海。从深圳、海口的大批农民工“移师”北海，10万建设者和1000多台（套）施工机械在这片原野上铺开一场声势浩大的城市建设大会战。

全国千名设计者在北海施展才华。北海市大开发、大建设产生了巨大的“磁力”，吸引着数以千计的勘测、规划、设计科技人员奔赴北海。来自全国各地的勘察、设计、规划单位的1400多位专家、科技人员，为北海绘制美好蓝图。来自北京、天津、新疆、上海、河北、辽宁、四川、云南、贵州、陕西、山西等20多个省、市、自治区及中央有关部委的一批高水平、高质量的规划、勘测、设计单位争先恐后进入北海设立机构，开展业务。他们普遍具有雄厚的技术力量，

60% 以上的单位是国家甲级设计、勘测单位。来到北海的人员中，有高级工程师 140 多人，工程师 700 多人，助师 600 多人。

六、百项工程

北海人将永远记住北海开发建设史上百项工程大会战，热潮逐浪高的日子。

1992 年年初至 11 月底止，全市列入百项工程大会战的项目，正式动工兴建的有 76 个，总建筑面积 69.744 万平方米，投资总额 5.5 亿元。

继四川路、兴桂路全线和北海大道部分路段简易通车，北海至铁山港一级公路全线动工以后，北海市又有 10 条道路进入紧锣密鼓的准备动工阶段。“三路”工程中的四川路、兴桂路转入地下管道和通信电缆的铺设工作，北海大道部分路段进入慢车道建设，北铁公路 1992 年 12 月 5 日全线开工后将按期于 1993 年 7 月底通车。

市区的南北公路、疏港大道、新世纪大道、银滩大道、云南路、环海大道、兴桂路（铁路南面）延伸路、北铁公路南面道路和黄海路等 10 条道路全面施工。这 10 条干道都是由国内外投资方出资兴建，总投资额超过 8 亿元，计划 1993 年底简易通车。

四通八达的道路不仅把 14 个成片开发区连接起来，而且为四川路、兴桂路、北海大道沿路两旁和北海银滩国家旅游度假区，以及高德镇附近等三大高层建筑建设区域开发做好前期准备。

到 1992 年 11 月底止，北海市计委立项的工程项目达 671 项，总建筑面积 531.6 万平方米，其中投资 100 万元以上的项目有 653 项，已经纳入基建计划的有 138 项，建筑面积 294.9 万平方米，投资额 2.5 亿元。北海市委、市政府为了抓好这批投资百万元以上的工程项目建设，决定开展大会战，并建立会战指挥部。

这批工程项目对北海影响深远：一是高层建筑多。至 1992 年底已经动工的 9 层以上的高层建筑达 23 项，建筑面积为 423145 平方米，工程造价 4.9241 亿元。

其中中外合资兴建的38层北海商城大厦为当时北海市开工兴建的最高层建筑。二是工程施工进度快。由于北海市百项工程大会战指挥部办公室加强领导，认真做好指导、协调和服务工作，使体育馆、金湾大厦、电影城、蓖麻油厂、步行街等一批工程进度加快，1993年春节前，这些工程已告完工。禾塘水厂二期工程、自治区建行人才培训中心、北海银滩一期续建工程等已于1992年底竣工。

值得一说的是当时起到开发领头羊作用的恒利“海泰”项目。恒利海洋运动娱乐旅游度假中心总投资8亿元，占地1平方公里，分为六个功能小区。1992年8月18日开工前，这里是一片海滩和低洼水塘，长着稀稀拉拉的木麻黄树和零零星星的杂树，显得荒凉冷清。一年后奇迹出现了，451栋风格各异、造型别致的欧式尖顶洋房，齐刷刷地立在海滩上。中心别墅区由365栋、24种型号的独立别墅群构成，当时号称是亚洲最大的高级别墅区。

此项目开发初期举步艰难，主要是当地村民不理解、不支持，认为占用了海滩就等于堵住了他们的生活后路，夺了他们的饭碗。他们经常在运输建筑材料的道路上挖沟坑，并在夜间偷袭施工队伍，阻碍施工。当时，我兼任北海城市建设总指挥及铁山港一级公路建设总指挥，并分管政法等工作，听到反映后，我便和时任人大副主任邹忠凯、时任政协副主席黄作贤等到工地住了三天三夜，反复找乡村干部和村民代表协商解决。有一次我正在市委党校讲课，接到开发工地电话说又有农民挖路了，急切要求我去处理。当我到现场后，因随我去的广西日报社记者用照相机对着挖路的村民拍照，被一群村民蜂拥围攻殴打，一村民用锄头向我头部砸来，好在我反应快，闪身躲开没被砸中。经过一番耐心教育开导，并满足当地村民的一些要求，后来平息了事态，使项目得以顺利施工。

七、边境贸易

广西边境贸易从1988年开始。1989年下半年自治区批准开放北海石头埠码头为边贸码头，当时贸易量较小，出口商品只是小型农械具、建筑材料和日用工业品。进口商品主要是越南的废钢铁、矿产品和农林产品。1990 年成立北海市边贸领导小组，1990 年年底自治区批准开放侨港镇渔业码头为边贸码头，并批准建立北海市边贸总公司，该公司名是由时任全国人大常委会委员长万里亲笔题写的。

边贸政策是中央给予广西的特殊政策。广西是少数民族地区，地处边疆，几十年来一直处在国防前线。经历抗法援越、抗美援越、对越自卫还击作战，三次战争广西做出了巨大贡献，但也给广西经济发展造成影响，导致经济的落后与人民生活的贫困。随着中越关系的改善，中央为弥补几十年对广西投资的“欠账”，给予广西优惠的边贸政策，以利广西发展经济，摆脱贫困。

小平南方谈话发表不久，1992 年 3 月自治区召开全区边贸工作会议，自治区主要领导在会上作了重要讲话。北海市海防工委办负责人参加了会议。他向市委、市政府领导汇报说这次会议总结了过去一年的边贸情况，提出了 1992 年的奋斗目标。会议指出，小平同志南方谈话后，全国上下掀起大规模的经济建设热潮，广西不能落后，边境贸易也要按小平南方谈话精神去办，思想要解放一点，步子要迈大一点，建设要加快一点。会上自治区领导作了重要指示，要求各地市要进一步解放思想，抓住机遇，用活、用足中央给予广西的特殊边贸政策，要千方百计拓宽渠道，积极开展边境贸易，并提出广西全年的边境贸易额要在 1991 年的 20 亿元的基础上翻一番。会后，北海随即召集全市主要贸易公司负责人开会，传达贯彻自治区边贸工作会议精神和自治区主要领导指示。

全区边贸工作会议后，首先是防城、钦州等地掀起边贸热。据反映，生产资料上来了，机电产品上来了，汽车也上来了。北海当时正迅速掀起开发热潮，北海的低门槛政策和广西的边贸政策引来了大批国内外投资者。他们认为北海的政策如此优惠，投资环境如此宽松，既有地又有车，何不抓住机遇大干一场！这时已有 5000 多家公司落户北海，有的提出要按自治区对外宣传的“共享开放政策”，要求开展边贸业务。北海很快形成了房地产热和边贸热。北海一时好车满街，这些汽车大部分是从防城等地通过边贸买回来的，也有从北海边贸购买的。汽车种类很多，奔驰、劳斯莱斯、宝马、凌志、林肯、大富豪、皇冠 3.0、公爵王、蓝鸟等应有尽有，一时间无牌车多过有牌车。北部湾路开始塞车了，不得不把路上的绿化带推平行车。一些外地人见到北海的好车羡慕地说："不到北海不知道自己的车不好，不到北海不知道自己的房子小，不到北海不知道自己的钱少。"

北海与越南隔海相望，两地边民之间贸易由来已久。北海安置近万名越南归侨，后来外地又涌入大量越南归侨。他们经常通过海路到越南购农副产品运回销售，同时也带去一些国货到越南作交换。随着两国关系的改善和边贸的兴起，这种民间贸易日益活跃。当时我们认为既然中央允许开展边贸，为什么不趁势加强管理，把自发的民间贸易纳入正常的边境贸易轨道？这样做既利于繁荣经济，促进商品流通，又能解决归侨的就业和生活出路问题，有助社会稳定。1992 年 6 月初，自治区又召开全区边贸工作会议，时任副市长项守梁参加，回来汇报说，自治区党委领导在会上说 3 月召开的全区边贸工作会议上赵富林书记和陈仁副主席、梁成业主任的讲话对开展边贸工作起到很大的推动作用，概括为：广西的边贸发展是健康的，势头是好的，成绩是显著的。同时还提出"边贸无边""小额不小""边贸大家搞"等，要求沿边各地市要进一步解放思想，不失时机地抓好边境贸易。

市边贸领导小组于 1990 年已成立，由时任副市长马信光负责，1991 年改由时任常务副市长张九先负责。1992 年 4 月我任组长，时任市委常委政法委书记彭福钦、副市长项守梁任副组长。边贸领导小组下设办公室，由时任政府副秘书长颜昌茂任主任负责日常工作。边贸领导小组主要任务是上传下达、协调各方关系和督促征收税费，严格按公安厅规定审批边贸汽车入户等。边贸具体经营由边贸总公司负责。由于抓住了千载难逢的边贸政策机遇，顺应民心，加强领导，边贸工作搞得轰轰烈烈，并有力地促进了北海的开发热潮。1992 年北海被自治区评为边贸工作先进单位，并授予奖状和 5000 元奖金。当年贸易进出口总额 2 亿元，边贸税费收入 2000 多万元。1993 年北海财政从边贸税费中解决用于基建补助的单位有 21 个：渔农委、消防队、教育局、文化局、中医院、体委、民政局、驻南宁办事处、监察局、国资局、老干局、市政府、技工学校、市人大、司法局、银海区公安局、海城区公安局、新华书店、旅游局、报社、驻京办事处，共21333.5万元。当时市直机关、企事业单位的工作用车基本上也是由边贸解决。

1992年年底自治区召开全区打击走私活动工作会议，明确边贸与走私的界定和机电产品不能作边贸。北海根据上级指示精神，从海关、公安、工商、边防等部门抽调人员充实打私领导小组力量，按照“海上抓、岸上堵、陆上查、市场管”的方法组织缉私专项斗争，重点打击走私机电产品，取得了很好的缉私效果，遏制了汽车走私现象。

1993年2月，以最高检察院副检察长为组长，有中纪委、最高法院、打私办、海关总署、公安部边防局、工商总局、全国人大法工委等派17人组成的中央调查组到北海调查打击走私情况。至此，北海的边贸活动便基本停止。

由于这项工作政策性强、牵涉面广、影响大且较为敏感，引起社会上的很多议论，褒贬不一。当时我作为边贸领导小组组长深感此项工作情况复杂，责任重大。每天晚上到了12点电话仍不断，有海关的、海警的、边贸办的、打私办的，一个电话接着一个，一直工作到深夜二三点才可休息。有时为了协调好各方关系，反复开会，并到现场办公到天亮。在处理问题过程中严格按照区党委、区政府的规定办，特别是按照区公安厅的有关具体文件执行。现在回过头客观地去评价，边贸工作有得有失，成绩是大的，有目共睹的，而教训也是深刻的。

边境贸易给我们干部群众的思想观念带来了很大的变化，对北海乃至整个广西的对外开放起到了促进作用。中央给予广西的特殊边贸政策及自治区领导的灵活掌握，不仅给边贸带来勃勃生机，更可喜的是给广大干部群众的思想观念带来了巨大的冲击，使人们从边贸活动中看到了对外开放、搞活流通的好处。

边贸活动促进了北海产业发展和经济繁荣。通过边贸进了一大批橡胶、煤炭、化肥等市内和区内生产急需的原料和市场紧缺的物资，解决了生产的困难，活跃了市场。交易的工业品又为我市和全区各地的生产厂家找到了市场，摆脱了困境。大大地促进了第三产业的发展，增加了财政的收入，为支持工农业生产、缓解城市基础设施建设和社会福利事业开支困难做出了贡献。正常边贸活动规范了过去自发的民间贸易活动。对边贸点采取封闭式管理和对边贸管理区实行严格的监督，对边境的安宁和海防管理均是有利的。

在当时特定的环境下，我们对中央给予广西的边贸政策总是片面理解为中央对广西的特殊照顾，过分强调广西长期处在边防前线、经济落后这个“特殊”，总感到国家对这地区“欠账”过多，现在放松搞边贸，是国家给我们“开小灶”。既然环境“非常宽松”，政策“非常优惠”，我们是“特殊地区”，便可以大胆地干，可以用好用足优惠政策。只要是为了北海的经济发展而不是个人私利，一切都可以大胆地去试、去闯、敢冒风险。况且，周边地区的边贸非常活跃，如果我们不干，就会觉得吃亏，难以向干部群众交代。当时大家满腔热情，为能碰到这样的边贸优惠政策，能抓住这一机遇而兴奋不已，头脑发热，致使全局观念淡薄了，没有正确地、冷静地领会中央给予我们边贸政策的精神实质，没有处理好全局利益和局部利益的关系。一味强调自己的“特殊”和发展北海经济的强烈愿望，而忽视了边贸活动中掺杂的走私行为对全局的冲击所带来的负面影响，这是当时始料不及的。对边贸工作的政策性、复杂性估计不足，认识不深。这些都是值得我们作深刻的反思和吸取教训的。

（作者时任北海市委副书记）

姜斯宪　我在浦东任上的几件事

我是2002年8月当选上海市副市长的，当选以后还兼任上海市政府秘书长，同时受命作为中国政府的特使之一，参与申办上海2010年世博会。2003年2月上旬，市委决定调我担任浦东新区的区委书记兼区长，同时继续担任副市长，主管外事、侨务、民族宗教、台港澳、工商联等工作。在这样一个“双肩挑”的岗位上总共工作了15个月，其后转任市委常委、组织部长。

对我来说，在浦东工作时间虽不长、贡献也不多，但还是留下了很多美好的回忆。

宣传和推动对外开放是重要使命

浦东是我国对外开放的重要窗口，宣传和推动对外开放是浦东新区领导人的重要职责。我曾经粗略地统计过，在浦东工作的一年零三个月里，作为分管外事的副市长和浦东新区的一把手，我先后参加了各类涉外及涉港澳台活动约400次。我接待过20余位国家元首或政府首脑，也接待过上百批国内外知名的企业家、金融家以及专家学者和政府官员。在与他们的交流中，我总是不遗余力地宣传浦东，让来宾们感受到中国坚持改革开放所带来的历史性进步，使他们了解浦东、了解上海、了解中国。

第一个让我印象深刻的活动是在 2003 年 2 月 28 日，江泽民主席陪同古巴革命委员会主席菲德尔·卡斯特罗视察浦东新区。我在上海科技馆向两位领导人汇报了浦东开发开放的情况，我现在还记得当时的开场白是这样说的：今天是卡斯特罗主席第二次视察浦东新区，也是江泽民主席担任中央主要领导以后第十五次视察浦东新区。之所以当时讲这句话，是要说明：浦东新区能够有如此巨大的发展进步，与党中央、江主席给予的亲切关怀和精心指导密不可分。

我注意到，这次在浦东新区的视察带给卡斯特罗主席比他第一次来浦东更加正面、积极的印象。在送他去机场的路上，他对我说，他决定要让劳尔·卡斯特罗带一个代表团再来浦东。

确实，半年之后，劳尔·卡斯特罗就带了庞大的古巴代表团来到上海，主要是来浦东新区寻求与我们合作的机会。古巴在医药领域有一些较为领先的成果，同时在陆家嘴投资兴建了古巴在海外最大的投资项目——新天哈瓦那大酒店，这是彼此之间加强合作的一个重大成果。

第二件事是在 2003 年的 4 月 18 日“浦东一日”活动。那天是浦东新区开发开放 13 周年纪念日。我们和市外办安排驻沪的境外记者参加。

当日白天，出席活动的记者和其他外宾分多路对浦东新区进行了采访和考察。当天晚上，我和新一届政府的各位副区长一起出席了招待酒会。我先简短介绍了我们的团队。七位正副区长都有大学本科以上的学历，其中有两位工商管理硕士，三位有海外留学经历，还有一位是享受国务院特殊津贴的专家，老外们听了比较惊讶和兴奋。

酒会中间大家自由交谈，每个区领导都和参会的记者、外资企业负责人、公共关系公司负责人等热烈交流，有几位区领导可以用英文直接与外宾对话，气氛非常融洽，给出席活动的外国朋友留下了一个鲜明的印象——中国、上海、浦东坚持对外开放是绝不会动摇的，新的领导团队是具有对外开放的强烈意愿和能力的。

第三件事也发生在2003年4月。浦东新区宣布“环球嘉年华”将在浦东陆家嘴举办为期1个月的大型户外游乐活动。这是环球嘉年华活动首次登陆中国内地。由于上海当时正在积极争取迪斯尼或环球影城落户，所以我也直接过问这个项目的进展。但是人算不如天算。4月20日，“非典”疫情成为举国关注和应对的焦点，原定4月23日正式开园的环球嘉年华项，目面临推迟或取消的艰难抉择。

为了妥善处理此事，我先后两次直接和环球嘉年华的主办方进行沟通。我了解到创建环球嘉年华品牌的史蒂文森家族经营游乐场已历经六代，但经营“环球嘉年华”时间并不长，外方很担心自己成为家族事业的末代。因为他们的经营方式是租借世界上最先进的游乐设施用于活动。这次，他们已重金租赁了游乐设施并运到了上海现场，活动办不了，将涉及赔偿，搞不好确实会倾家荡产。我对他们的困境表示了深切的理解和同情：虽然这件事情是因为不可抗力造成的，但是政府还是愿意与企业风雨同舟，为这个活动的推迟举办提供必要的补贴。

经过两次商谈后达成一致，决定在上海的媒体和活动现场打出口号“共渡难关，择日相见”。

其实，延期多长时间，我们心里也没有底，向外方允诺提供的部分补贴又不能从政府财政中支出。因此，我们找上海永达集团商量，由他们做这个活动的主赞助商，哪怕活动没办成，作为赞助商，这个钱公司也承诺兑付，政府则会通过各种方式为企业的善举做宣传。我们做了最长推迟五个月的计划。

幸运的是，“非典”疫情持续两个月就过去了。其后举行的环球嘉年华活动受到超乎想象的追捧。整个活动时间为期一个月，收入1.3亿元，130万人参加，上缴各类税收4000万元，均打破了环球嘉年华在全球的纪录。

后来，环球嘉年华又在上海成功组织了秋季活动并逐步走向全国其他大城市。我们也在其后与迪斯尼、环球影城谈判的时候，经常把这个活动作为推断未来客流的实例，增添了谈判的筹码。这也是浦东改革开放中一件比较有意义的事。

在更大程度上促进产业结构转型升级

我觉得浦东作为我们国家和上海手中的一张王牌，应该自觉承担起在高增值产业中参与国际竞争的责任，使更多能够代表先进生产力的产业和项目在浦东开花结果，从而在更大程度上带动我们的产业结构转型升级。在新区任职的这段时间里，有以下几个方面进展比较显著。

第一，金融产业的集中度进一步提高。花旗银行、汇丰银行、渣打银行等外资金融机构在那个阶段中都加大了在浦东的投入。平安保险、招商银行、民生银行也签约在陆家嘴投巨资建设总部大楼。我们在张江专门开辟了上海银行卡产业园，现在叫金融信息服务中心。银行卡产业园培育了一大批金融服务机构，其中最有影响和代表性的是中国银联。中国银联是最早进入张江银行卡产业园区的，它用了 10 年时间成长为世界级的金融服务企业。中国银联进入园区以后，平安保险也被我们吸引到那里建设全球后台服务中心。当时平安保险有大约 2700 万个客户，都是通过这个后台提供服务的。现在平安保险的客户已经上亿了。继平安保险之后，又有近 10 家金融机构提出建立自己的金融服务中心。目前，张江银行卡产业园区已经成为服务金融的心脏，对于进一步补充陆家嘴金融贸易区的功能发挥了较好的作用。在外高桥保税区也引进了一些金融机构，利用保税区的境内关外政策，免税配置最先进的数据存储处理设备，设立数据备份中心等。通过这一系列的努力，浦东的金融保持了全国领先的发展势头。

第二，通过我们有目的地招商引资和政策鼓励，使得一大批中外企业在浦东设立研发中心，逐渐把浦东从国际名牌的制造基地向国际名牌的研发与制造并重的基地转变，努力使浦东成为创新型成果的策源地。在那段时间里，通用电气在美国之外的第三个全球研发中心落户张江，杜邦等一批世界 500 强企业也在张江设立研发中心。同时，中国的领军企业，比如中兴通讯、联想集团也在张江设立了研发中心。我们研究了对企业研发中心进行认定并提供优惠的政策。因为研发中心更多地需要智慧型劳动，能集聚优秀人才，尤其对吸引一些学有所成的海外人才回国服务作用明显。这些人才在中国的外企或民企工作和在外国工作意义是不一样的，更多的知识型人才回来，在外企工作一段时间后，可能就自己独立创业了。我们共认定了几十家研发中心，在个人所得税购房抵扣等方面给予优惠。现在看，这项工作还是有战略意义的。近年来，我国已经将提高创新能力作为国策，而在这个过程中，浦东尤其是张江以及金桥开发区、外高桥保税区做了一些先行先试的工作，积累了经验。

第三，进一步争取在对外开放上取得国家的政策支持，保持对外开放的良好势头。2003 年 12 月 17 日，为了展示浦东对外开放的成果，我们安排了一次新闻发布会，由我向在浦东新区注册的第一万家外资企业颁发营业执照。当时上海累计注册的外资企业是三万多家，浦东占了 30%，这充分反映了浦东新区在上海对外开放中的重要作用。除了不断吸收外资来浦东发展之外，我们还注重打造政策高地，吸引企业入驻。当时外资企业在上海注册最多的是外高桥保税区，但外高桥保税区占地只有 10 平方公里，其中又有水系和绿地，可用土地面积偏小，所以我们向海关总署和商务部积极争取：一是置换一部分土地，调整边界，扩大外高桥保税区的有效利用面积；二是在外高桥保税区和港口相连接的地方建成了全国第一个物流园区。这个保税物流园区的效益极为显著，解决了当时困扰上海的集成电路芯片出口复进口的税收抵扣问题，并培育出一批新型物流公司，提升了国际竞争力。

2003 年 8 月，温家宝总理来上海视察时召开了一个浦东开发开放座谈会。我们汇报时，一是讲了积极发展金融产业，提高金融业的竞争能力，这一点得到国家政策的支持，势头良好；二是发展总部经济、楼宇经济。从小陆家嘴开发区到大陆家嘴开发区，形成了以上海为总部，以江浙地区为后方制造基地的合作模式，实际效果比较好；三是介绍了推动研发中心的战略构想，提出发展研发中心具有多重好处，可以吸收创新性人才回国服务，能够增加我国企业的创造能力和国际竞争力；四是汇报了如何发展软件产业，包括努力争取国际软件的服务外包。软件产业低污染、高技术、高附加值，应该大力发展。张江软件园、金桥软件园以及陆家嘴楼宇里的软件公司等各有所长，已成气候。汇报得到总理的肯定，他还和与会的浦东新区同志合影留念。

发挥班子整体作用

“发挥整体作用，争取团体冠军”是当时我们就班子建设提出来的口号。这既是我个人的意愿，也是组织上对我的要求。

我到新区以后的第一项工作，是组织召开新区第一次党代表大会和新区第二届人民代表大会，以及新区第二届政协会议。党代表大会于 2003 年 2 月底召开，20 多天后又召开了人民代表大会和政协会议。这三个会议开得比较成功，不仅顺利实现了市委关于人事安排的意图，更重要的是大家进一步发扬民主，形成共识，增强合力，为保持浦东继往开来，不断进取的发展势头奠定了基础。

浦东开发开放始于 20 世纪 90 年代。在前 10 年中，浦东保持了超高速发展的势头，可谓“一年一个样，十年大变样”。除了国家政策支持力度较大和全市上下对浦东发展的支持和帮助之外，浦东的高速发展还有一个体制上的原因，就是浦东在 90 年代保持着党工委、管委会一体化的组织构架，决策效率非常高，开个会，定了就干。2000 年以后，随着浦东的经济规模不断增长，人口规模上升到 170 万人，如果没有一个比较完整的体制构架，可能难以满足有效管理的需要。据此，市委决定配齐新区的四套班子以及法院、检察院等等。

但是，新的体制刚刚形成，需要磨合，并且也带来了开发建设的效率降低问题。市委、市政府派我去浦东“双肩挑”，就是希望探索如何既能保持体制的完整性，又能保持开发决策的高效率，避免文山会海和形式主义的东西。从实践效果来看，这样一种人事安排利弊参半，对于主要领导个人素质要求比较高。对我来说这个担子显得偏重了。当时，我还需要分出不少精力来完成副市长的岗位职责，包括参加市政府的一些集体决策。总体上感觉实际投入浦东新区领导工作上的精力少于实际需要，对于保持新区快速稳定发展还是有一定影响的。因此，在我转任市委常委后，市委没有继续按照党政一肩挑的模式来安排新区领导职务，我认为是合适的。

浦东坚持“小政府、大社会”模式，即使在建立了四套班子以后，浦东设置的职能部门也比上海其他区县少。其他区县一般为40多个部门，浦东大约是20个部门。这样一来，浦东就和其他区的机构不匹配了。比如市里教育局长开个会，浦东社会发展局局长要出席，市里卫生局长开会，他也要出席，体育局长开会，他又要出席。他如果不出席，上级部门会认为浦东对这项工作不够重视，所以比较令人苦恼。我当书记兼区长的时候做了一个规定，如果有区委、区政府领导包括我本人在内主持的会议要求部门一把手参加，同时市里也有会要求一把手参加的话，他一定要参加市里的会，请一个副手来参加区里的会就可以了。客观地说，机构改革如果上下不一致，上一个层面不精简，底下先精简确实比较难，体制创新需要上下衔接。所幸的是，市里各相关部门对于浦东“小政府、大社会”的探索给予了一定的理解。

上海在改革开放过程中保持了良好的风气，浦东未必是上海反腐倡廉的标兵，但见事较早，态度鲜明，尤其是提出土地出让过程不可触碰的“高压线”，形成了干事业、守规矩的良好风气。

我在浦东的15个月里，能够带头严于律己，营造公平竞争的市场氛围，赢得了国内外投资者的充分肯定。

我在浦东时开过一个外资企业座谈会，会上他们给我们提意见说：你们在招商引资和项目建设阶段几乎天天盯着我们，项目投产以后就找不到你们了。

这实际上是在表扬我们，意思是企业到浦东落户后，没有职能部门的工作人员去打秋风，说这个能不能报销、那个能不能解决，要出差、出国能不能帮着安排等。我觉得这种良好的风气在上海的发展过程中是非常值得珍视的。

我刚到浦东工作没几天，新区国土局就报送来一大批土地出让的项目审批表。当时，对于手续已完备的项目，我马上就批办，不能因为看到投资者得利多了就反悔；而对于手续不完备的项目，则要求国土部门完善手续并与意向投资企业进一步洽谈。

当时的情况是，受1997年亚洲金融危机的影响，1999年到2001年成为上海土地批租的低潮期。那段时间许多企业都面临资金压力，所以拿地的积极性不太高。当我去浦东新区工作的时候，经济已经出现平稳回升的势头。我和我的同事都觉得应该合理地增加国家的利益。我们重新梳理了那一批前期工作尚不完善的项目，然后通过公开招拍挂出让，至少为国家多争取了超过50亿元的土地收益。

在这个过程中，没有太多的投资者觉得既得利益受到了损害，而托人来打招呼、施加压力，我认为这和上海和浦东当时良好的投资氛围很有关系。

在浦东的一年多时间里，我和班子里的其他同志一起合作共事，带领全区的干部群众做了一些工作。尤其是在这一过程中，班子成员之间相互信任，各展其长，保持了比较高的工作效率和良好的工作氛围。这段时间对于我们党政班子中几个相对年轻干部的成长也起到了比较好的作用。当时党政班子中的副职目前有两位市领导，一位是姜平同志，一位是张恩迪同志，其他几位同志现在都在重要的党政部门一把手岗位上工作。看到他们有这样的发展进步我也觉得很欣慰。

由于我在浦东工作时间比较短，对有些工作只是提出了想法但还没有做出结果；反过来，有些事情在我任期内有结果的也不一定是我的功劳，多数是我的前任已经把基础打好，这时正是开花结果的时候。这也就是“功成不必在我”和继往开来的意义所在。衷心希望浦东能够不断向前发展，再上台阶。

（作者时任上海市副市长、浦东新区区委书记兼区长　孙海燕　严亚南/整理）

鸣　谢

在《大潮》丛书出版之际，谨向下列省市政协在文稿编选方面给予的大力支持表示谢意！

天津市政协文史资料委员会、上海市政协文史资料委员会、浙江省政协文史资料委员会、重庆市政协学习及文史委员会、海南省政协文史资料委员会、贵州省政协文史与学习委员会、石家庄市政协学习和文史资料委员会、秦皇岛市政协文史资料委员会、沈阳市政协学习宣传文史委员会、大连市政协文史和学习委员会、南通市政协教文卫体和文史委员会、连云港市政协学习文史资料委员会、宁波市政协文史委员会、温州市政协文史委员会、福州市政协文史资料和学习宣传委员会、厦门市政协文史和学习宣传委员会、青岛市政协文史资料委员会、烟台市政协科教文卫体和文史资料委员会、广州市政协学习和文史资料委员会、深圳市政协文化文史和学习委员会、珠海市政协文史资料委员会、汕头市政协文化和文史资料委员会、湛江市政协学习和文史资料委员会、北海市政协文史资料委员会等。